Sergio Ramírez
Adios Muchachos!

Glücklich
kann kein gott
und kein König
Dich machen —
wenn Du es
selbst nicht
kannst!

S.

P H
V

Sergio Ramírez
Adios Muchachos!

*Eine Erinnerung an die
Sandinistische Revolution*

Mit einem Vorwort des Autors
zur deutschen Ausgabe

Aus dem
nicaraguanischen Spanisch
von Lutz Kliche

Peter Hammer Verlag

Originaltitel: *Adios muchachos!*
First edition by Grupo Santillana de Ediciones, S.A.

Die Deutsche Bibliothek - CIP Einheitsaufnahme
Ein Titeldatensatz für die Publikation ist bei
Der Deutschen Bibliothek erhältlich.

© 1999 Sergio Ramirez
© Peter Hammer Verlag GmbH, Wuppertal 2001
Alle deutschsprachigen Rechte vorbehalten
Umschlag: Magdalene Krumbeck unter Verwendung eines Fotos
Satz: Data System, Wuppertal
Druck: Clausen & Bosse, Leck
ISBN 3-87294-871-7

Inhalt

Vorwort zur deutschen Ausgabe

Wie ich in diesen Erinnerungen erzähle, kehrte ich im August 1978 an der Spitze der „Gruppe der Zwölf" aus Costa Rica nach Managua zurück; die Gruppe hatte sich zur Unterstützung der FSLN im Exil gebildet. Der Kampf gegen die Somoza-Diktatur trat damals in seine entscheidende Phase, und wir hatten uns zur Rückkehr entschlossen, um von innen heraus den Aufstand gegen die Diktatur auf politischem Gebiet vorzubereiten. In meinem Versteck im Stadtteil „Los Altos de Santo Domingo", einem Wohnviertel der Oberschicht, wo die Sicherheitsbeamten Somozas niemals auf die Idee gekommen wären, nach mir zu fahnden, besuchten mich Peter Schultze-Kraft, der deutsche Übersetzer meines ersten Romans, der im Peter Hammer Verlag erschienen war, und der Berliner Maler Dieter Masuhr. Sie überbrachten mir einen Brief von Willy Brandt, der seine Unterstützung für unseren Kampf und die Wiederherstellung der Demokratie in Nicaragua erklärte.

Während meiner Zeit in Berlin in den siebziger Jahren hatte ich Brandt nie persönlich getroffen, doch war es uns mit seiner Unterstützung gelungen, nicht wenige chilenische und lateinamerikanische Freunde zu retten, die nach dem Sturz Salvador Allendes 1973 in Lebensgefahr schwebten; und am Bildschirm musste ich später voller Bedauern das ganze Drama seines Rücktritts wegen des Guillaume-Skandals miterleben. Immer habe ich ihn bewundert, wie ich auch Olof Palme und Bruno Kreisky bewunderte.

Nach dem Sieg unserer Revolution empfing ich ihn auf dem Flughafen von Managua, bei dem einzigen Besuch, den er als Präsident der Sozialistischen Internationale Nicaragua abstattete. Ich erinnere, wie damals irgend jemand aus seiner Begleitung vorschlug, wir sollten ihn doch zu einer Musikshow in einem Kabarett einladen; vielleicht meinte man, wir hätten in Managua etwas Ähnliches wie das „Tropicana" in Havanna. Doch gab es bei uns keine Clubs für solche Veranstaltungen, in die wir Willy Brandt hätten mitnehmen können, denn die wenigen, die geöffnet hatten, waren sehr armselig, und so erfanden wir einen aus dem Stand. Im Restaurant „El Sacuanjoche" wurde eine Bühne aufgebaut, und die Brüder Carlos und Luis Enrique Mejía Godoy traten dort an jenem Abend mit anderen Künstlern der Revolution nur zu Ehren von Willy Brandt auf; ich glaube, er hat es nie erfahren, dass dieses Kabarett seine Türen nur dieses einzige Mal öffnete. Später, das war vielleicht im Herbst 1985, als ich Vizepräsident Nicaraguas war, empfing er mich in seinem Büro in der SPD-Zentrale in Bonn, und ich erinnere mich an seine wohlüberlegten Fragen und seine nachdenkliche Art des Zuhörens, als ich ihm von den verheerenden Folgen der Politik Ronald Reagans berichtete.

Doch auch ein weiterer sehr geachteter Mann aus der SPD, Hans-Jürgen Wischnewski, war Nicaragua in jenen Jahren sehr nahe und spielte eine entscheidende Rolle bei der Suche nach einem Friedensschluss mit der sogenannten „Resistencia Nicaragüense". Bei den vielen Reisen, die er nach Nicaragua unternahm, und den vielen Stunden, die er dem schwierigen Verhandlungsprozess widmete, arbeitete Wischnewski klug und mit Hingabe als Berater der revolutionären Regierung, und er war zugegen, als im März 1988 in Sapoá die ersten Friedensvereinbarungen mit der Resistencia unterzeichnet wurden.

Ich habe das Vorwort zur deutschen Ausgabe von „Adiós Muchachos!" mit diesen Erinnerungen an Willy Brandt beginnen wollen, weil er in mehr als einem Sinne die außergewöhnliche Unterstützung verkörperte, die Westdeutschland der Sandinistischen Revolution gewährte, eine Unterstützung, die ganz unterschiedlichen Ausdruck fand, von denen die vielen Solidaritätskomitees, die vom Informationsbüro Nicaragua in Wuppertal koordiniert wurden, nur einer waren. In diesen Komitees arbeiteten Gewerkschaftsführer, Lokalpolitiker, Lehrer, Sozialarbeiter, Künstler und Menschen aus den unterschiedlichsten Berufen zusammen und verbreiteten nicht nur Nachrichten über den Verlauf der Revolution und bemühten sich um Einfluss auf die politischen Entscheidungen, sondern sorgten auch dafür, dass alle Arten von Hilfsgütern nach Nicaragua gelangten, von Heften und Bleistiften für die

Alphabetisierungskampagne 1980, Medikamenten und Werkzeugen bis zur Organisierung von Arbeitsbrigaden, die Schulen und Gesundheitszentren bauten und beim Einbringen der Ernten halfen.

Seit der Veröffentlichung seiner „Psalmen" in den sechziger Jahren war Ernesto Cardenal in Deutschland zu einer bekannten Persönlichkeit geworden, mit einer sehr breiten Leserschaft und großer Beliebtheit unter den jungen Leuten. Die „Psalmen" waren ein Aufschrei gegen die totalitäre Unterdrückung und eine Forderung nach einer neuen Art des Zusammenlebens unter den Menschen, eine neue prophetische Hoffnung. Die Tatsache, dass Ernesto als eine der Schlüsselfiguren im Kampf der Sandinisten gegen die Somoza-Diktatur auftauchte und dann als Kulturminister der revolutionären Regierung, half sehr dabei, dieses Klima der Solidarität in Deutschland zu schaffen. Und als er 1980 den Friedenspreis des Deutschen Buchhandels erhielt, wurde damit nicht nur sein literarisches Werk, sondern auch das humanistische Werk der Revolution geehrt.

Auch die deutschen Schriftsteller waren Teil der solidarischen Unterstützung, die die Revolution aus Deutschland erhielt. Als im Jahre 1985, einem harten Jahr für das Überleben der Revolution, als der Krieg gegen Nicaragua sich verschärfte, Ernesto Cardenal sechzig Jahre alt wurde, schrieb ihm Heinrich Böll einen schlichten, doch wunderbaren Brief in Gedichtform, in dem er auf eine Episode einging, die auch ich in diesem Buch erzähle: als Ernesto auf dem Flughafen von Managua vor Papst Johannes Paul II. niederkniete, und dieser darauf mit Schelte reagierte. In diesem Gedicht, das über eine Revolution spricht, die damals die persönliche Entsagung materiellen Reichtums als ein Prinzip verteidigte, das auch aus dem wirklichen Christentum stammte, sagt Böll:

ich weiß nicht
ob ihr
mit den wenigen Pfennigen eurer Armut
die riesige Energie des Elends
gegen die Dummheit des Reichtums
aufrechterhalten könnt...

Und dann auch Günter Grass. Zweimal besuchte er Nicaragua, das erste Mal 1981, da fuhr er mit Franz Alt und Johano Strasser in die Kriegsgebiete, auch die an der Karibikküste, um die neuen Siedlungen der Miskitos zu besuchen, in schwierigen Zeiten, als die Revolution beschuldigt wurde, Völkermord an den indianischen Gemeinschaften begangen zu haben; er kam, um sich mit seinen eigenen, immer kritischen Augen genau anzusehen, was da geschah. Bei einem seiner Besuche schenkte er mir eine seiner Lithografien, eine Schnecke, die heute hier in meinem Arbeitszimmer in Managua hängt. Später nahm er bei einem meiner Besuche in Deutschland gemeinsam mit mir an einer Fernsehdiskussion in Düsseldorf teil, als Verteidiger eines kleinen, bedrängten Landes.

Da gäbe es noch viel zu erzählen. Just als die Propaganda gegen die Revolution sich auf die Sache mit den Miskitos konzentrierte, erfuhren wir, dass der deutsche Regisseur Werner Herzog in den Lagern der aufständischen Miskitos in Honduras einen Dokumentarfilm gedreht hatte, der unseren Standpunkt überhaupt nicht berücksichtigte und deshalb die Revolution auf der internationalen Bühne schlecht dastehen ließ. Der Film sollte bald im US-Fernsehen anlaufen, und es gelang mir, mich von Managua aus mit Herzog in Verbindung zu setzen, um ihn einzuladen, nach Nicaragua zu kommen und das Miskito-Gebiet zu besuchen. Überrascht, dass wir ihn einluden, nahm er an.

Als er eintraf, hatten wir ein Gespräch in meinem Büro im Regierungssitz, dann reiste er, in Begleitung des Schriftstellers Lizandro Chávez Alfaro, an die Karibikküste. Wieder in Managua zeigte er die Rohfassung seines Films vor einem sehr gemischten Publikum, darunter auch die Theologin Dorothee Sölle, mit der Herzog am Schluss der Vorführung eine lebhafte Diskussion hatte. Ich weiß nicht, ob der Film schließlich im nordamerikanischen Fernsehen gezeigt wurde, doch wenigstens konnte Herzog unseren Standpunkt kennen lernen. Was ich damals wollte, war kein Propagandafilm zu unseren Gunsten, sondern den ausgewogenen Blickwinkel eines bekannten Regisseurs in Bezug auf die Revolution.

In diesem Buch erzähle ich, wie mein Abenteuer mit der Revolution an Weihnachten 1974 in meiner damaligen Wohnung in der Helmstedter Straße in Berlin begann, als ich durch das Fernsehen erfuhr, dass ein sandinistisches Kommando während eines Festes Minister und Familienangehörige Somozas als Geiseln genommen hatte und den Diktator dadurch zwang, alle politischen Gefangenen freizulassen und in allen Medien eine Erklärung verlesen zu lassen, in der die Verbrechen an den Campesinos in den Bergen und die Elendssituation im Land angeklagt wurden. Dieses Abenteuer, das für mich in Deutschland begann, hat seither mein Leben bereichert und es mit Hoffnungen und Herausforderungen erfüllt. Ich schätze mich glücklich, an einem Kampf teilgenommen zu haben, der schon zur Geschichte Nicaraguas gehört, und ich schätze mich glücklich, es in diesem Buch erzählen zu können.

Ich habe versucht, alles so erzählen, wie ich es erlebt habe, als einen Prozess, der mein Leben für immer und in vielerlei Hinsicht veränderte. Für mich war die Revolution schließlich nicht das, was ich mir erträumt hatte; doch beim kritischen Nachdenken darüber und beim Reden auch über die Ernüchterungen habe ich mich bemüht, zu einem gelassenen Urteil über die Beteiligten zu kommen und mich selbst bei diesem Urteil einzuschließen.

Managua, Januar 2001

Einleitung

Alles blieb in der Zeit zurück,
alles verbrannte dort in der Ferne...
Joaquín Pasos
(Kriegsgesang der Dinge)

Mehr als zwanzig Jahre sind seit dem Sieg der sandinistischen Revolution vergangen, sie gehört schon der Vergangenheit an, wogt jedoch noch immer wie eine Flutwelle vor meinem Fenster, zieht mich in ihren Strudel und lässt mich benommen zurück. Seit sie geschah, ist nichts mehr für mich gleich gewesen. Und ich sehe mich dem reifen Alter gegenüber, voller Erinnerungen, die mit dieser Flutwelle zurückkehren und mir sagen, dass ich sie, wäre ich in diesem Jahrhundert der Trugbilder ein wenig eher oder ein wenig später geboren worden, verpasst hätte. Und wie jemand, der aus einem schlechten Traum erwacht, muss ich mir selbst versichern, dass ich sie nicht verpasst habe. Da ist sie in meinem Geist, in ihrer ganzen Größe, ihrer ganzen Herrlichkeit und ihrem Elend, mit ihren schmerzlichen und ihren freudigen Seiten. So, wie ich sie erlebt habe, und nicht, wie man mir sie erzählt haben könnte.

Bernal Díaz de Castillo schrieb als sehr alter Mann auf seinem Ruhesitz in Santiago de Guatemala seine Erinnerungen an die Conquista nieder, weil jemand anders ihm sein eigenes Leben erzählen wollte. Francisco López de Gómara, der an der Eroberung Mexikos überhaupt nicht beteiligt gewesen war, hatte kurz zuvor in Valladolid seine „Allgemeine Geschichte Westindiens" veröffentlicht; und da machte sich Díaz de Castillo, aus eigenem Ehrgefühl, daran, seine „Wirkliche Geschichte der Eroberung Neu-Spaniens" zu verfassen.

Ich habe in der Revolution niemals zu den Waffen gegriffen, habe auch nie Uniform getragen, noch befinde ich mich, weil ich zu alt wäre, am Rande des Vergessens; und es macht mir auch niemand mit einem anderen Buch das Gelebte streitig. Im Gegenteil, die Revolution muss, nach diesem Jahrhundert der zerbrochenen Träume, ohne Chronisten auskommen, während sie in den Jahren, als sie die Welt erschütterte, so viele besaß. Ich allein bewahre in meiner Bibliothek mehr als fünfhundert Bücher, die in jenen Jahren geschrieben wurden, in allen möglichen Sprachen. Und im Gegensatz zu Bernal schreibe ich dieses Buch, weil allzu viel vergessen wurde.

Eines ungerechten Vergessens. In den Chroniken der Ereignisse des 2o. Jahrhunderts fehlt die sandinistische Revolution meist. Weil sie scheiterte und den Lauf der Geschichte schließlich doch nicht so änderte, wie wir es angenommen hatten, oder weil sie sich nach der heutigen Meinung vieler nicht gelohnt hat, ein Unterfangen war, das in einer großen Frustration und einer riesigen Enttäuschung endete. Oder weil sie verfälscht wurde. Doch hat sie sich unterm Strich nicht doch gelohnt?

Die sandinistische Revolution war die gemeinsam geteilte Utopie. Und genauso, wie sie eine ganze Generation von Nicaraguanern prägte, die sie möglich machten und sie mit der Waffe in der Hand verteidigten, so gab es in der ganzen Welt eine Generation von Menschen, die in ihr einen Grund fanden, zu leben und zu glauben, und die während des Contra-Krieges und der Blockade durch die Vereinigten Staaten in vielen Gräben für sie kämpften, in Europa, den USA, Kanada, Lateinamerika, und Solidaritätskomitees gründeten, Geld, Schulhefte, Bleistifte und Werkzeuge besorgten, Artikel schrieben, Unterschriften sammelten, auf die Parlamente Druck ausübten und Demonstrationen veranstalteten.

Von überall her kamen die Menschen unermüdlich nach Nicaragua, um bei allem Möglichen mitzuhelfen, in einem Beweis von Solidarität, der sich nur mit demjenigen vergleichen lässt, den die Sache der Republik in den Jahren des spanischen Bürgerkriegs weckte, und es gab Nordamerikaner, Franzosen, Belgier, die ihr Leben ließen, von den Contras ermordet wurden, als sie, weit im Landesinneren Nicaraguas, mitten im Krieg dabei waren, Schulen zu bauen, die Ernte einzubringen, zu heilen, zu lehren. Die sandinistische Revolution veränderte die Maßstäbe der internationalen Beziehungen im Kalten Krieg, und indem sie während der imperialen Präsidentschaft Reagans zum zentralen Thema der US-Außenpolitik wurde, schuf sie diese unermessliche, weltweite Solidarität, die half, David gegen Goliath zu verteidigen.

Nach einem wenig heldenhaften Jahrhundertende lohnt es sich, daran zu erinnern, dass die sandinistische Revolution der Höhepunkt einer Epoche der Rebellion war, ein Sieg der gemeinsamen Überzeugungen und Gefühle einer Generation, die den Imperialismus verabscheute und an den Sozialismus und die nationalen Befreiungsbewegungen glaubte, Ben Bella, Lumumba, Ho Tschi Minh, den Che Guevara, Fidel Castro; eine Generation, die den Sieg der kubanischen Revolution und das Ende des Kolonialismus in Afrika und Indochina noch bewusst erlebt und auf der Straße gegen den Vietnam-Krieg protestiert hatte; die Generation, die „Die Verdammten dieser Erde" von Frantz Fanon, und „Hör zu, Yankee!" von Stuart Mill las und die Schriftsteller des lateinamerikanischen *Booms*, die damals alle der politischen Linken angehörten; die Generation der langen Haare und Sandalen, der Beatles und Woodstocks; der Rebellion auf den Straßen von Paris im Mai 68 und des Massakers auf dem Tlatelolco-Platz in Mexiko, kurz vor der Olympiade 1968; die Allende im Regierungspalast von Santiago, der „Moneda", Widerstand leisten sah und die abgeschnittenen Hände Victor Jaras beweinte, und die in Nicaragua endlich Revanche nehmen konnte für die in Chile verlorenen Träume, und, noch weiter zurück liegend, die verlorenen Träume der spanischen Republik, die sie geerbt hatte. Sie war die Linke. Eine Epoche, die auch wie ein Epos war.

Ein ganzes Jahrzehnt lang veränderte die Revolution in Nicaragua selbst die Gefühle und änderte auch die Art, die Welt und das eigene Land zu sehen, denn sie schuf ein Streben nach Identität; sie beeinflusste die Werte, das Verhalten der einzelnen Menschen, die sozialen Beziehungen, die Familienbande, die Lebensgewohnheiten; sie schuf eine neue Ethik der Solidarität und des Verzichts, des Loslassens, eine neue Alltagskultur; sie veränderte sogar die Sprache und die Gewohnheiten, sich zu kleiden, und eröffnete, vor allem für die jungen Leute, einen ungeheuren Raum der Beteiligung, indem sie dem Generationenbruch mit der Vergangenheit einen historischen Sinn gab.

Doch viele von denen, die erst dafür kämpften, die Macht zu erringen, und dann dafür, sie zu verteidigen, die jungen Leute der Revolutionsgeneration, sahen sich schließlich doppelt frustriert, nicht nur wegen der verlorenen Wahlen – die ein korrigierbares Übel hätten sein können, gehört doch das Verlieren schließlich und endlich zu den Spielregeln der Demokratie –, sondern weil die Wahlniederlage den Zusammenbruch der ethischen Prinzipien mit sich brachte, die die Revolution untermauerten, und im Herzen jener jungen Leute, die sich als die verlorene Generation zu sehen begannen, wuchsen Enttäuschung, Skepsis und Groll. Die Welt veränderte sich Ende der achtziger Jahre, das gesamte Gebäude grundlegender Ideale brach in sich zusammen, die schönen Trugbilder wurden überall vom Thron gestoßen. In Nicaragua zersprang das erste Modell wirklicher Veränderung, das das Land jemals gehabt hatte, in tausend Stücke, seine erste sichtbare Möglichkeit von Zukunft.

Denn es war nicht nur eine Revolution gewesen, die von den Höhen der Macht aus versuchte, mit Dekreten und Maßnahmen eine neue Ordnung zu schaffen, sondern, als erst einmal die Deiche gebrochen waren, eine Revolution unter den Menschen selbst. Eine neue Art zu leben und zu fühlen wurde möglich. Das war ein Phänomen mit unmittelbaren Auswirkungen, eine verändernde Kraft, die alle überkam, Räume füllte, die Jahrhunderte lang leer geblieben waren, und eine Illusion von Zukunft schuf, die Vorstellung, dass alles, ohne Ausnahme, möglich, realisierbar wurde, bei totaler Verachtung der Vergangenheit. Eine Flutwelle, ein Gewitterblitz.

Heute ist die Revolution für viele in Nicaragua und außerhalb Teil der Nostalgie nach dem früheren Leben und der alten Erinnerungen, und man denkt an sie so, wie man an eine alte Liebe denkt; aber sie ist kein Grund zu leben mehr. Manchmal erklingt im Haus ausländischer Freunde bei einem geselligen Abend wie mir und ihnen selbst zu Ehren die Musik jener Zeit, die revolutionären Lieder von Carlos Mejía Godoy, die ich mit erdrückender Traurigkeit höre, mit einem Gefühl von etwas, das ich gesucht und nicht zu finden vermocht habe, das aber in meinem Leben unerfüllt geblieben ist, und während die Zeit voranschreitet, fürchte ich immer mehr, dass ich es niemals finden werde.

Die Revolution brachte nicht die ersehnte Gerechtigkeit für die Unterdrückten, noch vermochte sie es, Wohlstand und Entwicklung zu schaffen; aber sie hinterließ als ihr bestes Ergebnis die Demokratie, die 1990 mit der Anerkennung der Wahlniederlage besiegelt wurde, und als Paradoxon der Geschichte ist sie ihr sichtbarstes Erbe, wenn sie vielleicht auch nicht ihr enthusiastischstes Vorhaben war. Andere Früchte sind geblieben, die unbemerkt unter der Lawine des Debakels liegen, die auch die ethischen Träume begrub, Träume, die – da habe ich keinen Zweifel – früher oder später in einer anderen Generation neue Gestalt annehmen werden, die von den Fehlern, Schwächen und der Geschichtsklitterung gelernt haben wird.

Ich bin dabei gewesen. Und wie Dickens im ersten Abschnitt der „Geschichte zweier Städte" glaube ich auch weiterhin, dass es „die beste aller Zeiten war, dass es die schlechteste aller Zeiten war; es war eine Zeit der Weisheit, es war eine Zeit des Wahnsinns; es war eine Zeit des Glaubens, es war eine Zeit des Unglaubens; es war eine strahlende Zeit, es war eine düstere Zeit; es war der Frühling der Hoffnung, es war der Winter der Verzweiflung."

1. Kapitel

Bekenntnis in eigener Sache

Sergio, mein Ältester, und seine Schwestern María und Dorel kamen in San José, Costa Rica, zur Welt, dem Zufluchtsort im Mittelamerika der geheimen Friedhöfe in den sechziger Jahren, als meine Frau Tulita und ich dort nach unserer Heirat unser faktisches Exil verbrachten. Danach gingen wir alle gemeinsam für zwei wunderbare Jahre nach Berlin, dank eines Autorenstipendiums, das es mir außerdem gestattete, im Arsenal-Kino alle expressionistischen deutschen Filme zu sehen und alle Brecht-Stücke im „Berliner Ensemble" auf der anderen Seite der Mauer, in der Pinakothek in Dahlem lange Nachmittage vor den Bildern von Lucas Cranach zu verbringen und mit Matinée-Gratiskarten die Konzerte von Karajan in der Philharmonie zu genießen. Das waren auch die Jahre der Demonstrationen im Schneegestöber, den ganzen Kurfürstendamm hinunter bis zum Nollendorfplatz, um gegen die Militärjunta Pinochets zu protestieren, oder gegen die griechischen Militärs, oder um die Revolution der Nelken in Portugal zu feiern; und schließlich kehrten wir nach Costa Rica zurück, ohne noch etwas anderes im Sinn zu haben als den Sturz der Diktatur Somozas.

Sergio schreibt jetzt endlich seine Examensarbeit, die vom Markt für diätetische Milchprodukte handelt, und wenn dieses Buch erscheint, dann wird er schon seinen Titel als Betriebswirt in der Tasche haben. Heute morgen zum Beispiel ist er in aller Frühe nach Camoapa gefahren, eine der Viehzuchtgegenden des Landes, wo er eifrig an seinen Forschungen arbeitet. Er ist immer noch Junggeselle, doch kenne ich inzwischen seinen Gefühlshaushalt, denn nach einem Weg mit vielen Windungen sind wir endlich gute Freunde geworden und vertrauen einander. Sein Ehrgeiz besteht im Augenblick darin, sich in Systemanalyse zu spezialisieren, vielleicht an der Comillas-Universität in Madrid oder in Maryland. Ich verstehe nicht viel von dieser Wissenschaft, doch sie hat, wie er mir erklärt, eine große Bedeutung für die moderne Welt und dient dazu, Personal und Rohstoffe nach mathematischer Berechnung zu organisieren, wie beim Militär, aber auf die Wirtschaft angewandt.

Er wurde 1965 geboren. Genau wie seine beiden Schwestern erlebte er die Verunsicherung eines Wanderlebens in der Fremde, denn als Kinder im Exil besaßen sie ein Heimatland, das sie nicht kannten. Als wir nach Berlin gingen, fehlte ihnen San José, und in Berlin, als sie untereinander nur noch Deutsch sprachen, wollten sie ihre neuen Freunde im Stadtteil Wilmersdorf nicht mehr verlassen. Doch nach ihrer Rückkehr nach San José erging es ihnen noch schlechter, als ich mich ganz in den Kampf gegen Somoza stürzte, und erst recht, als ich 1978 nach Managua zurückkehrte, trotz eines Haftbefehls des Diktators und – wovon sie nie etwas erfuhren – unter einer Todesdrohung von „El Chiguín", des jüngsten Sohnes von Somoza. Meine Abreise ließ sie und meine Frau in der schlimmsten Art des Wartens zurück, denn in Nicaragua war alles schon vom Tod gefärbt, der Farbe der Landschaft, in der die Menschen sich bewegten.

Als ich jetzt dabei war, Erinnerungen auszugraben, habe ich einen Ordner mit den Briefen gefunden, die mir meine Kinder nach Managua schickten, um mir von ihrem Kinderalltag zu erzählen; die von Sergio sind auf kariertem Papier geschrieben, das er aus seinen Schulheften riss, die von María und Dorel auf jenem Briefpapier mit Schmuckbildern in Pastelltönen, das sie sicher aus Berlin mitgebracht hatten: Marienkäfer, Margeriten und Fliegenpilze, abwechselnd zwischen den Worten „Glück, viel Glück". Briefe, die mir, irgendwo im Versteck in der Ferne gelesen, ganz besondere Ereignisse zu enthalten schienen, wie es mir auch jetzt wieder vorkommt, weil sie von keinerlei Patina getrübt sind, nichts darin hat die Zeit getötet, und sie zittern immer noch in meinen Händen wie lebende Fische außerhalb des Aquariums, das bis dahin unser Leben gewesen war.

Dann kehrte ich nach San José zurück, und während der Schlussoffensive wurde unser Haus in Los Yoses zum Verschwörungszentrum, Versorgungslager und Unterschlupf, zur Schatzmeisterei, Kaserne und Pressestelle, und für sie bedeuteten jene Monate, aus der Schule nach Hause zu kommen und auf einen Strom von Menschen zu treffen, die ein- und ausgingen wie auf einem großen Markt; in Wohnzimmer und Flur stapelten sich Kisten mit Medikamenten, Uniformsäcke und Stiefelbündel, bis sie mich kurz vor dem Sieg der Revolution wieder eines Nachts davonfahren sahen, ohne dass ich wusste, ob ich sie wiedersehen würde, und schließlich kamen sie alle Ende 1979 endgültig nach Managua, staunende Fremde, die in ihrer unbekannten, fremden, ungewissen Heimat landeten, wo alles neu erfunden wurde, sich veränderte, improvisiert war, und die Zukunft ein bunter Streifen fern am Himmel. So betraten sie das Haus voller leerer Zimmer, wo wir von da an leben sollten, Sergio wie immer scheu und zurückhaltend, im Gegensatz zu María, die sich bald von der allgemeinen Begeisterung anstecken ließ und mit ihren dreizehn Jahren begann, ihre Führungsqualitäten auszuprobieren, und Dorel mit ihren gerade neun Jahren, die glücklich war, dass wir jetzt wirklich alle zusammen sein würden, wozu es dann doch nicht kam, denn es war schon vorbestimmt, dass sie wieder auf mich verzichten mussten, weil ich mich ohne Pause in die Revolution stürzte.

Als die Alphabetisierungskampagne kam, wollten alle drei mitmachen, doch Dorel war noch nicht alt genug. Es gibt ein Foto von ihr mit langen Zöpfen neben Fidel Castro, als er am ersten Jahrestag der Revolution, dem 19. Juli 1980, zu uns nach Hause kam. Er sagt etwas zu ihr, und sie macht ein ganz trauriges Gesicht, voller Schmerz, denn ein paar Stunden später mussten wir sie ins Krankenhaus bringen, wo sie am Blinddarm operiert wurde. Sergio und María waren da schon fort, hatten sich den lärmenden Gruppen junger Leute angeschlossen, waren in grauen Baumwollkitteln, den Brigadistenrucksack auf dem Rücken, zu den Weilern und Gemeinden des ländlichen Nicaragua aufgebrochen, des unwegsamen Nicaragua, das weder sie noch das gesamte andere Nicaragua der Städte wirklich kannte.

So alphabetisierte Sergio in Múan, in der Nähe des Río Rama, auf dem Weg zur Karibikküste, wo er in der Hütte aus Lehmziegeln und mit einem Palmblätterdach von Don Pedro und Doña María wohnte, die dort auch seine Schüler waren, an einem Ort, an den man nur zu Fuß oder mit dem Muli gelangte. Don Pedro war ein Patriarch, dem alle seine Brüder, Neffen, Cousins und

Patenkinder gehorchten, die über die ganze Gemeinde verstreut waren und brav seiner Anordnung Folge leisteten, jeden Nachmittag zum Unterricht bei ihm zu Hause zu erscheinen, wo Sergio auf einem freien Platz neben dem Holzherd aus gebranntem Lehm seine Tafel aufgestellt hatte.

María unterrichtete in der Gemeinde „Los García", in der Nähe des Ortes Santa Lucía, im Department Boaco. Dort war Doña Ofelia Hausherrin und Vorstand einer weiteren großen Familie; und Don Pedro hieß auch hier der Ehemann, der trotz seines fortgeschrittenen Alters Lesen und Schreiben lernen wollte und schon am frühen Morgen die Bleistifte spitzte und seine Hefte bereitlegte, damit ihn das vierzehnjährige Mädchen, meine Tochter, an der Tafel unterrichten konnte. Aber er war schon sehr alt, sehr schwerhörig und recht blind, dieser Don Pedro, und er schaffte das mit den Buchstaben nicht mehr. Doña Ofelia wurde von María noch jahrelang Mama genannt, ihre zweite Mama. Einmal holte sie die ganze Familie aus ihren Bergen herunter, damit sie das Meer kennen lernten, das sie noch nie gesehen hatten, sie und ihre neun Kinder hörten ganz verängstigt an einem Pazifikstrand die Brandung, und sie zitterte vor Furcht mit den Füßen im Wasser, ihre zweite Mama, in einer Zeit, in der man von neuer Liebe wie etwas ganz Natürlichem reden konnte, in einer Zeit der Unschuld, die wie ein Zauber war, ein Trugbild, das sich so bald aufzulösen begann. Die Nachrichten, die Sergio nach dem Beginn des Contra-Kriegs vom anderen Don Pedro bekam, wurden immer spärlicher, in seiner Gemeinde sollte schließlich niemand mehr übrig bleiben; einige wurden von den Contras verschleppt, andere schlossen sich ihnen freiwillig an, und von diesem Don Pedro, dem aus Múan, erfuhren wir nie, auf welcher Seite er schließlich gelandet war, er und seine gesamte Sippschaft.

Dann gingen sie alle drei, Sergio, María und Dorel, mit den Brigaden der Sandinistischen Jugend auf die Haciendas von Matagalpa und Jinotega zum Kaffeepflücken, als schon wieder Krieg im Lande herrschte. Sergio diente auch den Gruppen von Deutschen als freiwilliger Übersetzer, die zum Ernteeinsatz nach Nicaragua kamen. Eine von ihnen wurde vom Bremer Bürgermeister Hennig Scherf angeführt, einem Riesen, wegen dem alle Welt vor die Tür trat, wenn sie ihn vorbeikommen sahen. Und María verließ die Deutsche Schule, weil die Sandinistische Jugend sie brauchte, um im Armenviertel von Acahualinca eine Abendschule aufzubauen, am Ufer des Managua-Sees, wo die Menschen neben den Einmündungen der Kloaken und den Müllhalden wohnen; und es gab Streit mit meiner Frau, die nicht verstand, dass man auf eine zweisprachige Ausbildung verzichtete, um der Revolution zu dienen. Mit fünfzehn schloss sie sich dem Frauenbataillon „Erlinda López" an, dessen Hauptquartier im Viertel San Judas lag, und dort hielt sie mehrere Nächte pro Woche Wache, furchtbar wütend darüber, dass ich einen meiner Sicherheitsleute schickte, um auf sie aufzupassen, „Ich bin doch kein kleines Mädchen mehr, Papa!", und schlimmer noch, als sie für kurze Zeit – der Krieg war inzwischen härter geworden – nach Planes de Bilán in den Bergen von Jinotega abkommandiert wurde und mir einen Abschiedsbrief hinterließ, den ich hier vor mir liegen habe und in dem sie schrieb, dass sie „an irgendeinem Ort in Nicaragua" ihre Pflicht tun wolle, bereit sei, ihr Leben zu lassen, wenn es sein müsste. Briefe wie diesen verbarg ich vor den Augen meiner Frau, doch schließlich erklärte die Sandinistische Armee den Krieg zur Angelegenheit von Männern, und die Frauen wurden in die Etappe geschickt. Dennoch kehrte sie mit Leishmaniasis an einem Knöchel heim, einer Krankheit, die auch als „Berglepra" bekannt ist, durch den Urin einer Wanze übertragen wird und solche Geschwüre im Fleisch hervorruft, dass die Knochen freigelegt werden.

Meine Frau Tulita zog auch auf eigene Faust los, zum Baumwollpflücken zur Hacienda „Punta Ñata", auf der Halbinsel Cosigüina, wo sie zwei Monate lang die disziplinarische Verantwortliche einer Brigade von Lehrern und Studenten der von den Jesuiten betriebenen Universidad Centroamericana war. Wenn sie wollte, könnte sie ein Buch über diese Zeit schreiben, wie sie im Morgengrauen zu den Feldern aufbrachen, um unter der gleißenden Sonne in den Pflanzungen zu arbeiten und nachmittags völlig erschöpft im Gänsemarsch zurückzukehren und die Baumwollsäcke auf den Waagen wiegen zu lassen; und von den Nachtwachen, um zu verhindern, dass die Männer in die Schlaflager der Frauen kamen, immerhin waren sie Mitglieder einer katholischen Universität, dennoch trafen sich die Pärchen in den Baumwollfeldern oder auf den Felsen, wo tief unten das Meer schäumend brandet und auf der anderen Seite des Golfs die Lichter der Dörfer in El Salvador zu sehen sind. Eines Abends fand die fröhliche Hochzeit eines Paares von Männern statt, die heiraten wollten, einer der beiden mit einem Schleier aus Moskitonetzstoff und einem Kranz aus Feldblumen, das war allein ihre Sache, und alle weigerten sich etwas anderes zu essen als die Lohnpflücker, Kochbananen, gebrochenen Reis, eine zähe Tortilla, denn es ging nicht nur darum, für die anderen zu kämpfen, sondern auch so zu leben wie die anderen.

Jetzt geht Sergio jeden Tag ins Fitnessstudio, hebt Gewichte, hat Body-Building-Zeitschriften abonniert und ist ein Riesenkerl von über einsneunzig und hundert Kilo Gewicht geworden. Mit achtzehn allerdings, als er sich entschloss, sein erstes Semester als Ingenieursstudent abzubrechen, um in den Krieg zu ziehen, war er ein zartes Kerlchen mit Schnurrbartflaum, so dünn wie ein Rohr und damit in seiner Erscheinung meinem Vater sehr ähnlich, der bis zu seinem Tode schmal geblieben war. Es war sein ganz eigener Entschluss, niemand hätte ihn mit Gewalt zum Militärdienst eingezogen, wo er doch mein Sohn war, und ich habe keinen Zweifel, dass es für ihn auch darum ging, mich zu unterstützen, der ich an der Spitze der Regierung stand, niemand sollte sagen, ich predigte die Verteidigung der Revolution und hätte meinen eigenen Sohn hübsch in Sicherheit gebracht. Wir waren ja alle irgendwo engagiert, die ganze Familie, so wenig wir auch darüber redeten, so beschäftigt wie wir waren in einem Unternehmen, das wir in erster Linie für ein ethisches hielten.

Während des Wahlkampfes 1984 wurde ein Foto von Daniel Ortega und mir gemacht, den Kandidaten für die Präsidentschaft und die Vizepräsidentschaft, wie wir bei einer Kundgebung am 26. Juli auf dem Platz vor dem „Roberto Huembes"-Markt die Abteilung „Julio Buitrago" der Sandinistischen Jugend verabschieden, zu der auch mein Sohn gehörte. Auf diesem Foto lehnen wir lachend an der Balustrade des Podiums. Wir lachen, weil man einem der jungen Rekruten im fröhlichen Durcheinander unten auf dem Platz eine Torte ins Gesicht geworfen hatte, wie in einem Slapstick-Gag von Buster Keaton, und das Foto war so gut gelungen, unser Lachen sah so natürlich aus, dass es später für die Wahlplakate verwendet wurde. Da lache ich und niemand, der das Foto heute sieht, kann erkennen, dass mich trotz des ungezwungenen Lachens eine Trauer erfüllt, die mir die Luft wegnimmt, mich fast erstickt, als versänke ich in trübem Wasser, wo man nicht einmal mehr mit den Armen rudern, sondern nur reglos warten kann, was kommt: schicksalsergebene Reglosigkeit, in der man sich treiben lässt.

An jenem Abend, als die Rekruten loszogen, erklang auf der Straße die Hupe des LKWs, und Sergio stand schon an der Tür, als Tulita und ich angerannt kamen, um ihn zu verabschieden: schmal, noch schmaler als sonst in seiner olivgrünen Uniform, der spärlich sprießende Schnurrbart im scharf geschnittenen Gesicht unter der Stoffmütze, so warf er sich den großen Rucksack über die Schulter, in dem ihm seine Mutter heimlich ein paar Sachen zu Essen verstaut hatte, Hustensaft, Salbe gegen Fußpilz, ein Gebetbüchlein und ein Skapulier, das in die Brusttaschen der beiden Uniformhemden eingenäht war, und ich werde nie vergessen, wie sie zu ihm sagte: „Du weißt ja, sei tapfer", vielleicht nur, um nicht loszuweinen. Dann stieg Sergio auf die Ladefläche des LKW, auf die ihm die Kameraden mit freudigem Gejohle hinauf halfen, als ginge es auf einen Ausflug, und wir blieben auf der menschenleeren Straße stehen, bis sich das Motorengeräusch in der Nacht Managuas verlor, um dann wieder still ins Bett zu gehen, das von da an nur noch sehr schwer Schlaf gewährte.

Sergio, der wenig sprach und manchmal über lange Zeit so melancholisch wirkte. Außerdem war ich ja nicht irgendein Vater, sondern ein Vater, der immer zu tun hatte, so viel zu tun hatte, dass sich meine Frau einmal mit beißender Ironie von meiner Assistentin Juanita Bermúdez auf meinen Terminplan setzen ließ und mit einer Liste gemeinsamer Angelegenheiten, die sie mit mir besprechen wollte, in meinem Büro auftauchte. Jede andere Frau hätte mich sicher längst verlassen; so wenig interessiert war sie an Macht und Pomp, dass sie auch weiter mit ihrem alten Volvo Baujahr 1975 durch die Straßen von Managua zum Markt fuhr, der erst vor kurzem seinen Geist aufgegeben hat, der gleiche Wagen, der den Nachschub von San José zur nicaraguanischen Grenze transportiert hatte, um die Südfront der Befreiungsarmee zu versorgen und mit dem wir in Liberia die verletzte Idania Fernández abholten, schon recht gezeichnet von den Jahren und so vielen Anstrengungen; die immer nach Gemüsemarkt roch, vor allem nach Zwiebeln. Sergio also, der so wenig sprach und so melancholisch wirkte, trat eines Nachmittags vor seiner Abfahrt an die Hängematte unter dem Vordach zum Hof, in der ich lag und Regierungsakten las, um mich ganz verschüchtert zu fragen, weshalb ich nicht der Präsidentschaftskandidat bei diesen Wahlen war; eine von diesen Fragen, auf die ich keine Antwort, nur Ausreden parat hatte, oder etwas, das nur wie eine Antwort aussah: Jeder hat hier doch seine Rolle in der Revolution und so weiter, vielleicht hatte ich mich sogar ein bisschen abweisend gegeben, damit es keine weiteren Fragen gab, keine weitere Unterhaltung mit einem Sohn, der mein einziger Sohn war und weit weg von meinem Schutz aufwuchs, so desinteressiert an den trügerischen Mechanismen der Macht wie seine Mutter.

Und dann fand Tulita eines Tages heraus, das Sergio sich im Ausbildungslager von Mulukukú aufhielt, dort, wo die Urwaldregion der Karibikküste beginnt, in der Nähe des Quellgebiets des Río Grande de Matagalpa. Jede Woche fuhr sie jetzt mit anderen Müttern los, ihre eingezogenen Söhne zu besuchen, ungewisse Expeditionen, bei denen sie einmal die Straße gesperrt fanden, weil die Contras ganz in der Nähe waren oder weil in der Nähe Kämpfe stattfanden, die man über die Baumkronen hinweg hörte: Geschützdonner, Maschinengewehrsalven, das Schlagen der Hubschrauberflügel im Wind, als Verwundete abgeholt wurden, und nach langem Hin und Her ließ man sie durch, auf eigene Gefahr, und sie kehrten völlig zerschlagen zurück, doch glücklich darüber, dass sie sie gesehen hatten, dass sie sie berührt hatten, dass sie bei ihnen sein konnten, während sie nach Herzenslust die Speisen verzehrten, die sie ihnen mitbrachten, der einzige Krieg aller Zeiten, bei dem die Mütter aufs Schlachtfeld kamen; nach der Rückkehr erzählten sie sich unter verlegenem Lachen gegenseitig vom Abenteuer der Reise. Bis Tulita schließlich mit der eingepackten Verpflegung zurückkehrte: Sergio war nicht mehr da gewesen.

Er hatte seine Grundausbildung beendet und war der 2. Kompanie des „Batallón de Lucha Irregular (BLI)" „Santos López" zugeteilt worden, die damals, Mitte 1985, in Santa Clara im Department Nueva Segovia operierte, in der Nähe der Grenze zu Honduras; ein Bataillon, das wie alle anderen, die direkt in Kampfhandlungen standen, viele Tote und Verwundete und vor allem auch Deserteure zu beklagen hatte und deshalb andauernd verstärkt werden musste. Von den 110 ständigen Mitgliedern der 2. Kompanie waren nur noch 35 übrig geblieben, ruft Sergio mir jetzt in Erinnerung. Bei Anbruch des folgenden Tages nach ihrer Ankunft in Santa Clara wurden die Rekruten auf die IFA-LKWs geladen, um einen Trupp Contras zu verfolgen, der gerade auf dem Weg nach Susucayán eine Einheit desselben Bataillons „Santos López" überfallen hatte, und Sergio erinnert sich, wie im Licht des Tagesanbruchs die Leiche eines der Fahrer des Konvois aus der Kabine seines IFA hing, und dicht daneben ein toter Contra, das Metall seines Sturmgewehrs noch ganz heiß, er erinnert sich an das frische Blut überall auf dem Weg, den zertrampelten Blättern, dem Gras.

Von dort kam er in den folgenden Monaten, in denen ein Gefecht dem anderen folgte, über Quilalí, Cerro Blanco, El Ojoche, La Rica bis San Sebastián herunter, eine Gegend, in der es in der heißen Phase des Krieges von Contras wimmelte. Seine Briefe aus jener Zeit, die ich auch aus meinen Erinnerungskästen gekramt und jetzt hier vor mir liegen habe, klangen eher wie Kriegberichte, das 40 Pfund schwere Gepäck, das sie auf den Märschen tragen mussten, einen Streifen Munition, eine 82mm-Mörsergranate oder eine PG-7B-Raketenwerfergranate, oder er war im Trupp, der die AG-17 trug, die sie „Spinne" nannten, die schlechte Qualität der Stiefel, die Kühe, die sie den Bauern abkauften, um Fleisch zu haben, eine Verpflegung, die fast immer nur aus Fleisch bestand, aus Büchsensardinen, kalter bulgarischer Büchsennahrung und sowjetischem Kartoffeleintopf, der gleich in der Dose heiß gemacht wurde, die Positionen, die bei den Gefechten an einem Berghang eingenommen wurden, die Schussdistanz, die Rufe des Feindes auf der anderen Seite der Schlucht: „Piricuacos!", der alte Spitzname der Nationalgarde Somozas für die Sandinisten, das rhythmische Bellen der Waffen, die Dauer der Gefechte, der Funker, der die gepanzerten Hubschrauber zur Hilfe rief, und die Namen der Kameraden seiner Einheit, einer nach dem anderen, die Namen und Spitznamen der Offiziere, Hauptmann Frank Luis López, Bataillonskommandeur, Tololate, Kompaniechef, und dann wieder der Marsch und die Gefechte.

An einem dieser Abende, während wir uns noch in meinem Arbeitszimmer unterhalten, ich habe den Computer noch gar nicht ausgeschaltet, sage ich Sergio, dass ich in meinem Buch all dies von seiner Beteiligung am Krieg erzählen will, und er antwortet mir, er möchte überhaupt nicht als Held oder so etwas erscheinen, weil er es nicht war; andere seiner Kameraden seien viel mutiger als er gewesen, wie zum Beispiel Alvaro Fiallos, der Sohn von Alvaro Fiallos, dem Vizeminister des Ministeriums für Agrarreform, der außerdem an noch viel mehr Gefechten teilgenommen habe, während er hingegen ja nur ein paar Monate wirklich im Krieg gewesen sei, wie ich mich erinnern solle, wegen des Problems mit seinem Knie.

Als ich damals jene so sauber und genau auf Millimeterpapier geschriebenen Briefe mit Diagrammen und Zeichnungen las, in denen keine Urteile oder Kommentare standen, geschah es nicht wenige Male, dass sich die Versuchung meiner bemächtigte, ihn zurückzuholen. Der nächste Brief konnte schon nicht mehr kommen, weil sie ihn vielleicht schwer verwundet hatten, wie Félix Vigil, den Sohn von Miguel Ernesto Vigil, Minister für Wohnungsbau, der einen Kopfschuss überlebte und jetzt eine Platinplatte im Kopf trägt, oder schlimmer noch Roberto Sarria, der Sohn von „El Pollo Sarria", des Theaterschauspielers, und seiner Frau Silvia Icaza, Freunde von mir und meiner Frau seit den Zeiten in León, der in seinem ersten Gefecht ums Leben kam.

Roberto war fast noch ein Kind, als er mit Sergio vom Ausbildungslager in Mulukukú nach Santa Clara kam, um das BLI „Santos López" zu verstärken; er wurde der 3. Kompanie zugeteilt, die ebenfalls im Morgengrauen des folgenden Tages loszog, und Sergio erfuhr erst zwei Tage später, dass man ihn in El Ojoche getötet hatte. Mitten im Gefecht blieb er wie gelähmt aufrecht stehen, ohne sich um seine Deckung zu kümmern, und Bernardo Argüello, auch einer von Sergios guten Freunden, der Sohn des Präsidenten des Obersten Gerichtshofes, Roberto Argüello Hurtado, warf sich in den Kugelhagel, um ihn zu retten, aber da war er schon tot, und so zog er die Leiche aus der Feuerlinie und wickelte sie in sein Regencape, worauf er wegen seiner unvorsichtigen Kühnheit noch einen Verweis von seinem Kommandeur bekam, Bernardo, der Jahre später im Badeort Poneloya ertrank, als er versuchte, ein paar belgische Touristen zu retten, die von der Strömung mitgerissen worden waren; er schaffte es auch, sie in Sicherheit zu bringen, doch diesmal kam er selbst dabei um. Der Tod Bernardos machte Sergio noch melancholischer.

Zu dem Zeitpunkt war Alvaro Avilés schon gefallen, ein weiterer seiner Freunde, der im BLI „Sócrates Sandino" diente, sein Schulkamerad aus dem Colegio Centroamérica, Sohn des Doktors Alvaro Avilés, eines bekannten Gynäkologen, und von Gracielita Cebasco, seiner peruanischen Frau, die in unserem Viertel lebten. Er fiel am 21. April 1986, dem Geburtstag Sergios, und seither hat er an jenem Tag nicht mehr gefeiert. Später, als Sergio schon nicht mehr im Bataillon war, starben seine Zugkameraden 1986 beim Angriff auf das Hauptquartier der Contra in La Lodosa, auf hondurenischem Gebiet: 27 Tote und ein einziger Überlebender, Leiva Tablada, auch er ein Schüler des Colegio Centroamérica.

Meine Versuchung, ihn zurück zu holen, war so leicht zu erfüllen, wie sollte sich ein Regierungspolitiker in Ruhe seinen Aufgaben in der Revolution widmen, wenn er immer daran denken musste, dass man ihm seinen Sohn jeden Tag tot zurückbringen konnte; man brauchte nur zum Telefon zu greifen und darum zu bitten, dass man ihn zurückschicken möge, einige andere in der Regierung würde das nicht wundern, hatten sie doch ihre eigenen Söhne gar nicht erst in den Krieg ziehen lassen und würden dadurch eher erleichtert sein. Ich schluckte diese Versuchung immer wieder herunter, wie ein Stück trockenes Brot, das schwer zu kauen ist.

Manchmal kehrte Sergio ohne Ankündigung auf Urlaub zurück; ich kam abends nach Hause und sah Licht in seinem Zimmer, öffnete die Tür und fand ihn mit bloßem Oberkörper auf dem Bett sitzend. Er packte seinen Rucksack aus, der neben dem AKA-Sturmgewehr am Boden lag, so mager wie immer und von Mal zu Mal sonnenverbrannter, die Erkennungsmarke mit seiner

Nummer baumelte ihm um den Hals; und genauso, ohne Ankündigung, verschwand er dann auch wieder.

Bis schließlich sein Knie nicht mehr mitmachte, und er die Entzündung und den Schmerz beim Tragen des Marschgepäcks nicht länger aushielt; 1983 hatte ihn in Kuba Doktor Alvarez Cambra wegen einer Ostiocondritis Dissecans operiert. Er erlitt einen Gelenkerguss und wurde ins Feldlazarett nach Apanás gebracht; seine Entlassung war sicherlich ein Wunder, eins von denen, um die Tulita jeden Tag San Benito von Palermo bat; danach teilte man ihn den Radarstationen zu, erst in Peña Blanca, in der Isabelia-Kordilliere, dann in Cosigüina und schließlich in El Crucero, in der Nähe von Managua, ein Dienst, der ihn entsetzlich langweilte. Nach zwei Jahren Militärdienst ging er mit einem Stipendium zum Studium in die DDR, erst nach Zwickau, wo er das Grundstudium absolvierte, dann nach Dresden, wo er wieder Ingenieurswesen studierte, und schließlich nach Berlin, wo er an die Hochschule für Ökonomie wechselte, die damals das „rote Kloster" genannt wurde, und wo die Techniker der Planwirtschaft ausgebildet wurden, doch auch dieses Studium brach er ab. Nirgendwo passte er hin, überall fühlte er sich fremd, seltsam, obwohl er so gut Deutsch sprach, als sei es seine Muttersprache.

Tulita machte ihr Examen als Soziologin an der Universidad Centroamérica, wo sie dann eine Zeit lang unterrichtete; María wurde 1990 als Abgeordnete in die Nationalversammlung gewählt und machte ihr Examen als Psychologin; jetzt studiert sie Betriebswirtschaft am INCAE, einer Institution, die in Managua arbeitet, aber der Universität von Harvard angeschlossen ist. Dorel hat an der Universidad Iberoamericana in Mexiko ihr Examen als Architektin abgelegt und in Managua ihr eigenes Büro eröffnet.

Zu Beginn des Wahlkampfs 1996, den ich als Spitzenkandidat des Movimiento Renovador Sandinista (MRS) bestritt, der Partei, die wir nach meinem endgültigen Bruch mit der FSLN 1995 gründeten, bat mich Dorel um ein Gespräch unter vier Augen, und so gingen wir eines Nachmittags zusammen in die Casa del Café, im selben Viertel von Pancasán, in dem ich wohne. Lange Zeit hörte ich ihrer leidenschaftlichen Auflistung meiner Verfehlungen zu, deren letzte dieser Wahlkampf war, bei dem ich nur mit wenigen Getreuen kämpfte, hoch verschuldet und ohne Aussicht auf einen Sieg und wieder einmal – das war die Schlimmste ihrer Anschuldigungen – weit weg von meiner Familie, ihrer Mutter, ihren Geschwistern, ihr selbst, und jetzt auch den Enkelkindern. Es war, als hätten sie mich nie zurückgewinnen können. Und weil die Veranstaltung bevor stand, auf der zur Eröffnung des Wahlkampfs meine Kandidatur angekündigt wurde, sagte sie mir klipp und klar, dass sie nicht mit mir aufs Podium steigen werde. Sie hatte es satt, sie wollte, dass wir ein anderes Leben führten, das Leben normaler Menschen, die sich an den Sonntagen treffen, die der Vater nicht in entlegenen Weilern verbringt, um, wie ich damals, eine Botschaft zu verkünden, die niemand, oder fast niemand, hören wollte. Wo sie alle mich immer hatten sehen wollen, war in der Literatur. Weshalb widmete ich mich nicht ein für alle Mal dem Schreiben?

Es war tatsächlich ein aussichtsloser Kampf angesichts der gnadenlosen Polarisierung, die wieder einmal das Land ergriffen hatte, und in der es keine Stimmen für, sondern nur gegen jemanden geben würde: gegen Daniel Ortega, damit die Sandinisten nicht wieder an die Macht kämen, und gegen Arnoldo Alemán, damit die Somozisten nicht zurückkehrten. Die Leute machten keinen großen Unterschied zwischen mir und Daniel, denn sie hatten immer noch die Bilder aus der gigantischen Kampagne von 1990 im Kopf, bei der wir als Kandidaten derselben Partei pausenlos in den Fernsehspots auftauchten, Hunderttausende T-Shirts mit unseren beiden Gesichtern verteilt wurden und wir überall zu sehen waren, auf den riesigen Tafeln an den Straßen und den Plakaten an den Wänden; und außerdem fragten sich die Leute, weshalb ich den Schritt, die FSLN zu verlassen, erst getan hatte, als wir nicht mehr an der Macht waren, etwas, auf das es keine einfache Antwort gab. Die Anti-Sandinisten fanden auch keine besonders guten Gründe mich zu wählen, und unter den Sandinisten legte man sich unter dem Kriterium der Nützlichkeit seiner Stimme immer mehr auf Daniel fest.

Ich war nicht so beharrlich wie sonst, wenn ich in der Diskussion mit meiner Frau oder mit meinen Kindern immer und um jeden Preis Recht behielt, einschließlich um den Preis der Vernunft selbst, wie jenes Mal, als ich Sergio meine Zustimmung verweigerte, zum Studium nach Westdeutschland zu gehen mit einem Stipendium, das man ihm wegen seiner guten Abiturnoten auf der deutschen Schule gegeben hatte; vielleicht wollte ich damals vor allem nicht, dass gegenüber den Hardlinern in der Führungsspitze der FSLN mein Ruf als Sozialdemokrat noch zunahm. Schließlich nahm ich Dorels Argumente an und erklärte mich schuldig.

Ich wollte ihr nicht mehr erklären, dass ich diesen Wahlkampf, den letzten meines Lebens, so führen musste, als könne ich gewinnen, und alle Energie und allen Mut aufbringen musste, was ich auch tat. Ich legte dabei mehr als achthundert Kilometer zu Fuß zurück, auf denen mein Genosse Leonel Argüello, ein junger Sozialmediziner, und ich wie fliegende Händler von Tür zu Tür gingen. Ich musste diesen Wahlkampf führen, weil ich es mir selbst versprochen hatte und denen, die an unsere Botschaft glaubten und dafür unter schwierigsten Bedingungen im ganzen Land arbeiteten, wobei sie selbst die Fahrtkosten bezahlten, um aufs Land hinauszufahren, die Stadtviertel mit dem Fahrrad besuchten, selbst die Spruchbänder mit den Parolen malten, in ihrer Mehrzahl arme Leute, schlecht bezahlt oder arbeitslos, die ohne an ihren eigenen Vorteil zu denken bis zum Schluss dabei blieben, obwohl es natürlich auch die gab, die verschwanden, ohne auch nur auf Wiedersehen zu sagen.

Nach ihrer Ankündigung erwartete ich am Tag der Auftaktveranstaltung in der Turnhalle des Colegio La Salle Dorel nicht mehr und Sergio genauso wenig. Doch dann kam Sergio die Stufen empor, um sich neben mich zu setzen, neben María und meine Frau Tulita, die dieses letzte Abenteuer allerdings auch nicht gerade gesegnet hatte, doch mit mir zusammen durch alles andere gegangen war: Gemeinsam hatten wir meine Stelle an der Universität in Costa Rica verlassen, um das Wagnis eines Schriftstellerlebens in Berlin einzugehen, waren zurückgekehrt, damit ich mich einer Verschwörung zur Revolution anschließen konnte, an der zu dem Zeitpunkt nur wenige teilnahmen; dann die zwei atemlosen Jahre des Befreiungskrieges und die zehn Jahre des Verlassenseins, die sie erlitten hatte, während ich noch um Mitternacht in meinem Regierungsbüro saß, die Niederlage 1990, die sie, nachdem sie sie gemeinsam mit mir beweinte, wie ihre endgültige Befreiung gesehen hatte, mein unerwartetes Leben als Parlamentarier, das wie eine Rückkehr in den Tunnel war; und der bittere Bruch mit der FSLN, als mich mein Freund Roberto Argüello Hurtado zu Hause besuchte und mir sagte, als beschriebe er die unvermeidlichen Symptome einer bekannten Krankheit:

„Von jetzt an wird man weniger nach dir fragen, jetzt wirst du weniger Freunde haben."

Während wir also vom Machtapparat, der noch überlebte, wie Todfeinde behandelt wurden, hob mich Saturn vom Boden, um mich, entschlossen mich zu verschlingen, in seinen Schlund zu stoßen, und nicht nur mich allein, sondern auch meine Tochter María, die ohne Unterlass von Radio Ya, dem Radiosender von Daniel, mit Dreck beworfen wurde, als bestes Mittel, mit mir abzurechnen; María, die wieder einmal an meiner Seite gewesen war, als es darum ging, eine neue Partei zu gründen: ihre Art, mir ihre Zuneigung zu zeigen, so wie es diejenige von Dorel war, mir ihre Unterstützung zu verweigern.

Doch dann kam auch Dorel und brach ihren Schwur, von Weitem sah ich sie auf der Tribüne, und es kamen ihre Kinder, Elianne und Carlos Fer mit Camila heraufgeklettert, der Tochter von María, und es gab noch einmal ein Foto, das letzte Wahlkampf- und Familienfoto unter dem Luftschlangenregen und den orangeroten Luftballons, die von der Decke herabschwebten, von den Fahnen und den Rufen und der Musik. Eine Geschichte, die dort beginnt, wo sie zu Ende geht.

2. Kapitel

Leben wie die Heiligen

Ernesto Castillo, der von uns allen seit jeher Tito genannt wurde, war mir an der juristischen Fakultät von León ein paar Jahre voraus, und als er sein Examen machte, konnte man ihm aufgrund seiner familiären Herkunft, die ihm Beziehungen in die Finanzwelt und das Immobiliengeschäft sicherte, einen beneidenswerten Stamm von Klienten vorhersagen.

Tito stammte aus einer der großbürgerlichen Familien von Granada, er war der Enkel des berühmten Arztes Juan José Martínez, der mit zwanzig Jahren an der Sorbonne seinen Doktor gemacht und das erste Mikroskop nach Nicaragua gebracht hatte, und Urenkel eines deutschen Juden namens Jakob Teufel, der auch Ernesto Cardenals Urgroßvater war. Im Jahre 1857 hatte dieser Jakob Teufel, als man ihn exekutieren wollte, weil er zur Söldnertruppe William Walkers gehörte, nicht nur den General Tomás Martínez um Gnade gebeten, sondern auch darum, sein Taufpate zu werden, weil er zum katholischen Glauben übertreten wollte; beide Bitten wurden ihm gewährt, und aus Dankbarkeit nahm er den Nachnamen „Martínez" an.

Tito war Rechtsanwalt in der wichtigsten Kanzlei Managuas: „Castillo, Carrión, Cruz, Hueck & Manzanares", die er Ende der sechziger Jahre verließ, als er sich einem Christentum anschloss, das sich den Armen verpflichtet fühlte, und von da an arbeitete er im Rechtsberatungsbüro der Jesuitenuniversität. Er und seine ganze Familie führten ein einfaches Leben, das sie nie aufgegeben haben. Als die Revolution siegte, wurde er Generalstaatsanwalt, und ihm fiel die Aufgabe zu, den Besitz der Familie Somoza und ihrer Angehörigen zu enteignen und vielen anderen unrechtmäßig erworbenes Eigentum wieder wegzunehmen, was er mit einer unerschütterlichen Entschlossenheit tat, der nicht einmal Mitglieder seiner eigenen Familie entkamen. Hinter vorgehaltener Hand nannten ihn manche „Quito" („Ich nehme weg") Castillo statt Tito Castillo.

Seine Frau Cuta Castillo, die eigentlich Rosa hieß, muss so um die vierzehn Jahre alt gewesen sein, als sie ihn heiratete, denn ich erinnere mich noch an sie, wie sie, fast noch ein Mädchen in Kniestrümpfen, als seine Ehefrau an seiner Examensfeier in León teilnahm. Die beiden stehen sich, was Schweigsamkeit angeht, in nichts nach, doch Tito ist noch stiller, scheu bis zur fast völligen Stummheit, die er all seinen Kindern genauso weiter vererbt hat.

Ende der sechziger Jahre eröffneten sie in Managua die Buchhandlung „Club des Lectores" – Leserclub –, wie ich glaube, aus wirklich subversiver Absicht, doch immer wieder sabotiert von den Zollbehörden, die ihnen die Bücherlieferungen nicht aushändigten, und so mussten sie irgendwann schließen. Dann gingen sie ins Exil nach Costa Rica und eröffneten dort eine neue Buchhandlung. Dort lebten sie, als sich Tito der „Gruppe der Zwölf" anschloss, und in ihrem Haus in San Rafaél de Escazú, einem alten Holzhaus mit Geranien geschmückten, Geländer gesäumten Veranden, halbdunklen Räumen mit Linoleumfußböden und feuchten Schlafzimmern, wurden nicht nur Waffen gelagert, sondern es wurde auf dem baumbestandenen Grundstück abends auch militärisches Training veranstaltet, und in einem angrenzenden Lagerschuppen wurde in den letzten Monaten des Befreiungskrieges das Studio von Radio Sandino eingerichtet, das über Kurzwelle nach Nicaragua sendete.

Ihr ältester Sohn hieß Ernesto wie sein Vater, und ich sehe ihn vor mir, wie er im Haus in San Rafaél de Escazú, das immer voller lärmender Exilierter und angehender Guerilleros war, völlig verschüchtert auf dem Sofa sitzt. Er bekam in Kuba seine militärische Ausbildung, und Mitte 1978 reiste er auf geheimen Pfaden nach Nicaragua, um sich in León den sandinistischen Kämpfern anzuschließen, fast zur gleichen Zeit, als wir Mitglieder der „Gruppe der Zwölf" nach Managua zurückkehrten. Sein Vater Tito erhielt von ihm in jenen Tagen eine oder mehrere Botschaften auf Kassette, wie es damals üblich war, in jenen wirren, hektischen Zeiten, in denen wir häufig von einem Versteck ins nächste wechseln mussten und leichter etwas aufnehmen als aufschreiben konnten; und ich erinnere mich daran, wie ich Tito von weitem auf dem Bett im Schlafzimmer sitzen und eine Antwort an seinen Sohn aufnehmen sah, auf einer Kassette, die ihn vielleicht gar nicht mehr erreichte, weil er bei der Septemberoffensive 1978 durch einen Kopfschuss ums Leben kam. Bei einem Gefecht in den Straßen von León gab er, voller Freude darüber, dass sein Raketenwerferschuss einen Schützenpanzer getroffen hatte, seine Deckung auf, und ein Scharfschütze erwischte ihn von einem Dach aus.

Vor mir liegt ein Brief, den mir meine Frau Tulita in jenen Tagen nach Managua schrieb, und der ganz Cuta Castillo gewidmet ist: „In diesem Haus, so sagt sie, darf es jetzt keine einzige Träne geben, jetzt haben Tränen keinen Platz; sie sagt, sie will ihren Sohn an dem Tag beweinen, an dem Nicaragua frei ist." Cutas bester Schutz war die letzte Aufnahme, die ihr ihr Sohn am 30. August geschickt hatte, dem Tag der Heiligen Rosa und ihrem Geburtstag, bei der seine ruhige, fröhliche Stimme wie aus dem Landschulheim zeigte, wie glücklich er war, für eine gerechte Sache zu kämpfen, und wie entschlossen, sein Leben für diese Sache zu geben, doch wie sehr er sich auch seines Schicksals bewusst war: „Ich habe keine Angst, ich weiß, dass ich dem Tod begegnen werde, aber ich habe keine Angst. Ihr und ein ganzes Volk begleiten mich."

Ernesto, der Sohn, der auch ein Dichter war, lässt mich mit seinen Gedichten aus den Katakomben an den elegischen Ton denken, den Ronsard in seinem Sonett an Helena benutzt, nur dass er bei seiner Begegnung mit dem Tod seine Braut nicht mehr darum bitten kann, gemeinsam die Rosen des Lebens zu pflücken. Vorher hatte er ihr in einem Epigramm geschrieben:

Weil ich lebe
wenn ich dich sehe
lass mich, bitte,
nicht sterben.

Jetzt kann er ihr nur noch ankündigen:

Die Zeit wird Staub aus meinen Knochen machen.
Alle werden mich vergessen, doch du
wirst manchmal um mich weinen wollen.
Ein Trauerschleier wird dich überkommen
und die Erinnerung an mich dir in die Augen treten.

Ernesto, der mit einundzwanzig fiel, hatte wie ein Heiliger gelebt, der Regel Leonel Rugamas zufolge. Gemeinsam mit anderen unbekannten Guerilleros begrub man ihn in einem Massengrab hinter dem San-Vicente-Hospital in León, und als nach dem Sieg der Revolution der Vorschlag kam, seine Gebeine in das Familiengrab nach Granada zu überführen, lehnte Cuta Castillo ab. Besser blieb er bei seinen Compañeros.

Leonel Rugama, der mit der Regel, so zu leben wie die Heiligen, war ein mystischer Dichter und ein dichtender Guerillero, der Dichter der Katakomben. Er war in einer Landgemeinde nahe der Stadt Estelí auf die Welt gekommen, als Sohn eines Tagelöhners und einer Dorfschullehrerin. Mit elf Jahren trat er, entschlossen Priester zu werden, ins Nationale Priesterseminar ein, doch kurz bevor er die Tonsur erhielt, verließ er das Seminar und kam 1969 nach León, um sich, mit einem Bein schon in den Katakomben, an der Universität einzuschreiben. Er war nicht nur ein begeisterter Schachspieler und ernsthafter Mathematiklehrer, sondern er las auch mit Hingabe alles, was ihm in die Hände fiel, von Sartres „Die Wege der Freiheit", Camus' „Sysiphus", Papinis „Gog", Victor Hugos „Der lachende Mann" und „Das Ende des modernen Zeitalters" von Romano Guardini bis „Philatelie für alle", „Die Kunst des Verkaufens", „Schach in zehn Lektionen" und „Wie bekomme ich einen athletischen Körper". In einem seiner Notizhefte findet sich eine Liste von 180 Büchern, die er allein 1967 gelesen hatte, als er das Seminar verließ, und er las unablässig: während er sich anzog, wobei er in der einen Hand das Buch hielt und sich mit der anderen die Soutane zuknöpfte, während er mit den anderen Seminaristen in die Kapelle marschierte, wenn er zum Unterricht ging, beim Essen, auf dem Klo.

Zudem besaß er ein außerordentliches Gedächtnis, das es ihm erlaubte, die Nummern aller Autos zu behalten, die vorbeifuhren, und hatte die Angewohnheit, unablässig Wortspiele zu erfinden. Mein Bruder Rogelio, der 1992 starb, mit dem Leonel der Sucht nach diesen Wortspielen frönte und an langen, rumseligen Abenden seinen Sinn für Humor und die andauernden ironischen Bemerkungen teilte, brachte mir eines Tages, als ich schon in Costa Rica lebte, bei seinem Besuch in der Universität einen Stapel seiner

Gedichte, die mir damals schlampig zu sein schienen, so als handle es sich um erste Entwürfe, an denen noch gearbeitet werden müsste, und ich maß ihnen keine große Bedeutung bei. Erst als man ihn umbrachte, kamen sie mir schön vor, und da begriff ich, dass der Sinn, den das Leben nach dem Tod erhält, den Glanz der Worte sehr verstärken kann.

Jener ärmliche Seminarist mit einer Brille, die zu groß für sein Gesicht wirkte, der immer das gleiche Hemd aus synthetischem Stoff trug, wenn er in den Ferien in Estelí die Soutane auszog und auf den Bänken im Stadtpark lange Gespräche führte oder, vor einer Tafel auf der Veranda seines Elternhauses, den sitzen gebliebenen Schülern Nachhilfeunterricht in Mathematik gab, sah überhaupt nicht so aus wie die heldenhaften Guerilleros auf den Plakaten. Doch im Januar 1970 fiel er, gemeinsam mit zwei ungefähr gleichaltrigen Burschen, im Kampf gegen Hunderte von Soldaten der Nationalgarde, die einen Unterschlupf der FSLN im Viertel „El Edén" gegenüber dem Ostfriedhof von Managua stürmen wollten, wo sie sich versteckt hielten: ein schlichtes, hellblau gestrichenes einstöckiges Haus, das einmal ein Stundenhotel gewesen war, und auf dessen Wand immer noch das verblichene Schild „Pension Marriott" prangte, so als sei dies ein letztes Mal der Ironie Leonels geschuldet.

Als um zwölf Uhr mittags die Schießerei losging, wurde das Haus durch einen ersten Trupp von Sicherheitsbeamten umstellt, und kurz darauf kamen die Soldaten in Viererreihen und im Laufschritt, vor ihnen her fuhren die Schützenpanzer; an den Straßenecken hielten die LKWs mit quietschenden Reifen, weitere Soldaten sprangen ab, und in der Luft kreisten gepanzerte Sportmaschinen, um im Sturzflug herunter zu kommen und das Dach des Hauses unter Feuer zu nehmen, bis die Wellblechplatten durch die Gegend flogen. Dann tauchte ein Hubschrauber auf. Die Kanonen der Schützenpanzer schossen mit dumpfem Knallen Löcher in die Wände des Hauses, dass man es weithin hörte, während aus den Fenstern des belagerten Hauses nur spärliche, vereinzelte Schüsse antworteten; nach Stunden ununterbrochenen Angriffs ergab sich eine kurze Stille, man rief durch ein Megaphon dazu auf, sich zu ergeben, und die Stimme Leonels antwortete mit einem Ruf, der zur Legende werden sollte: „Que se rinda tu madre!" – Soll sich doch deine Mutter ergeben. Da ging das Getöse der Geschütze von Neuem los, die Maschinengewehre, die auf dem Asphalt aufgestellt waren, bellten böse, weiter fielen die Schüsse, bis es gegen vier Uhr keine Antwort mehr gab, und als die Leichen aus dem zertrümmerten, in Rauch gehüllten Haus geholt wurden, kamen die Menschen, die den Angriff von weitem aus den Türen von Läden, Kneipen oder Billardhallen verfolgt hatten, verblüfft näher und sahen zu, wie die Leichen von nur drei Burschen wie Säcke auf die Ladefläche eines LKWs geworfen wurden.

Sechs Monate zuvor, am 15. Juli 1969, hatte die Nationalgarde im Viertel „Las Delicias del Volga" am anderen Ende von Managua schon einmal einen Unterschlupf gestürmt, in dem sich der Chef der eben entstehenden Stadtguerilla der FSLN, Julio Buitrago, versteckt hielt, auch er ein junger Bursche, und auch dabei hatte es einen Aufmarsch von Hunderten von Soldaten und Schüsse aus den Kanonen von Schützenpanzern und gepanzerten Flugzeugen gegeben, und die Leute hatten dem Angriff von zu Hause aus zusehen können, denn Somoza befahl, ihn zu filmen, und sein Fernsehkanal übertrug ihn zur besten Sendezeit. Das war ein Fehler gewesen, den er nicht noch einmal machen wollte, und als jetzt die Radiostationen dieses neue Gefecht direkt zu übertragen begannen, befahl er, sie zum Schweigen zu bringen.

Leonel muss wenige Tage später an den Trümmern des Hauses vorbei gekommen sein, wo Julio Buitrago kämpfend starb, und in seinem Gedicht „Die Häuser waren in Rauch gehüllt" beschreibt er die Löcher, die die Sherman-Schützenpanzer in die Hauswände schossen, die Spuren der Mazden- und Browning-Maschinengewehre und der Garand-Sturmgewehre, den Rauch und die Stille, als alles vorüber war, so als sähe er den Film seines eigenen Todes.

„Der Tod ist nichts weniger als das Leben", hatte er in einem Brief in den letzten Monaten seines Lebens an seine Mutter geschrieben. Und in einem seiner Alltagsgedichte erklärt er, dass es im Untergrundkampf notwendig war, wie ein Heiliger zu leben, ein Leben wie das der ersten Christen zu führen. Dieses Leben in den Katakomben war eine dauernde reinigende Übung; sie bedeutete nicht nur den völligen Verzicht auf eine Familie, ein Studium, die Beziehung zu einer Frau, sondern auf alle materiellen Güter und den Drang selbst noch, sie zu besitzen, wie gering sie auch sein mochten. In Armut und Demut zu leben, alles zu teilen, und vor allem, in der Gefahr, mit dem Tod zu leben.

Bis zum Ende des Kampfes zu überleben war eine unverdiente Belohnung und der Tod nicht mehr als eine Art und Weise, denen ein Beispiel zu geben, die den Sieg in einer ungewissen Zukunft erringen würden; einen Sieg, der ohne regelmäßig wiederholte Beispiele nicht erreicht werden konnte, eine Kette untadeligen Verhaltens voller Opfer, die kein sichtbares Ende besaß. Der Tod als Vorgehensweise, als Pflicht, als Aufgabe, die erfüllt werden musste, so hatte Leonel selbst es erklärt.

Sandino hatte 1933, kurz vor seinem eigenen Ende, dem baskischen Journalisten Ramón de Belausteguigoitia gesagt, das Leben sei kein flüchtiger Augenblick, sondern die Ewigkeit, durch die vielen Facetten des Vorübergehenden gesehen; und er habe seinen Leuten beigebracht, der Tod sei nur ein leichter Schmerz, der vorübergeht. Leonel schreibt in sein Notizbuch ein Zitat von Saint-Exupéry: „Wenn man auf ihn trifft, gibt es schon keinen Tod mehr." Und er zitiert auch Ortega y Gasset: „Das Leben ist die kosmische Bestätigung des Altruismus und existiert nur als dauernde Bewegung des Ich zum Anderen hin."

Der Abstieg in die Katakomben entstand aus einer Wahl zwischen Leben und Tod, aus einer kompromisslosen Mystik. Er geschah unter dem Schwur „Freies Vaterland oder Sterben" mit einem Gefühl der Vergänglichkeit, der Vorläufigkeit in Bezug auf das eigene Leben, und dazu bedarf es einer beinahe religiösen Überzeugung. Das Opfer machte es möglich, die Tore des Paradieses zu öffnen, doch eines Paradieses für die anderen hier auf Erden. Doch dazu musste man leben wie ein Heiliger.

In seinem Gedicht „Wie die Heiligen" ruft Leonel alle Tagelöhner, Bauern, Landarbeiter, Viehtreiber, Kutscher, Schuster, Barbiere, Marktfrauen, Köchinnen, Gemüseverkäuferinnen, Schlachter, Blinden, Stummen, Schwindsüchtigen, Lahmen, Schausteller, Bettler, Arbeitslosen, Taschendiebe, Herumlungerer, Schuhputzer, Strafgefangenen, Huren, Trunkenbolde auf ihm zuzuhören:

in den Katakomben
male ich nachmittags, wenn wenig zu tun ist,
auf die Wände
auf die Wände der Katakomben
die Bilder der Heiligen
der Heiligen, die dabei starben, als sie den Hunger töteten
und am Morgen mache ich es den Heiligen nach
jetzt will ich euch von den Heiligen erzählen

Unter diesen Heiligen eines neuen Heiligenverzeichnisses sind auch Sandino und der Che. Sandino war einer der Begründer dieser Opfertradition und ihr bester Bezugspunkt. Als es darum ging, im Jahre 1927 den Widerstand gegen die ausländische Besatzung zu organisieren, um die nationale Souveränität zu verteidigen, stellte er diese Werte des Verzichts und der Hingabe über alles andere und an die allererste Stelle die Überzeugung, dass der Tod eine Auszeichnung, keine Strafe sei, alles oder nichts, wie er sich in seinem endgültigen Satz ausdrückt: Ich will eine freies Vaterland oder den Tod, und wie es in allen seinen Schriften ausgedrückt ist, in der Gewissheit, dass er nicht überleben wird: Und wenn wir sterben, so macht das nichts, unsere Sache lebt weiter, und andere werden uns folgen. Nach seinem Tod in Bolivien 1967 trat das Bild des Che neben dasjenige Sandinos auf den Wänden der Katakomben. Und von da an wurde beim Eintritt in die Reihen der Sandinisten im Untergrund auf die Namen dieser beiden geschworen, bis zum Tode für die Sache der Unterdrückten zu kämpfen.

Diese endgültige Verpflichtung fand zu allererst im Herzen des Initiierten selbst statt. „Man muss von innen nach außen Kraft anwenden, um das Gefäß aufzubrechen, das einen umhüllt, und sich befreien zu können. Dies ist die allererste Revolution", schrieb Leonel in einem Text aus jener Zeit, „Der Student und die Revolution". Die einzige Zukunft, die Zukunft, die mit der Verpflichtung akzeptiert wurde, konnten die Initiierten auf den ersten Seiten der Zeitung „Novedades" sehen, wenn die Fotos der niedergemetzelten Compañeros abgebildet wurden, die entweder dort, wo sie gefallen waren, in einer Blutlache lagen, oder in den Schubladen des Leichenschauhauses. Eine so natürliche Verpflichtung, dass sie mich an die Geschichte der beiden Burschen erinnert, die, als sie schon im Untergrund waren, einmal am Straßenrand entlang gingen und Orangen aßen:

„Wenn jetzt die Garde kommt und uns umbringt", meinte einer der beiden, „dann werden sie, wenn sie die Autopsie machen, sagen: ‚Die waren gerade dabei, Orangen zu essen'."

Man suchte auch keinen ewigen Ruhm als Belohnung. Der Name Leonels überlebte, nachdem die ethischen Maßstäbe der Revolution verschwanden, weil er ein Dichter war und weil sein Leben und seine Aufopferung im Zusammenhang mit seiner Dichtung gesehen werden. Die beiden gleichaltrigen Burschen, die gemeinsam mit ihm in einem äußerst heroischen Kampf umkamen, Mauricio Hernández Baldizón und Róger Núñez Dávila, sind schon früh in Vergessenheit geraten, vergessen als Teil einer endlos langen Liste von Helden, Märtyrern und Gefallenen, die der Kampf über zwei Jahrzehnte forderte, und der Liste der Tausende von Gefallenen in dem Krieg, der nach dem Sieg der Revolution gegen uns geführt wurde: Rekruten aus dem Militärdienst, Milizionäre, Brigadisten, Reservisten, Bauern aus den Kooperativen.

Die Namen all dieser jungen Leute aus unterschiedlichen Epochen und Etappen des Kampfes sind nach und nach von den Plätzen getilgt worden, die sie an den Fassaden von Schulen, öffentlichen Gebäuden, Hospitälern, Kliniken und Markthallen einnahmen, abmontiert in den Stadtvierteln, Parks und Straßen, denn das Vergessen der Zeit, das Schwinden der Erinnerung und die ethische Verwahrlosung lassen heute der offiziellen Rache freie Hand, die die Werte der Vergangenheit wieder einführen möchte und sich dabei an den Toten vergeht, die eben diese Vergangenheit ändern wollten.

Während ich diese Erinnerungen aufschreibe, frage ich mich: Wer war Armando Joya, dessen Namen bis vor kurzem die Bibliothek der Zentralbank trug? Wer César Augusto Silva, nach dem sich einmal der frühere Country Club nannte, der von der revolutionären Regierung zum Ort für festliche Veranstaltungen gemacht wurde und heute völlig verkommen ist? Wer Lenín Fonseca, nach dem ein Krankenhaus in Managua benannt wurde? Und Cristian Pérez? Das Viertel „Cristian Pérez" hieß früher das „Salvadorita"-

Viertel, nach der Frau des ersten Somoza, und vielleicht trägt es inzwischen schon wieder seinen alten Namen. Cristian wurde im Mai 1979 ermordet, bei einem furchtbaren Überfall der National-garde auf das Haus des Unternehmers Alfonso González in Jiloá, den sie genauso umbrachten wie alle anderen, die sie dort vorfan-den: seinen Sohn, einen Neffen und die Hausangestellte mit ihrem Kind; zu der Zeit ging es Somoza nämlich nur noch darum, Schrecken unter all jenen zu verbreiten, die den Guerilleros Un-terschlupf gewährten.

Wenn man durch die Stadtviertel von Managua, von León, von Matagalpa oder Estelí fährt, sieht man noch hier und da an einer Straßenecke eine Gedenktafel, die an einen jener Namen aus der Zeit des Aufstands erinnert, oder in einem Park ein einfaches Denkmal aus Zement, eine rohe Büste, ein Foto, das zwischen ver-trockneten Blumengirlanden hinter Glas am Grabstein auf irgend-einem Friedhof vergilbt. Hätten sie überlebt, dann näherten sie sich heute ihrem vierzigsten Geburtstag; und die, die den Kampf begannen und starben, als sie mutterseelenallein aus einem Ver-steck heraus Widerstand leisteten, wären jetzt fünfzig oder über fünfzig. Eine alte Geschichte.

Andere hat der Sieg der Revolution umgebracht, Helden, die das Leben in den Katakomben überlebten, militärische Genies, die in den Schützengräben des Aufstands geboren wurden. In der Ausübung der Macht, die sie erobern halfen, gab es für sie keine rechte Verwendung, und die Mehrheit von ihnen sah sich aufs Abstellgleis gedrängt, andere wurden in rein dekorative Posten ab-geschoben und nicht wenige wurden zu Alkoholikern, wie der Comandante Francisco Rivera (*El Zorro* – Der Fuchs), der an der Spitze seiner immer zahlreicheren Guerillatruppen dreimal die Stadt Estelí einnahm, bis sie endgültig befreit war.

In der letzten Phase des Kampfes gegen die Diktatur lebte man in fast familiärer Beziehung mit den Toten, unbedingt musste ihnen im alltäglichen Leben Platz geschaffen werden. Jedes Mal, wenn ich vom Tod irgendeines Compañero hörte, der im Kampf gefallen oder im Gefängnis ermordet worden war, überfiel mich eine entsetzliche Beklemmung. Ich fühlte mich demoralisiert statt motiviert durch das Beispiel dessen, der gefallen war, so als sei ich es, der dem anderen das Recht zu leben nahm. Es lag ein Geruch von Formol in der Luft. Der Tod hatte nicht nur etwas von Mythos, sondern auch von Ritus, von Gesellschaft, von Vorankündigung, eine irreale Atmosphäre, in die man jeden Augenblick geraten konnte, wenn der Schlaf durch das Klingeln des Telefons unterbrochen wurde und am anderen Ende ein Schluchzen zu hören war, wie in jenem Morgengrauen im November 1976, als mich der Anruf von Gioconda Belli weckte, die damals schon im Exil in San José lebte und mich, ohne die Tränen zurückhalten zu können, wissen ließ, dass Eduardo Contreras umgebracht worden war, dessen blutüberströmtes Gesicht ich noch kurz zuvor in einem Traum vor mir gesehen hatte.

Der Totenkult war nichts, was irgend jemand aus der revolutionären Führung angeordnet hätte, sondern die Konsequenz aus einer tiefen Überzeugung, die sich aus dem Beispiel nährte, mit Wurzeln in der katholischen und gleichzeitig der indianischen Tradition, die die Härten des Untergrundkampfes nur noch überhöhten. Christus, der zum Opfer auffordert, dazu, seinen Körper zu essen, und Mixtanteotl, der Totengott der Nahua, der nach lebendigen Opfern verlangt. Nie hörte der Tod auf, der Weg zur völligen Reinigung zu sein, die Tilgung jeden Fleckens, vor allem, weil er das freiwillige Opfer bedeutete, das ersehnte, gesuchte, Sündenbock und Opferlamm, und genau deshalb stellte die Revolution ihn an die Spitze ihrer Feierlichkeiten, das Gedenken des Todes als Fest der Sühne. Und die Toten, durch das Opfer verwandelt, gingen in die Gemeinschaft der Heiligen ein; jeder Heilige, jeder Märtyrer wurde am Tage seines Todes, seines Opfers gefeiert. Bei den großen öffentlichen Veranstaltungen tauchte auf einmal ein leerer Stuhl auf, der mit der höchsten Lehne auf dem Ehrenplatz, das war der Stuhl von Carlos Fonseca, des abwesenden, doch immer anwesenden obersten Führers der Revolution.

Dass keiner der Verdienste der Lebenden mit dem Verdienst des Todes selbst verglichen werden konnte, war eine ganze Philosophie, die beim Sieg der Revolution ein erdrückendes ethisches Gewicht erhielt. Die einzigen Helden waren die Toten, die Gefallenen, ihnen verdankten wir alles, sie waren die Besten gewesen, und alles andere, was die Lebenden betraf, musste als weltliche Ei-

telkeit unterdrückt werden. Der Ruf: *„Presente! Presente! Presente!"*
– Hier unter uns! – meinte die Toten und das Vermächtnis ihrer
Aufopferung, aber er war auch ein Ruf der Verpflichtung und ein
Siegesschrei. Das Grab war der Altar. Die trauernden Mütter nahmen bei allen öffentlichen Veranstaltungen die erste Reihe ein und
hielten dabei auf dem Schoß die vergrößerten Fotos ihrer geopfer-
ten Söhne, Abituraufnahmen oder Passfotos oder eines, das aus
dem Gruppenfoto eines Festes, eines Ausflugs ausgeschnitten war,
alles junge Leute, die mitten im blühenden Leben starben, um Helden zu sein, die niemals altern werden.

Die Pflicht der Lebenden war es, ihr Verhalten dem der Toten
anzugleichen, sich daran zu erinnern, dass wir an der Macht waren,
weil sie sich geopfert hatten, weil sie den Tod wie eine Aufgabe
angenommen hatten. Daran musste man immer denken, so wie es
Ernesto Cardenal in einem Gedicht ausdrückte:

Wenn man dich beim Betreten des Podiums beklatscht
denk an die, die gestorben sind.
Wenn man dich am Flughafen abholt
in der großen Stadt
denk an die, die gestorben sind.
Wenn du es bist, der am Mikrophon steht,
im Scheinwerferlicht der Kameras
denk an die, die gestorben sind.
Sieh sie ohne Hemd, fortgezerrt,
blutüberströmt, mit einer Kapuze über dem Kopf, fertiggemacht,
in Becken getaucht, mit Elektroschocks gefoltert,
mit herausgerissenen Augen, durchschnittener Kehle,
von Schüssen durchlöchert
an den Straßenrand geworfen
in Löcher, die sie selbst ausheben mussten
in Massengräber
oder einfach auf die Erde, Dünger für die Pflanzen
des Waldes:
Du bist ihr Stellvertreter,
sie haben dich dazu erwählt,
die, die gestorben sind.

Die Verbindung, die sich im Kampf der Sandinisten zwischen Marxismus und Christentum ergibt, lässt sich besser aus ihren Wurzeln in der Geschichte und aus der Praxis erklären, als aus irgendeinem theoretischen Entwurf. Leonel Rugama, der seit seiner Kindheit Priester werden wollte, kam von ganz unten, genauso wie Francisco Rivera (*El Zorro*), der Sohn eines Schusters und einer Wäscherin, der, beeinflusst durch das Beispiel seines älteren Bruders Filemón, der in den Bergen fiel, von Kindheit an Guerillero werden wollte; und unter dem Einfluss der Gewerkschaftsführer aus den Schusterwerkstätten, die aufsässig waren und die Pfaffen hassten, war er eher Atheist. Doch keiner der beiden, ob Seminarist oder Atheist, gab sein Verhalten aus Bescheidenheit, Hingabe und Opferbereitschaft auf.

Und als sich die Kinder der reichen Familien, die an katholischen Schulen und nordamerikanischen Universitäten ausgebildet worden waren, der Untergrundarmee anzuschließen begannen, da geschah das, weil sie eine Art Noviziat durchgemacht hatten, das sie den harten Lebensbedingungen der Armen annäherte und sie gleichzeitig an die Vorstellung von Vergänglichkeit angesichts des Todes gewöhnte. *El Zorro* brauchte nicht aus einem bequemen Bett zu klettern, um sich am Klassenkampf zu beteiligen, doch die, die von oben kamen, mussten das sehr wohl tun.

Als Edgard Lang, der Sohn eines der wohlhabendsten Unternehmer Managuas, sein Noviziat in den kirchlichen Basisgemeinden begann, die der Franziskaner Uriel Molina leitete und die seit Anfang der siebziger Jahre so etwas wie eine Schule für Revolutionäre waren, hörte er als erstes auf, in seinem Bett zu schlafen, und legte sich auf den Boden, um jede Nacht seine Härte zu spüren. Hartes Bett, Kopfkissen aus Stein, Fasten. Dann ging er von zu Hause fort. Im Abschiedsbrief an seine Eltern sagt er ihnen, als er in den Untergrund geht: „Ich weiß, dass ihr in letzter Zeit an mir ein seltsames Verhalten bemerkt habt."

Es war tatsächlich ein seltsames Verhalten, ein radikaler Wechsel der Gewohnheiten, Bequemlichkeiten, Lebensstile, Gefühle und Lebensanschauungen. Bevor man eine Waffe zu gebrauchen lernte, erlernte man eine ethische Haltung, die von der Liebe zu jenen ausging, die nichts besaßen, nach christlichen Begriffen, und man übernahm die Verpflichtung, auf alles zu verzichten, um sich in einen Kampf auf Leben und Tod zu stürzen, um die Macht von oben durch die Macht von unten zu ersetzen, nach marxistischen Begriffen. Aus marxistischer Sicht ging es um Klassenkampf und darum, eine neue Klassenidentität zu entwickeln, aus christlicher Sicht darum, die Solidarität in die Praxis umzusetzen, bis zur letzten Konsequenz, dem Selbstopfer. Edgard Lang, der nie mehr in die Villa seiner Eltern zurückkehrte, starb mit seinen Compañeros im April 1979 in León, bei dem Massaker in Lomas de Veracruz.

Sich vom Leben lösen, den materiellen Gütern. Das war das Beispiel derer, die allein, einsam gestorben waren, sich einer ganzen Armee entgegengestellt hatten, und das derjenigen, die niemals auch nur einen Centavo angerührt hatten, der ihnen nicht gehörte, ganz nach Art der armen Franziskaner aus dem 12. Jahrhundert, wie Jorge Navarro, mein Studienkollege aus der Universität, der sich später der Guerilla von Raití und Bocay anschloss, wo er 1963 ums Leben kam, der jedoch vorher, bei seinem Leben im Untergrund, nie sein Armuts- und Keuschheitsgelübde gegenüber dem Geld vergaß. Als er einmal einen Sack Geld wegschaffen musste, der aus einem von der FSLN verübten Bankraub stammte, wollte er nicht die zwei Córdoba nehmen, die das Taxi gekostet hätte, und ging lieber den ganzen langen Weg zu Fuß.

Das Verhalten derer in den Katakomben war außerdem im Nicaragua jener Jahre das genaue Gegenteil zum Leben der korrupten Somoza-Clique, die ihren Luxus und Reichtum obszön zur Schau stellte. Aus diesem radikalen Gegensatz entstand ein unvergleichlicher ethischer Wert, den gleichwohl nur wenige wahrnahmen. Die einfachen Leute empfanden Trauer und Hochachtung für die jungen Leute, die alleine kämpften und starben, ohne dass sie deshalb jedoch ihre Ideen annahmen. In „Novedades", der Zeitung Somozas, und sogar in der „Prensa", der Zeitung der Opposition, nannte man sie Extremisten; für die Großunternehmer und die konservativen Politiker waren sie soziale Versager und Aussteiger; in den Augen ihrer eigenen Familien waren sie Nichtsnutze und Streuner, gefährliche Beispiele für ihre Gleichaltrigen; und für die alten Kader der Kommunistischen Partei waren sie kleinbürgerliche Abenteurer.

Um die schamlosen Exzesse des Somosa-Systems zu ermessen, brauchte man sich nur die Geburtstagsfeste von Somozas Geliebter, Dinorah Sampson, anzusehen, bei den Mariachi-Orchester spielten, die eigens aus Mexiko eingeflogen wurden, während sie am Tor ihrer Villa stand und sich zur Begrüßung Handküsse geben ließ, mit einer Frisur, die aussah wie eine dreistöckige Hochzeitstorte; oder die Feste mit einem etwas gediegeneren Kitsch der offiziellen First Lady, Hope Portocarrero, die so mager war wie ein gealtertes „Vogue"-Model und zur Einweihung des neuen Internationalen Flughafens aus Miami per Sondermaschine sogar noch die Tomaten, den Salat und den Sellerie des kalten Buffets holen ließ, das in der Abflughalle den nach strenger Etikette gekleideten Gästen geboten wurde, bei einem Fest, in das ihr eigener Ehemann einen Misston brachte, als er, voller Wut und Wodka, den Befehl gab, eine Uhr zu entfernen, die die Moskauer Zeit anzeigte.

Die Familien der Oberschicht ahmten diesen Stil nach, etwas zurückhaltender zwar, doch immerhin so sehr, dass sie zum Ziel der Kritik ihrer eigenen Kinder wurden, die bei ihrer Ablehnung des Systems auch die Welt ablehnten, in der sie aufgewachsen waren, und nachdem sie Buße getan hatten in die Katakomben hinabstiegen. Uriel Molina, der Priester, erzählt, wie ihn einer jener Familienväter um ein Gespräch bat, nachdem sein Sohn in das Riguero-Viertel gezogen war, um dort mit den Armen der Kirchengemeinde zu leben. Uriel empfing ihn im Pfarrhaus und bot ihm als kleine Aufmerksamkeit für den Besucher ein Glas Cognac an:

„Nein, Herr Pfarrer", sagte der, „mit Ihnen trinke ich nicht. Machen wir uns nichts vor, Sie und ich, wir sind doch Klassenfeinde. Was Sie wollen, ist, dass mein Sohn seine eigene Klasse zerstört."

Beim Sieg der Revolution hieß ein guter Sandinist zu sein, den Verhaltenskodex einzuhalten, den die Toten aufgestellt hatten. Doch aus der Parteihierarchie heraus wurde der Kodex mehr und mehr von den Lebenden interpretiert. So kam es dazu, dass die Heiligkeit bürokratisiert wurde.

So kam es auch zu den ersten Versuchen, die Guerillabewegung in eine revolutionäre Partei zu verwandeln, unter strengen, rigiden Regeln, die sich bald als nicht sehr effizient erweisen sollten.

Die Werte, die in ihrem ganzen Glanz erstrahlten, als für sie und durch sie gekämpft wurde, lösten sich, als sie gelebt und entwickelt wurden, im Getümmel des Lebens auf, beim individuellen Streben nach Glück, durch das Bedürfnis nach Freiheit nach den langen Jahren in den Katakomben, im Gelächter und im Spott, die es hinter vorgehaltener Hand gab, in den weltlichen Schwächen, im abrupten Wandel der sexuellen Gewohnheiten und vor allem im Kampf um die Macht mit seinen tausendjährigen Regeln. Und einige verstanden sich, ganz so wie der Tartuffe bei Molière, sehr gut auf die Kunst, wie Heilige zu wirken.

Ganz zu Anfang jedoch erreichte die Philosophie der Katakomben ihren größten Glanz bei der Nationalen Alphabetisierungskampagne, die wie ein Werkzeug war, um jenen Verhaltenskodex von einer Generation auf die andere zu übertragen. Aus dem Bett zu steigen um auf dem Boden zu schlafen wurde eine Art, sich mit den anderen zu identifizieren und sich in den anderen wiederzufinden, die die Alphabetisierungskampagne verbreitete; wie die Campesinos zu leben war eine wunderbare Erfahrung für sechzigtausend junge Leute, viele von ihnen fast noch Kinder, die zum Unterrichten an die entlegendsten Orte gingen, an denen zu sein sie niemals geträumt hatten, um das andere Land mit ihnen zu teilen, das fremde, in das sie lärmend und lachend einfielen, das Land der Bauern, das die Revolution erlösen wollte, aus humanistischer, spontaner, explosiver, ansteckender Inspiration, die sehr wenig von ideologischer Färbung besaß.

Nie zuvor noch jemals danach nahm diese ethische Energie, die sich in den Seelen einiger weniger in den härtesten Jahren der Einsamkeit im Untergrund angestaut hatte, so wie damals in einem neuen Geist der Veränderung Gestalt an, eine Energie, die auch eine Verbindung darstellte, die viel weiter reichte als jedes theoretische oder klassenkämpferische Konzept. Sie war wie eine Frucht, die in voller Pracht gereift war und von der alle essen konnten.

Und es waren jene Alphabetisatoren, die später als erste in den Krieg zogen, der wieder ausbrach, als die Contras kamen, als Verteidiger einer Sache, die damals noch Energie aus der heroischen Vergangenheit ziehen konnte. Doch paradoxerweise begann eine Philosophie, die ihre Energie aus dem Tod erhielt, diese zu verlieren, als es zu viel Tod gab und die Möglichkeit, die Revolution zu verteidigen, gelangte schließlich an ihr Ende, als es keine jungen Leute mehr gab, weder für den Krieg noch für das Opfer.

Das andere große ethische Erbe der Katakomben an die siegreiche Revolution war die Regel des Nicht-Habens, die auch zu einer gerechten Art wurde, keine neuen Unterschiede aufzubauen, und dazu beitrug, die Gleichgewichte der Macht zu halten. Viele von denen, die etwas geerbt hatten oder etwas besaßen, mussten es dem Staat übergeben, wie in einem religiösen Orden. Mein Bruder Rogelio und ich überzeugten meine Mutter, die Finca „San Luis", die sie von meinem Großvater, Teófilo Mercado, geerbt hatte, einer Bauernkooperative aus Masatepe zu überschreiben; sie bat nur darum, dass der alte Vorarbeiter unter den Begünstigten wäre.

Alles, was die politischen Führer in Händen hielten, gehörte dem Staat. Wohn- und Wochenendhäuser, Fahrzeuge, Möbel; die Betriebskosten, die Feste, die Ferien gingen alle, bei Gehältern, die kaum ausreichten, auf das Konto des Staates. Doch genau indem sie sich mit dieser eleganten Art des Nicht-Besitzens rechtfertigte, begann die politische Führung, den Kodex von Jorge Navarro zu zerstören, der auf Verzicht und bescheidener Lebensweise gründete. Die Macht wurde zum Feind dieser Regel und schuf beleidigende Gegensätze in einem ungeheuer armen Land, in dem sich selbst die Mittelschicht von den Folgen des Krieges getroffen fand, mit von der Inflation geschmälerten Einkommen, unsicheren Gehältern, Schlangestehen und Versorgungsengpässen.

Die Häuser der politischen Führer mussten groß sein, weil dort auch gearbeitet wurde und man offizielle Besucher empfing; aus Sicherheitsgründen wurden Mauern um sie errichtet, und nicht wenige besaßen Schwimmbecken, Sauna, Billard- oder Gymnastikräume oder Sportplätze, denn die politischen Führer konnten ja nicht wie alle anderen einfach so die öffentlichen Einrichtungen besuchen; die Größe der Leibwächtertruppe, die Unterkünfte und Fahrzeuge brauchte, war eine Frage des Prestiges, und die Autos der politischen Führer selbst mussten neu und von einer guten Marke sein, wegen der Sicherheit beim Reisen und auch aus Prestige. Später wurden die Diplomatenläden erfunden, wo man nur mit Dollars einkaufen konnte und in die nur die oberste Schicht aus

Partei und Regierung Zutritt hatte; als Entschädigung wurde zu Weihnachten den niederen Funktionären ein Einkaufsgutschein ausgehändigt.

Olof Palme besuchte Nicaragua nur ein einziges Mal, im Jahre 1983, kurz vor seinem Tod, und wir empfingen ihn mit allen Ehren. Als er aus dem Flugzeug stieg, in einem beigen Leinenanzug und sehr erschöpft von der langen Reise, schritt er mit Daniel die Ehrenkompanie ab, wobei er unter dem Arm die Zeitung trug, die er unterwegs gelesen haben musste; und immer hatte ich den Eindruck, als wolle er dem Protokoll möglichst aus dem Wege gehen, wie etwas Lästigem und Banalem. Zurück in Stockholm schrieb er uns, nach drei Tagen, die er unter uns verbracht hatte, eine kurze Nachricht: „Passt auf, ihr seid dabei, euch vom Volk zu entfernen."

Sich nicht vom Volk entfernen, die Ethik beibehalten. Bruno Kreisky, der uns als österreichischer Bundeskanzler sicher mehr Unterstützung hätte gewähren wollen, als ihm möglich war, erzählte mir 1983, während er in seinem schmucklosen Büro am Wiener Ballhausplatz einen Drei-Millionen-Dollar-Kredit für Nicaragua unterzeichnete, dass ein paar Tage zuvor Unterstaatssekretär Lawrence Eagleburger als Sonderbotschafter Reagans bei ihm gewesen sei, begierig, ihm einen Packen geheimer Dokumente zu zeigen, die unsere Abhängigkeit von den Sowjets bewiesen.

„Ich habe ihm gesagt, dass ich nicht neugierig bin, anderer Leute Papiere zu lesen, und dass er sie wieder mitnehmen könne", meinte er und hob den Kopf, um mich anzusehen. „So lange ihr eure moralischen Prinzipien einhaltet, könnt ihr sicher sein, dass ich auf eurer Seite bin."

Das letzte Mal, dass wir uns sahen, empfing er mich in seiner Wohnung in Grinzing, die noch schlichter war als sein Büro, und ich weiß nicht, weshalb ich jetzt das Gefühl habe, dass das Licht gedämpft war, oder ob das Gefühl daher kommt, dass er langsam blind wurde, oder ob es langsam dunkel wurde, ohne dass wir es merkten, während er mir die Geschichten vom Ende des letzten Weltkrieges erzählte und was für Österreich die Neutralität bedeutet hatte, ein Geschenk des Himmels in einem Höllenfeuer hegemonialer Konflikte. Kurz vor seinem Tod hörte ich noch einmal seine Stimme, als er mich von Mallorca aus im Hause unseres Botschafters Iván Mejía anrief, um mich zum Kreisky-Preis für Menschenrechte zu beglückwünschen, den ich gerade in Wien verliehen bekommen hatte:

„Wie schwer muss es für euch sein, die Hoffnung der anderen zu verkörpern", sagte er mir zum Abschied.

Im Morgengrauen des 26. Februar 1990, als Daniel in der denkwürdigsten Rede seines Lebens unsere Wahlniederlage anerkannte, da sagte er auch, dass wir arm geboren worden waren und arm wieder auf die Straße zurückgingen. Alle weinten am Ende dieser Rede, sogar die Kameraleute der nordamerikanischen Fernsehstationen. Es war Jorge Navarro, der da ohne einen Peso in der Tasche wieder auf die Straße hinaus trat um sich ein Taxi zu nehmen.

Doch die Operation, die den Kodex all jener strengen Regeln völlig zerstören sollte, begann wenig später, im Schutz einer rein politischen Rechtfertigung, die die erste Sprengladung war, die an die Grundmauer gelegt wurde: Der Sandinismus konnte nicht die Regierungsgewalt abgeben, ohne materielle Mittel zu behalten, denn das hätte seine Vernichtung bedeutet. Die FSLN benötigte Besitz, Einkünfte, und die musste man vom Staat nehmen, bevor die drei Monate Übergangszeit vorüber waren.

So kam es zu einer eiligen, chaotischen Übereignung von Gebäuden, Unternehmen, Haciendas, Aktienpaketen an Dritte, die diesen Besitz verwalten sollten, um ihn nachher an die FSLN weiterzugeben, die schließlich fast überhaupt nichts erhielt. Viele große, neue Vermögen, viele davon so widerlich wie die, die den Anlass für den Verhaltenskodex der Katakomben gegeben hatten, entstanden aus allem, was da auf der Strecke blieb. Und als im August 1991 die Wirtschaftsvereinbarungen mit der neuen Regierung unterschrieben wurden, erhielt die FSLN im Ausgleich dafür, dass sie der Währungsreform und der Privatisierung der Staatsbetriebe zustimmte, ein Viertel dieser Betriebe, die Eigentum der sandinistischen Gewerkschaften werden sollten. Doch es waren die Gewerkschaftsführer, die am Ende alles für sich behielten und gleichfalls in die Liste der Neureichen eingingen.

All dies war die „Piñata", ein Ausdruck, der zu unserer Schande durch uns in die Welt kam, gemeinsam mit dem Begriff „Contra" die zwei, die den Sandinismus am längsten überlebt haben. Die Begriffe „muchachos" und „compañero", „compa", „compita" gingen verloren. Die „Piñata" war nicht die gerechte Übereignung von Tausenden von Wohnungen und Grundstücken in der Hand des Staates durch die Gesetze Nr. 85 und 86 an die Familien, die seit Jahren darin oder darauf als Mieter gewohnt hatten, oder von Ländereien an Begünstigte der Agrarreform, die ihre Landtitel noch nicht ordentlich erhalten hatten; so gerecht waren diese Gesetze, dass sie den früheren Besitzern sogar noch eine Entschädigung zubilligten.

An einem einsamen Nachmittag im März 1990 im Regierungssitz, als wir mit der Übergabe der Regierung beschäftigt waren, trat Daniel in mein Büro im vierten Stock, wie er es so oft während jener zehn Jahre gemacht hatte, und wir begannen eine lange Unterhaltung über das Eigentum. Im Entwurf des Gesetzes Nr. 85, der auf meinem Schreibtisch lag, war enthalten, dass Wohnraum von über 100 Quadratmeter auch an die Bewohner übereignet werden sollte. Das waren unsere Wohnungen. Ex-Präsident Carter, der als Vermittler zwischen uns und der neuen Regierung unter Violeta Chamorro fungierte, hatte vorgeschlagen, dass uns die Wohnungen zu einem günstigen Preis verkauft werden sollten, und so stand es jetzt im Entwurf.

An jenem Nachmittag kamen wir beide überein, dass es besser sei, diese Wohnungen nicht in das Gesetz aufzunehmen. Es war besser, ohne irgendetwas zu gehen, das war das Sauberste. Doch in einer Sitzung der Nationalen Leitung der FSLN wurde der Vorschlag wenig später abgelehnt. Es ginge ja nicht nur um uns, so die Begründung, sondern um Dutzende der wichtigsten Kader, die ohne ein Dach über dem Kopf da stünden. Es war auch nicht günstig, Unsicherheit zu schaffen, während wir in eine neue Situation bezüglich der Macht eintraten. Als dann die Übergabe im Gesetz verankert wurde, musste sie von allen ausnahmslos eingehalten werden.

An Daniel habe ich niemals irgendein Interesse an materiellen Gütern bemerkt. Wenn er die Entscheidung akzeptierte und sie in die Praxis umsetzte, dann vor allem deshalb, weil ihn das Argument der Unsicherheit der Kader überzeugte. Alles, was dazu betragen könnte, den Zusammenhalt der Sandinisten in der neuen Situation zu schwächen, musste abgewendet werden.

An jenem Nachmittag sprachen wir auch über den philosophischen Sinn, den das Eigentum immer für den Sandinismus gehabt hatte. Sandino hatte dem Journalisten Belausteguigoitia 1933 in ihrer Unterhaltung gesagt: „Da gibt es welche, die meinen, dass ich mich in einen Großgrundbesitzer verwandeln werde! Nein, auf gar keinen Fall. Niemals werde ich Eigentum besitzen. Ich besitze nichts. Dieses Haus, in dem ich wohne, gehört meiner Frau. Manche meinen, das sei dumm, aber es gibt für mich keinen Grund, es anders zu machen." Und damals teilten wir eine Meinung, die zur Prophetie werden sollte: Innerhalb des Sandinismus das Haben und das Nicht-Haben einzuführen, hieße ihm eine Dynamitladung an die Grundmauern zu legen. Denn die ethische Grundvoraussetzung war von jeher das Nicht-Haben gewesen, dies war die wirklich sichere Verbindung, die uns trotz der unerbittlichen Belagerung durch die USA, trotz des zermürbenden Contra-Krieges, der Machtkämpfe und Veränderungen, die das Projekt „Revolution" inzwischen erfahren hatte, unseren Zusammenhalt gab.

Tausend Mal schlimmer als die Wahlniederlage war die „Piñata". Diese Zerstörungstat, die vor allem eine Option des Verhaltens gegenüber dem Leben zunichte machte, ist noch nicht beendet. Denn denen, die heute, weit entfernt von den Katakomben, einen Anteil an der Macht des Systems verteidigen, das sich wieder genau wie früher etablieren will, fällt es immer schwerer, auf wirtschaftliche Macht zu verzichten oder sie nicht weiter auszubauen. Das ist der tatsächliche Verlust der Heiligkeit gewesen.

3. Kapitel

Die Zeit der Unschuld

Am Mittag des 20. Juli 1979 zogen die Guerilla-Truppen siegreich auf der Plaza de la República in Managua ein. Die Kämpfer kamen in fürchterlicher Unordnung zu Fuß, auf Militärlastwagen, in beschlagnahmten Bussen oder oben auf den jämmerlichen Schützenpanzern, die der Armee des Diktators abgenommen worden waren, und mischten sich unter die Menge, die sie dort schon erwartete, um mit ihnen das große Fest ihres Lebens zu feiern. Der Marionettenpräsident Urcuyo Maliaño war dem letzten Somoza auf dem Fuße nachgeflohen, der die sterblichen Überreste seines Vaters und seines Bruders mit in die Verbannung nahm, und die Nationalgarde, ein Kind der nordamerikanischen Besatzung, hatte sich in Luft aufgelöst, wobei die Offiziere bei ihrer Flucht mit vorgehaltener Pistole den Einstieg in die Flugzeuge des Roten Kreuzes erzwangen und die letzten Soldaten in den Baracken des Präsidentenbataillons am Tiscapa-Hügel ihre Uniformen, Patronengürtel, Feldflaschen und Gewehre wild in der Gegend verstreut liegen ließen.

Wir fünf Mitglieder der Regierungsjunta, die Somoza ablöste, fuhren hoch oben auf dem Tank eines Feuerwehrautos, das bis zur Besinnungslosigkeit seine Sirene ertönen ließ, von einer Seite her auf den Platz, während die Guerilleros, die unversehens zu unserer Eskorte geworden waren, von den Trittbrettern aus unaufhörlich Salven aus ihren Galil-Gewehren abgaben – auf die sie besonders stolz waren, handelte es sich doch um die israelischen Sturmgewehre der Prätorianergarde Somozas –, und überall auf dem Platz antworteten ebenso rasch aufeinanderfolgende Salven, so als sollten alle Patronen, die übrig geblieben waren, auf einmal verschossen werden. Es läuteten die gesprungenen Glocken der alten Kathedrale, die das Erdbeben von 1972 zerstört hatte; Freudengeschrei, auf- und abschwellendes Klatschen und im Chor gerufene Parolen erklangen; Tränen netzten die Gesichter, in denen das Lachen wie ein plötzlicher Schein aufleuchtete; von einem Lautsprecherwagen aus, der in der Menge stecken geblieben war, erklang Marimba-Musik, und überall waren Plakate und Spruchbänder, bunte Sonnenschirme, Menschentrauben auf den Bäumen des benachbarten Parks, auf den Simsen und Türmen der Kathedrale, auf dem Dach des Nationalpalastes.

Während wir durch das Meer aus Köpfen nur langsam vorankamen, fiel mir wieder die Stille von vor ein paar Minuten ein, als der Feuerwehrwagen vom Piedrecitas-Park durch die verwaisten Straßen zur Plaza rollte, auf der Carretera Sur eine übernatürliche Stille unter dem fernen, strahlend blauen Himmel, so als habe sich die Welt für immer aller Geräusche und aller Luft entleert, denn die Blätter der Lorbeerbäume, in denen die schwarzen Zanate-Vögel flatterten, und die der sattgrünen Mango-Bäume auf den Gehsteigen bewegten sich nicht, leer lagen die Häuser mit offenen Türen wie bei einer plötzlichen Flucht, der Flucht aller zur Plaza.

Am Schluss der Feier begaben wir uns in den Nationalpalast, weil William Bowdler, auf den ich später noch zu sprechen komme und der seine Rolle als Vermittler sehr ernst nahm, darauf bestand, dass der Erzbischof von Managua, Monseñor Miguel Obando y Bravo, die Regierungsgewalt formell an die Regierungsjunta übergeben sollte; da traf ich in der Eingangshalle auf Régis Debray in einem verwaschenen, khakifarbenen Safarianzug mit Schweißrändern unter den Achseln. Ich kannte ihn nur von Fotos. Auf einem, an das ich mich erinnerte, saß er zwischen zwei Wächtern auf der Anklagebank des Militärgerichts in Bolivien. Lächelnd, so als wolle er mir gleich etwas sagen, strich er sich über den buschigen Schnauzbart. Doch ich kam ihm zuvor. Ich erinnerte mich an einen seiner Artikel von vor ein paar Monaten, ich weiß nicht mehr, ob er in „Le Monde" stand, in dem er die Meinung vertreten hatte, bewaffnete Revolutionen seien nicht mehr möglich.

„Hast du gesehen?", sagte ich zu ihm. „Es ging doch."

Es war doch gegangen, wir waren angekommen, die Welt würde auf den Kopf gestellt werden, der Traum Sandinos sollte wahr werden. Keine Unterwerfung unter die Yankees mehr, die Ausbeutung war zu Ende, der Besitz der Somoza-Familie würde dem Volk gehören, das Land den Campesinos, die Kinder geimpft, alle Welt würde lesen lernen, die Kasernen würden Schulen werden, eine Revolution ohne Ende begann. Der Inhalt der Reden stimmte mit der Wirklichkeit überein, denn die Worte waren aus Fleisch und Blut, so wahr wie die Wünsche, ohne dass irgendjemand sie vorher bestimmen konnte.

Später schrieb Debray in einer Chronik dieses Tages, das Bemerkenswerteste an den Guerilla-Führern sei gewesen, wie mager sie aussahen, im Gegensatz zur widerlichen Fettleibigkeit der gestürzten Somozisten. Mager durch die Entbehrungen des Krieges, die Härten der täglichen Gefechte, die Gewaltmärsche, die langen Tage ohne etwas zu essen. Abgemagert bis auf die Knochen, bärtig und mit schalem Schweißgeruch in den olivgrünen Uniformen, mit wenig zu essen und wenig Schlaf; doch so übernächtigt wie sie waren, sollte Schlafen von jetzt an eine Todsünde sein; nur im Wachzustand verpasste man nichts von dem, was geschah, zu viele Ereignisse waren es, die das Gehirn verarbeiten musste, und so blieben sie schließlich als Gefühle, als Erregung, als Wünsche, als Zukunftsvision, die so vielfältig war, dass sie einem einfach den Schlaf rauben musste.

Die Anführer dieser Revolution waren außerdem sehr jung, diese „Muchachos", Minderjährige an der Spitze von Hunderten von Kämpfern, die genau so jung waren wie sie selbst. Die Befreiung von León war nur nach harten Kämpfen gelungen, Straßenzug um Straßenzug, unter dem Bombardement der Flugzeuge und zwischen den Bränden ganzer Häuserblocks; die erst zweiundzwanzig Jahre alte Dora María Téllez hatte als Befehlshaberin einer Einheit aus Jugendlichen die Nationalgarde aus allen Verstecken vertrieben, in denen sie verschanzt war, bis der General Gonzal Evertz, der gefürchtete „Vulcano" persönlich, unter dem Schutz von Frauen und Kindern, die er als Geiseln nahm, aus dem Hauptquartier ins Acosasco-Fort fliehen musste, von wo er später auch vertrieben werden sollte; und nicht einmal fünfundzwanzig Jahre alt war der Comandante Francisco Rivera (*El Zorro*), der Held der Befreiung von Estelí.

Auf einem Foto dieses Tages, das irgendjemand zufällig geschossen hat, sieht man mich Arm in Arm mit mehreren Guerilleros, unter ihnen der Comandante Elías Noguera, der direkte Stellvertreter des *Zorro*, mit seinem Ranger-Hut schräg auf den dunklen Locken, den Sturmriemen unter das Kinn gezogen. Er sieht schmal aus, und ich sehe auch schmal aus und langmähnig, mit wochenlang nicht geschnittenen Haaren, ein breiter Ledergürtel hält die Blue Jeans. Bei der Gruppe und gleichfalls Arm in Arm mit uns, steht eine Frau aus dem Volke, sehr arm, das dichte Haar hängt strähnig herunter, und an der Bluse trägt sie ein hastig gefertigtes Emblem, zwei Stückchen Stoff, die aus irgendwelchen alten Kleidern gerissen und zur sandinistischen Fahne zusammengenäht wurden, der Fahne, die Sandino zum ersten Mal in den Segovia-Bergen gehisst hatte, als er 1927 seinen Krieg gegen die ausländische Besatzung begann; und das Antlitz dieser Frau trägt, wenn ich es auf dem Schwarz-Weiß-Foto betrachte, den majestätischen Ausdruck, den nur die Geschichte den Gesichtern verleiht, die umso zeitgenössischer wirken, je weiter sie sich entfernen.

Nach der Vereidigungszeremonie im Blauen Salon des Nationalpalastes mussten wir fünf Mitglieder der Regierungsjunta und die neun der Nationalen Leitung der FSLN ein ums andere Mal an die Fenster treten, um die Menge zu grüßen, die uns vom Platz her sehen wollte. Die Situation war reichlich merkwürdig, denn die meisten von uns waren denen völlig unbekannt, die uns da zujubelten, und außerdem waren wir viel zu viele in einem Land, in dem immer nur der Name eines einzigen Caudillo gezählt hatte: Zelaya, Chamorro, Moncada, Sandino, Somoza.

Die Mitglieder der Regierungsjunta waren Violeta Chamorro, Alfonso Robelo, Moisés Hassan, Daniel Ortega und ich. Von diesen fünf war die Bekannteste Violeta, die Witwe von Pedro Joaquín Chamorro, der im Januar des vorigen Jahres von gedungenen Killern des Diktators in Managua auf offener Straße ermordet worden war, und vielleicht ein wenig ich selbst, als Führer der „Gruppe der Zwölf". Alfonso Robelo war ein Unternehmer aus der Speiseölindustrie und bis vor kurzem Präsident des Unternehmerverbandes COSIP; Moisés Hassan, der aus einer Familie palästinensischer Einwanderer stammte und seinen Doktor in Mathematik an der University of North Carolina gemacht hatte, hatte bei den Guerillatruppen in den östlichen Stadtteilen Managuas gekämpft und vertrat die Volksorganisationen, die im MPU, Movimiento Pueblo Unido, zusammen geschlossen waren.

Daniel Ortega war gleichzeitig auch Mitglied der Nationalen Leitung der FSLN aus neun Comandantes, und der Einzige in der Regierungsjunta, der Olivgrün trug. Einen Großteil seiner Jugend hatte er im Gefängnis von Tipitapa verbracht – in einem Gedicht aus jener Zeit erinnert er sich daran, dass er nie die Miniröcke zu sehen bekam, die damals in Managua Mode waren –, und sein Foto war niemals in irgendeiner Zeitung abgedruckt gewesen, außer in den weit zurückliegenden Tagen seiner Verhaftung 1968, als man ihm mit einem Kolbenhieb die Stirn einschlug, dass eine Narbe zurück blieb, und ihn beschuldigte, einer der Verschwörer zu sein, die den Sergeanten Gonzalo Lacayo getötet hatten, einen Folterer des Sicherheitsbüros Somozas, so fett und sadistisch wie der Sergeant, den Ernest Borgnine in „Verdammt in alle Ewigkeit" spielt, und der von allen gefürchtet und gehasst wurde. Lacayo ging eines Tages zu Fuß zu seiner Geliebten in einem Stadtviertel Managuas, als man von einem vorbeifahrenden Auto aus seinen Namen rief, und als er sich umdrehte, regnete es Blei. „Niemand kann den Leuten das Lächeln aus dem Gesicht nehmen, mit dem sie heute den Tag begonnen haben", schrieb mir mein Freund, der Schriftsteller Mario Cajina Vega, am nächsten Tag in einem Brief, den er mir nach Costa Rica schickte.

Die Mitglieder der Nationalen Leitung der FSLN sahen die meisten Leute nicht nur zum ersten Mal, sondern sie hörten auch zum ersten Mal einige ihrer Namen; und auch untereinander lernten sich einige von ihnen jetzt erst richtig kennen, wegen des Lebens im Untergrund und der zwangsläufigen Kommunikationsschwierigkeiten und auch, weil sie bis vor kurzem zu unterschiedlichen Flügeln gehört hatten, mit eigenen militärischen Befehlsstrukturen und feindseliger Einstellung untereinander. Von ihnen allen war Tomás Borge zweifellos der Bekannteste, denn ein Foto von ihm, wie er, nur noch Haut und Knochen, an ein Bett des Militärhospitals gefesselt daliegt, war in der „Prensa" erschienen, nach einem mehrwöchigen Hungerstreik, mit dem er für bessere Haftbedingungen kämpfte.

Trotz seiner Mitgliedschaft in der Regierungsjunta, die ihm ein besonderes Gewicht verlieh, war Daniel unter den neun Comandantes nicht die bemerkenswerteste oder entscheidende Persönlichkeit, und als er sich durchsetzte, geschah dies als Ergebnis des taktischen Spiels und der Tricksereien seines Bruders Humberto; nach einem mühseligen Weg wurde er mit der Zeit als führende Figur gewählt, denn er war die sicherste, weil am wenigsten sichtbare Person, die den ehrgeizigen Ansprüchen von Tomás, dem Charismatischsten der neun, entgegengesetzt werden konnte, der sich schließlich resigniert damit abfand, Daniels zweiter Mann zu sein.

Selbst für die Guerilleros waren wir so unbekannt, dass wir an den folgenden Tagen bei unseren Fahrten durch Managua an den Straßensperren der Guerilla, die verschiedenen Kommandostrukturen angehörten, Ausweisschildchen mit unseren Fotos tragen mussten; sie stammten von einer Polaroid-Kamera, die wir in den Büros der Zentralbank gefunden hatten. In diesem Gebäude im Zentrum des alten Managua, das vom Erdbeben zerstört wurde und von dem nur vier Stockwerke wieder aufgebaut worden waren, richtete sich die Regierungsjunta ein, nachdem jemand das riesige Schlüsselbund fand, mit dem alle Türen geöffnet werden konnten.

Der sichtbarste Held jener Festtage war Edén Pastora, der „Comandante Cero", der weniger als ein Jahr zuvor den Überfall auf den Nationalpalast geleitet hatte, eine Operation, die die Menschen auf der Straße zu Begeisterungsstürmen hinriss, den uneinnehmbaren Ruf der Diktatur in Schutt und Asche legte und ein deutliches Signal für ihren Fall war.

Eduardo Contreras, der erste „Comandante Cero" des Überfalls auf die Villa von Chema Castillo im Jahre 1974, hatte seine Identität getreu der eisernen Regel verhüllt, dass die Geschichte nicht von einzelnen Gesichtern, sondern vom anonymen Volk gemacht wird. Jedes Mitglied des Kommandos wurde mit einer Zahl bezeichnet, und der Anführer war die Null, *Cero*, als Symbol dafür, dass der Anführer nichts bedeutete. Die Einführung der Null in die militärische Terminologie nahm gleichzeitig auch den anderen Zahlen die Bedeutung, die der Reihe nach die anderen Mitglieder des Kommandos bezeichneten, die alle gleich waren, ohne dass ihre Zahl irgendeine Rangordnung bedeutete, sondern einzig und allein die Art und Weise war, mit der man sich anredete.

Edén Pastora dagegen hatte nicht der Versuchung widerstehen können, sich die Gesichtsmaske abzunehmen, als er dabei war, das Flugzeug zu besteigen, in dem er mit den Compañeros und den befreiten Gefangenen davonflog. Sein Foto ging um die Welt, doch jener Fehltritt wurde ihm nie verziehen.

An jenem Siegestag auf der Plaza, als wir den Nationalpalast verließen, um ins Hotel Camino Real zurückzufahren, stand Edén, wie ich mich erinnere, in einem offenen Jeep, und die Menge folgte ihm wie dem Heiligen in einer Prozession. Trotz seines Charismas war er kein Mitglied der Nationalen Leitung der FSLN, die sich von jetzt an wie ein mythisches Organ der neuen Macht erheben sollte, eine paternalistische Gottheit, die von der Parole allgemeinen Gehorsams genährt wurde: Dirección Nacional, ordene! – Nationale Leitung, befiehl! – Das waren die neun „Comandantes de la Revolución", eine kollektiv ausgeübte Macht, neu in der Geschichte des Landes. Bald sollten sie schon ihre neuen olivgrünen Uniformen bekommen, alle aus dem gleichen Stoff und mit demselben Schnitt, aus der Werkstatt des Schneiders von Fidel Castro in Havanna, die Kragenspiegel gestaltet von Celia Sánchez, ein einzelner Stern inmitten eines rotschwarz gestickten Lorbeerkranzes.

Dieses neuartige Kollektiv, in das ich erst nach der Wahlniederlage von 1990 eintrat, als seine Macht bereits sehr gering geworden war, stellte zu seiner Zeit eine Herausforderung an den alten Führungsstil in Nicaragua dar; und als eines der vielen Paradoxe dieser Revolution bekräftigte es ihn am Ende nur noch. Seine Entscheidungen, von denen viele in der Kriegssituation, in der wir lebten, Schlüsselfunktion besaßen, lange überlegt und viele Stunden diskutiert wurden, waren das Ergebnis einer Art der kollektiven Weisheit und des Ausgleichs; doch dieser Stil grundlegender Debatte übertrug sich nie auf die restlichen Strukturen der FSLN, noch auf das politische System, das wir einzuführen versuchten. Und schließlich und endlich konnte sich dieses Machtorgan, auch wenn es ein kollektives war und manchmal großherzig, andre Male willkürlich handelte, nicht von der alten autoritären Tradition befreien, und die Nationale Leitung der FSLN wurde zu einem Caudillo mit neun Köpfen statt eines einzigen.

Für die Führer des Befreiungskampfes, die in der magischen Zahl der neun Mitglieder der Nationalen Leitung keinen Platz fanden, wurde eine zweite Kategorie geschaffen, die der Guerillakommandanten, zu denen auch Edén Pastora gehörte, und sie erhielten als Symbol einen Pflasterstein auf die Kragenspiegel ihrer Uniform; die Steine, die aus dem Pflaster gerissen wurden, um in den Straßen der aufständischen Städte Barrikaden zu errichten, wurden auch zum Markenzeichen der Zeitung „Barricada", die auch in jenen Tagen gegründet und auf den Maschinen von „Novedades", der Zeitung der Familie Somoza, gedruckt wurde.

Bevor wir in der „Casa de Gobierno", dem Regierungssitz, die Büros bezogen, hatten wir noch am selben Abend des 20. Juli in einer Zeremonie im Hotel „Camino Real" die Mitglieder des Revolutionskabinetts vereidigt. Dort kampierten wir alle, weil die meisten der Regierungsmitglieder am Vortag mit der „Quetzalcoatl II", der Maschine des mexikanischen Präsidenten José López Portillo, aus Costa Rica angekommen waren. Im gleichen Hotel waren auch vorübergehend die Büros eingerichtet worden, wo die Dekrete geschrieben und korrigiert wurden, und über seine Gänge zog ein Strom von Journalisten, Diplomaten, alter und frisch gebackener Guerilleros und der Familienangehörigen der Comandantes und neuen Regierungsmitglieder und Beamten, die wie zu einem fröhlichen Internatsbesuch kamen; einige dieser Familienmitglieder trugen, so erinnere ich mich, rote Hemden und schwarze Hosen, aus Loyalität zur neuen Zeit.

An jenem Abend traten wir ohne viele Umstände in einen engen Konferenzraum, dessen große Glasfenster auf den Swimmingpool hinausgingen, und der von den Scheinwerfern der Fernsehteams hell erleuchtet war. Ich hielt den Text der Grundrechte in der Hand, den die neue Regierung verabschiedet hatte, und ich verlas ihn. Das Dekret, mit dem die Minister ernannt wurden, verlas Daniel. Es war eine pluralistische Regierung, wie es sie in Nicaragua noch nie gegeben hatte, die jedoch nur ein paar Monate währen sollte, weil wir uns im Dezember für die sandinistische Alleinherrschaft entschieden und einen umfangreichen Machtapparat schufen, der die große Mehrheit unserer Verbündeten außen vor ließ.

Jene ersten Tage mit den Namensschildchen an der Brust und einer zufällig zusammengestellten Truppe aus Leibwächtern, die dich jeden Augenblick im Stich lassen konnten, weil es ihnen einfiel, das Gewehr abzugeben und nach Hause zu gehen, weil sie eigentlich LKW-Fahrer waren oder Drogerieangestellte oder Busschaffner oder Mechaniker oder Maurerlehrlinge oder einfach nur Arbeitslose, die zur Waffe gegriffen hatten, waren Tage eines Gnadenzustands, der deine irdische Schwere aufhob und dir genügend Kraft und Leichtigkeit gab, um ohne irgendetwas zu essen in der „Casa de Gobierno" auszuhalten, dem Regierungssitz mit seinen nackten Büroräumen und -möbeln einer Bank, die sich immer kalt anfühlten, mit einem Aufzug wie ein Hospital, denn es hätte gut ein Krankenbett hinein gepasst; ein echtes Gefängnis, durch dessen Fenster man, in den raren Pausen der endlosen Konferenzen, auf den in der Ferne liegenden bleifarbenen See hinausblickte und die bläuliche Silhouette der Halbinsel Chiltepe, die in den See hinausragt, hinter den Leerflächen und Trümmergrundstücken, die das große Erdbeben hinterließ; Konferenzen mit Tagesordnungen ohne irgendeine Ordnung, chaotische Kabinettssitzungen an einem riesigen Eichentisch, an dem auch die Audienzen abgehalten und die Botschafter empfangen wurden; sie übergaben ihre Beglaubigungsschreiben nach einem Zeremoniell, das der Protokollchef Herty Lewites erfunden hatte, olivgrün gekleidet und mit einer seltsamen Maschinenpistole über der Schulter, die aus einem „Flash-Gordon"-Film zu stammen schien.

Herty, ein geborener Verschwörer, der in den USA wegen Waffenhandels zu einer Gefängnisstrafe verurteilt worden war, hatte sich in den letzten Jahren des Befreiungskrieges um die Propaganda gekümmert und höchstpersönlich Fotos aus solchen Blickwinkeln geschossen, dass sie die Zahl der Guerilleros, die wenig genug waren, und die der noch spärlicheren Waffen multiplizierte; ein freier Geist, der noch über seine eigene Mutter lachen konnte, von irgendwelchen Hierarchien gar nicht zu reden, und dessen Initiativen und Verhaltensweisen – das, was man im Sprachgebrauch der Zeit „liberaler Stil" nannte – mit den rigiden Umgangsformen in der Partei kollidierten, die sich gerade herauszubilden begannen.

Sein Vater Israel Lewites, ein polnischer Jude, war auf der Flucht vor dem Holocaust in New York gelandet, wo er beschloss, nach Nicaragua weiter zu reisen, indem er mit geschlossenen Augen den Finger auf einen Globus legte, den er zuerst in Drehung versetzt hatte. Er ließ sich in Jinotepe nieder, wo er heiratete, und wo Herty und seine Geschwister zur Welt kamen – eines davon sein Bruder Israel, der beim Angriff auf den Militärstützpunkt von Masaya während der sandinistischen Offensive im Oktober 1977 ums Leben kam –, und von dort aus reiste er in die benachbarten Dörfer und schleppte in einem Koffer seine Waren mit, die er im Masatepe meiner Kindheit mit den Worten auf der Straße ausrief:

„Zauberdecken zu verkaufen! Zwei legen sich drunter und drei kommen raus!"

Später gründete er die Schokoladenfabrik „Bambi", und als es ihm endlich etwas besser zu gehen begann, kam im November 1960 der Angriff auf die Militärposten von Jinotepe und Diriamba, eine Aktion, die von den Brüdern Edmundo und Fernando (*El Negro*) Chamorro angeführt wurde, deren Kühnheit das ganze Land aufrüttelte und an der Herty beteiligt war. Sein Vater, der mit Politik nichts zu tun haben wollte, kam zum Stützpunkt in Jinotepe, den inzwischen die Rebellen besetzt hielten, um in Erfahrung zu bringen, ob sein Sohn nicht vielleicht ums Leben gekommen sei, und es war Herty selbst, der herauskam, um ihn in Empfang zu nehmen und ihn wegen seiner Feigheit zu schelten, sich nicht den Aufständischen angeschlossen zu haben. Da blieb er dann und gab gute Ratschläge, wie man die Verteidigung des Stützpunktes verbessern könne, und als die Nationalgarde ihre Positionen mit Schützenpanzern durchsetzte, mussten sich Vater und Sohn mit Perücken, hochhackigen Schuhen und rotgeschminkten Mündern als Frauen verkleidet in die brasilianische Botschaft in Managua flüchten. So verbrachten sie lange Jahre im Exil in Rio de Janeiro, wo Herty sich als Verkäufer von Smaragden in den Touristenhotels der Copacabana seinen Unterhalt verdiente, während die Schokoladenfabrik von den Gläubigerbanken versteigert wurde.

Einer der Botschafter, die Herty in diesen Julitagen 1979 hereinführte, war der des Irak, der in einem schwarzen Mantel mit roten Aufschlägen zur Zeremonie kam. Er musste noch am gleichen Tag nach Mexiko zurückkehren, wo er seinen Hauptsitz hatte, und Stunden später benachrichtigte man uns, dass die frisch gebackenen Grenzbeamten am Flughafen ihn verhaftet hatten, aus dem einzigen Grunde, dass sein Mantel ihr Misstrauen erregte. Ein weiterer war der Botschafter Taiwans. Keines der Regierungsmitglieder, die sich in diesem Augenblick in der „Casa de Gobierno" befanden, Moisés Hassan und ich, wollten sein Beglaubigungsschreiben entgegennehmen. Es war einfach lächerlich. Taiwan hatte Somoza bis zuletzt unterstützt. Doch Herty brachte uns mit allerlei List dazu, ihn doch zu empfangen, und so erschienen wir beide zu einer kühlen Zeremonie, bei der kaum Worte fielen, bis der Botschafter einen Scheck seiner Regierung aus der Tasche zog: eine Spende für den Wiederaufbau. Den überreichte er Moisés, damit er die Zahl lesen konnte. Es waren einhunderttausend Dollar. Da wurde die Stimmung freundlicher, und Herty beeilte sich, dem Personal Bescheid zu sagen und einen kleinen Umtrunk zu organisieren.

Ich blieb damals immer bis gegen Mitternacht im Büro und empfing die neuen in allgemeinen Versammlungen gewählten Bürgermeister, die aus den entlegendsten Orten kamen und ihre Bitten um elektrischen Strom, Trinkwasser, gepflasterte Straßen, Schulen, Krankenhäuser und Sportplätze vortrugen, die alle zusammen, hätte man sie erfüllen können, das Ende jahrhundertlanger Rückständigkeit bedeuteten; und Delegationen, die von Goldadern irgendwo in den Bergen berichteten und Flüssen, in denen die Goldkörner blitzten wie die Schuppen der Fische, oder in Leinwand gewickelte ölverschmierte Steine brachten, die sie in Gegenden gefunden hatten, wo das Erdöl nur so aus dem Boden sprudelte; und sie hinterließen mir schriftliche Bestätigungen jener Wunder: „An einem Ort, der Las Canoas genannt wird, entspringt am Kopfende der Schlucht ein öliges Produkt, das, wenn es mit Wasser in Berührung kommt, zu schillern beginnt, bitte untersuchen, und ein wenig weiter nach Osten liegt ein Berg, der Mesa Galana genannt wird, das ist ein reichhaltiger Berg, der Gold birgt, bitte bestätigen."

Und dann jene Schätze, die die Familie Somoza versteckt hatte. Auf einen davon stieß ich selbst, als ich in den Keller der

Fernsehstudios des Kanal 6 an der Tiscapa-Lagune hinabstieg, der der Familie gehörte. Dort fand ich die Beute der gierigen Doña Salvadora de Somoza, der Witwe von Tacho, des Gründers der Dynastie, riesige Stapel von Kisten, die noch verpackte Geschenke enthielten, wohl für irgendwelche Hochzeiten oder Geburtstage, und die sie nie geöffnet hatte: Silbertabletts, Bilderrahmen, Porzellankrüge und -geschirr, Besteckkästen, Familienalben, das Archiv ihrer Korrespondenz, die genaue Buchführung der Einkäufe von Stoffen und Kurzwaren, die in Washington ihre Tochter Liliam für sie tätigte, die mit dem ewigen Botschafter Nicaraguas, Guillermo Sevilla Sacasa, verheiratet war, und ihr Gebetbuch. Das Gebetbuch, mit dem sie täglich die Messe hörte; und zwischen den Seiten, wo auch Heiligenbildchen und Todesanzeigen lagen, eine Sammlung vergilbter, schlüpfriger Postkarten, mit Frauen von fülliger Nacktheit, das Haar nach der Mode der zwanziger Jahre geschnitten, neben Männern, die so stark aussahen wie die Ringer im Zirkus, mit buschigen Schnauzbärten und mächtigen Gliedern ausgestattet.

Doña Salvadora, die Tochter des weisen Luis H. Debayle, die beide zusammen mit dem alten Tacho Somoza Personen meines Romans „Margarita, wie schön ist das Meer" sind, befand sich am Tag des Sieges der Revolution in Washington, wohin sie zu ihrer Tochter und ihrem Schwiegersohn geflohen war; und als eine Gruppe nicaraguanischer Studenten mit großem Getöse in das Haus eindrang, um es in Beschlag zu nehmen, trat sie auf den Treppenabsatz im ersten Stock und rief ihnen zu:

„Cachurecos, raus mit euch!"

„Cachurecos" war der Begriff, mit dem die Liberalen die Konservativen titulierten, und sie, die ein halbes Jahrhundert an der Macht gewesen war, konnte es sich nicht vorstellen, dass Somoza andere Feinde habe als diese. Als wir, die neue Regierung Nicaraguas, im September 1979 einen Besuch bei Präsident Carter machten, sah ich mir die Villa an der Connecticut Avenue an, die ein paar Monate später in Flammen aufging und die mir damals vorkam wie die der Addams-Family, mit ihren geschnitzten Treppengeländern, der Deckentäfelung, den Kristalllüstern, den nach Schimmel riechenden Zimmern und den zugezogenen Samtvorhängen; und schließlich dem Esszimmer mit den Trauerhausmöbeln, in dem immer noch auf einer Staffelei eine Tafel stand, die die Sitzordnung des letzten Galadinners angab, das Sevilla Sacasa gegeben hatte.

Oft stieg ich morgens in einen alten Sikorski-Hubschrauber, der zwischen Stromleitungen auf dem Parkplatz der „Casa de Gobierno" landete, und flog an die entlegendsten Orte, zu Vereidigungen lokaler Regierungsvertreter, Versammlungen auf den Märkten oder mit den Bauern, Gedenkveranstaltungen auf Baseballplätzen für die Märtyrer, die endlose Reden beinhalteten und immer mit einer Feldmesse endeten. Der Hubschrauber besaß keine Tür, weil ihn die Nationalgarde dazu benutzt hatte, fünfhundert-Pfund-Fässer voll mit Sprengstoff über den aufständischen Stadtteilen Managuas abzuwerfen, und in der offenen Luke, durch die der Wind herein pfiff, hatten sie ein 50mm-Maschinengewehr montiert, wie man an dem angeschweißten Stützrohr erkennen konnte. Nach wenigen Wochen blieben ihm bei einer militärischen Mission zur Nordgrenze die Rotorblätter stehen, und er stürzte in der Nähe von Somotillo ab, wobei jedoch alle Besatzungsmitglieder überlebten.

Bei diesen Reisen musste ich Streitfälle schlichten, als Vertreter einer Zentralregierung, die sich eben erst zu bilden begann und in der noch Guerillafürsten überlebten, die mit eigenem Stempel und Briefpapier Preisnachlässe auf die Grundnahrungsmittel verfügten, den Abtransport der Erzeugnisse über die Straßen untersagten, damit die Landgemeinden selbst nicht unterversorgt waren, den Arbeitstag der Tagelöhner kürzten, Volksgerichte veranstalteten und ihre eigenen Gefängnisse unterhielten.

Es war eine ungeheure Ironie, dass wir von der erhabenen Höhe der revolutionären Regierungsgewalt aus nur allzu bald die gleichen Maßnahmen nachahmten, die wir damals noch mit nachsichtigem Verständnis betrachteten, und die nicht geringes Gelächter hervorriefen, waren sie doch Teil eines Universums der Unschuld, in dem die Gesetze von Angebot und Nachfrage all ihre Macht verloren hatten und von einem ursprünglichen Gerechtigkeitssinn außer Kraft gesetzt worden waren.

Die neue Regierung verabschiedete schließlich auch ein Dekret, mit dem die Arbeitszeit auf dem Land um die Hälfte gekürzt wurde, und eines, das die Preise begrenzte; und es wurde die Konfiszierung aller Agrarprodukte an den Straßen nach Managua angeordnet, die nicht an die staatlichen Stellen verkauft wurden, alles im Namen eines Gemeinwohls, dessen Umsetzungsmöglichkeiten nicht realistisch waren.

In der „Casa de Gobierno" gab es Berater aus Panama, die uns dabei halfen, die Verwaltung zu organisieren. Eines Tages erschien Marcel Salamín und brachte mir eine elektrische Schreibmaschine, ein Geschenk des Generals Omar Torrijos, dazu eine Kiste Bleistifte, Hefte und Büromaterialien, die in einem der Läden im Zentrum von Panama gekauft worden waren. Es gab auch mexikanische Berater, unter ihnen einen Vertreter der Regierungspartei PRI, der einen direkten Draht zum Parteivorsitzenden Gustavo Carvajal besaß; Anfang 1979 hatte ich mit Carvajal bei einem Abendessen im Restaurant „La Hacienda de los Morales" in Mexiko-Stadt den ersten Zuschuss der PRI für die Gruppe der Zwölf vereinbart, 50 000 Dollar; obwohl uns außerdem der mexikanische Innenminister, Don Jesús Reyes Heroles, der bei meinem Besuch in seinem Büro in der Bucareli-Straße nicht aufhörte, seine zahllosen Telefone zu bedienen, auf ausdrückliches Geheiß von Präsident López Portillo unterstützte.

Im August 1979 sollten Daniel und ich an der Konferenz der Blockfreien Staaten in Havanna teilnehmen, und Carvajal schlug uns vor, auf dem Wege in Mexiko vorbeizukommen und López Portillo zu besuchen, ein Besuch, den wir ohne Umschweife durch Carvajal anmeldeten, ohne an die korrekten diplomatischen Kanäle des Außenministeriums zu denken. Als der Außenminister, Don Jorge Castañeda, von unserem bevorstehenden Besuch erfuhr, meinte er nur spöttisch: „Ach du meine Güte, wann kommen sie denn?"

Doch gleichwohl empfing Don Jorge uns auf dem Flughafen im Hangar des Präsidenten, wo wir mit dem inzwischen aus Miami zurückgebrachten Privatjet Somozas gelandet waren, zu den Klängen von „La Negra", das eine Mariachi-Kapelle spielte. Die Liste mit erbetenen Spenden, die wir dabei hatten, war endlos: natürlich Erdöl, und dann Getreide, Medikamente, Baumaterial und Schulbänke, Wandtafeln, Hefte, Hubschrauber für die Alphabetisierungskampagne, und wenn es nach dem Vertreter der PRI in Managua gegangen wäre, dann hätten wir noch viel mehr darauf geschrieben, denn als wir sie vorbereiteten, sagte er immer wieder: „Das ist viel zu wenig, schreibt ruhig noch was dazu."

Doch tatsächlich gestattete uns die Großzügigkeit von López Portillo, immer mehr auf die Listen zu setzen, mit denen wir in seinem Büro auftauchten. Da waren die Rechnung für das Erdöl und die Notkredite, die sein Finanzminister David Ibarra wie durch Zauberhand löste. Bei seiner Reise nach Managua im Februar 1982 nahm López Portillo sein gesamtes Kabinett mit, und auf dem Flug fragte ihn einer seiner Minister, welche Behandlung Nicaragua zugestanden werden solle:

„Die eines mexikanischen Bundesstaates", antwortete er. Eine solche Vereinnahmung beleidigte niemanden, sondern schmeichelte uns eher.

Daniel und ich, die wir keine Wohnung in Managua besaßen, verließen das Camino Real, das sehr weit von der „Casa de Gobierno" entfernt lag, und zogen ins Hotel Intercontinental um. Dort bewohnten wir zwei kleine, sich gegenüberliegende Zimmer im dritten Stock, die wie Klosterzellen wirkten, und dort blieben wir bis zum Jahresende; das schien als revolutionärer Ritus nicht ungewöhnlich, auch Fidel Castro hatte monatelang im Havanna Hilton gewohnt und gearbeitet. Wenn wir gegen Mitternacht von der Arbeit kamen, legten sich unsere Leibwächter im Gang auf dem Teppich schlafen, bis es hell wurde. Das Telefon konnte zu jeder Nachtzeit klingeln, denn alle Anrufe, die in der Zentrale eingingen, wurden mir direkt ins Zimmer durchgestellt, und so musste ich eine endlose Zahl aller möglichen Bitten beantworten von Leuten, die sich im Ausland in Sicherheit gebracht hatten und fragten, ob sie zurückkehren konnten, Angehörigen von Häftlingen, und auch Beschwerden wegen konfiszierter Häuser erreichten mich so.

Gemeinsam gingen wir zum Frühstück in die Cafeteria hinunter, und im Aufzug gaben wir den ausländischen Journalisten, die wie wir Hotelgäste waren, die ersten Interviews. Dann zog auch Tomás Borge ein und belegte das ganze Penthouse mit Beschlag, wo er die ersten Strukturen seines Innenministeriums installierte;

seine Truppe von Leibwächtern war viel zahlreicher, sein Schwarm von Assistenten wuchs von Tag zu Tag, und außerdem folgte ihm andauernd ein ordentlicher Trupp von Menschen, die ich für Bewunderer hielt, bis ich bald darauf heraus fand, dass es sich um Angehörige von gefangenen Nationalgardisten handelte, die sich um deren Freilassung bemühten.

Das Hotel, eine Pyramide übelsten architektonischen Geschmacks, die das Erdbeben von 1972 überlebte, hatte seine eigene Geschichte, die hier kurz erzählt werden soll. Während des gesamten Befreiungskrieges hatte es die ausländischen Journalisten beherbergt, die es bevorzugten, weil es nur durch eine Straße von Somozas Bunker getrennt war. Vom Fenster eines Zimmers im dritten Stock aus hatte Fernando (*El Negro*) Chamorro eine Rakete abgefeuert, die auf dem Dach des Versammlungsraumes der Kaserne des „Chigüin", des Sohnes von Somoza, explodierte; von hier aus waren über Satellit die Bilder vom Mord an dem ABC-Reporter Bill Stewart um die Welt gegangen, der im Juni 1979 in einem Stadtviertel Managuas von einem Offizier der Nationalgarde durch einen Schuss in den Nacken hingerichtet wurde; dorthin hatten sich die Beamten Somozas vor ihrer endgültigen Flucht zurückgezogen; dort hatte sich der Nationalkongress versammelt, um den Rücktritt Somozas anzunehmen und Urcuyo Malianos zu wählen, der dann die Präsidentenschärpe nicht übergeben wollte; und dort hatte auch Howard Hughes gewohnt.

Howard Hughes kam 1972 auf seiner Flucht vor den US-amerikanischen Gerichten mit seinem Gefolge von Spielern heimlich nach Managua, weil der dortige Botschafter Nixons, Turner Shelton, Croupier in einem seiner Spielkasinos in Las Vegas gewesen war, und handelte gegen das Versprechen eines Geschäftes mit Fluggesellschaften Asyl aus. Er schloss sich im Penthouse des Hotels ein und verbrachte den Tag damit, sich im Rollstuhl sitzend seine alten Filme anzusehen. Niemals schnitt er sich die Haare noch die Fingernägel, und er ernährte sich ausschließlich von Campbell-Suppen, die ihm seine Dienstboten mit Gummihandschuhen servieren mussten. Er gewährte Somoza nur eine einzige Unterredung an Bord seines Gulfstream-Jets, der immer startbereit an der Piste des Flughafens von Managua auf ihn wartete, eine Vorsichtsmaßnahme, die sich in der Erdbebennacht als sehr nützlich erwies, weil man ihn, als die Erdstöße und anschließenden Feuer die Stadt in Schutt und Asche legten, auf einer Bahre über die Dienstbotentreppe herunterholte und in einen Krankenwagen verfrachtete, der ihm gleichfalls persönlich gehörte, um ihn zu seinem Flugzeug zu bringen, das dank der Notlichter auf der Piste starten konnte.

Ich verließ das Hotel Ende November, als meine Familie aus Costa Rica nachkam und wir ein Haus in Managua fanden. Am Morgen, als ich mit meinem Koffer zum letzten Mal hinunterfuhr, fragte mich eine Journalistin der Zeitung „El Diario" aus Caracas, weshalb ich nicht genauso uniformiert herumlief wie die anderen Comandantes. Lächelnd erklärte ich ihr, dass es mir ohne militärische Aufgaben in der Revolution wie eine Maskerade vorkäme, mich olivgrün zu kleiden. Außerdem sei ich kein Comandante, sagte ich ihr, sondern man nenne mich „Doktor". Und ich erzählte ihr, wie mich einmal vor dem Sieg der Revolution in der Dominikanischen Republik bei einer Unterstützungsveranstaltung für die „Gruppe der Zwölf", als ich das Wort ergreifen sollte, der Ansager als „Comandante" vorgestellt hatte; jemand sagte ihm leise Bescheid, und er versuchte sich zu berichtigen.

„Keine Sorge", sagte ich ihm durchs Mikrophon. „Ich bin kein Comandante, aber man nennt mich Doktor und das bin ich auch nicht. In Nicaragua nennt man die Rechtsanwälte Doktoren, so wie die Ärzte."

Am Ende dieser Zeit der Unschuld sollten bald andere Comandantes auftauchen, die der Contra, mit wenig heroischen Decknamen wie „Culebra" – Schlange –, „Alacrán" – Skorpion –, „Chacal", „Iguana" – Leguan – oder „Buitre" – Geier. Ihre Stoßtrupps trugen die verräterischen Namen ihrer Schutzherren, unter ihnen den von Jeanne Kirkpatrick.

4. Kapitel

Der Schwan auf dem Rost

An einem der vergangenen Abende kam, als ich gerade die Fernsehnachrichten sah, eines der Mädchen aus der Gruppe von Sergios Freunden von der Veranda aus, wo sie sich unterhielten, zu mir herüber und sagte mir, sie hieße Claudia und sei die Tochter von Idania Fernández. Sie fragte mich, ob ich sie wirklich gekannt hätte und ob ich mich noch an sie erinnere. Sie bat mich, ihr irgendwann einmal von ihr zu erzählen. Ich antwortete ihr, dass ich gerade dieses Buch hier schriebe, und dass ich meinerseits gern von ihr wüsste, wie sie heute ihre Mutter sähe. Wir verabredeten, uns bald zu sehen, doch aus verschiedenen Gründen kam es lange nicht zu der geplanten Unterhaltung.

Idania, die den Decknamen Adelita trug, lernte ich im Februar 1979 kennen, während eines Besuchs, den die „Gruppe die Zwölf", die ich anführte, auf Einladung von Präsident Torrijos in Panama machte. Sie war eine dunkelhäutige, schlanke Frau, die beim Lachen die Brauen hob, ein Lachen, das ihre schwarzen Augen blitzen ließ, entschlossen in ihren Bewegungen, mit schnellem Urteil und einer beißenden Ironie. Unter all dem Krimskrams in ihrer Handtasche trug sie eine schwere Magnum-Pistole mit sich herum. In Kuba zur Sprengstoffspezialistin ausgebildet, war sie Ende 1978 bei einem Gefecht der Frente Sur verletzt worden; damals hatte sie meine Frau Tulita in Liberia abgeholt und zu Jean Coronel gebracht, die in ihrem Haus in San José ein richtiges Feldlazarett unterhielt. Als ich sie in Panama sah, trug sie noch einen Verband um die Hand, und wenige Wochen später reiste sie über Honduras nach Nicaragua, um sich den Guerillagruppen anzuschließen, die im Untergrund kämpften; damals hatte sie sich schon von ihrem panamesischen Ehemann getrennt, und das Schlimmste für sie war, ihre kleine Tochter Claudia zurückzulassen, die damals vier Jahre alt gewesen sein musste und bei den Großeltern in den Vereinigten Staaten lebte.

Man ermordete sie am 16. April nach dem Überfall auf das Haus im Stadtteil Lomas de Veracruz in León, bei dem, wie ich schon erzählte, Edgard Lang umkam; dieses Haus und die Nachbarhäuser waren von jungen Baumwollunternehmern bewohnt, die mit der Frente Sandinista zusammenarbeiteten. Es war kurz bevor der endgültige Aufstand losbrechen sollte, und der Generalstab der westlichen Front besprach bei einem geheimen Treffen die Pläne, als von allen Seiten plötzlich Soldaten mit durchgeladenen Gewehren und Sicherheitsbeamten mit Maschinenpistolen auftauchten, die die Türen eintraten und über Zäune sprangen, die Seitenstraßen von Jeeps abgesperrt wurden, von denen aus per Funk Befehle durchgegeben wurden, und ein Schützenpanzer über den Asphalt gerollt kam, dessen Geschütz auf das Haus gerichtet war; und gleich dort im Garten des Hauses wurden vor den Augen der mit den Waffen in Schach gehaltenen Hausangestellten alle Männer kaltblütig erschossen: Oscar Pérez Cassar (der *Gordo Pín*), der Chef der westlichen Front, Róger Deshón, Carlos Manuel Jarquín und Edgard Lang, weil sie nicht genügend Zeit gehabt hatten, nach ihren Waffen zu greifen. Idania und die Mexikanerin Aracelly Pérez Díaz wurden später im Fort von Acosasco vergewaltigt und ermordet; Ana Isabel Morales konnte sich retten, weil sie es schaffte, unentdeckt zu einem der anderen Häuser zu rennen, die auch alle durchsucht wurden, wo sie ein kleines Kind auf den Arm nahm und so tat, als sei sie das Kindermädchen.

Irgendjemand hatte sie verraten. Und als im nahe gelegenen indianischen Viertel Subtiava die Untergrundkämpfer die Nachricht erhielten, ihre Waffen aus den Verstecken holten und einen Rettungstrupp organisiert hatten, war alles schon vorüber.

Dora María Téllez wäre sicherlich unter den Toten gewesen, doch schon Tage zuvor begann sie eine tragische Vorahnung zu spüren und bekräftigte immer wieder dem *Gordo Pín* gegenüber, zum Schluss sogar unter Tränen, sie sollten nicht mehr zu diesem Haus gehen, sie sehe es von einer schlechten Aura umhüllt; so sagt sie mir jetzt, als wir am Fenster meines Arbeitszimmers sitzen, während draußen die Güises zwischen den Zweigen des Capulín-Baumes umherflattern. „Du bist nur nervös", lachte sie der *Gordo Pín* aus, „fahr lieber für ein paar Tage nach Managua, ja?" Und er schickte sie zu Joaquín Cuadra junior (*Rodrigo*), der inzwischen Chef der internen Front geworden war. Aracelli, die Mexikanerin, so schön wie Idania, war Joaquíns Compañera.

Damals in Panama lernte ich auch Oscar Benavides kennen, einen stillen Bauernburschen aus Estelí mit ehrlichem Blick, der später in Nueva Guinea umkommen sollte, als der Versuch scheiterte, im Norden des Río San Juan eine neue Front aufzubauen, in Richtung auf die Straße, die zur Karibikküste führt, und das Ganze zu einem militärischen Debakel wurde, das nur wenige überlebten. Seine franziskanische Demut werde ich nie vergessen.

Auf Kosten von General Torrijos waren wir im Panama Hilton untergebracht. Doktor Joaquín Cuadra Chamorro, Mitglied der „Gruppe der Zwölf" und der Vater von Joaquín Cuadra, des Chefs der inneren Front, war von jeher den guten Speisen und Weinen zugeneigt und ließ davon auch nicht ab, als er in jenen überschäumenden, ungeregelten Tagen mit den Guerilleros zu tun hatte; eines Abends lud er Idania und Oscar ein, mit uns im Hotelrestaurant zu essen, das zu Ehren des französischen Ingenieurs, der beim Bau des Panamakanals scheiterte, „Lesseps" hieß.

Oscar verbarg seinen Kopf hinter der riesigen Speisekarte, die mit schwungvoller Schrift geschrieben war, und las sorgfältig die lange Liste der Speisen, und vielleicht aus Angst, die Namen der Gerichte falsch auszusprechen oder als normales Resultat seiner Schüchternheit, gab er dem *Maître* seine Bestellung flüsternd weiter. Als die silbernen Deckel von den Tellern genommen wurden, bemerkte Doktor Cuadra, dass man Oscar das Beste serviert hatte, jedenfalls seinem Gourmet-Blick zufolge; im „Terraza"-Club in Managua gab es damals noch zu seinen Ehren ein Filet „à la Doktor Cuadra". Er gab sich nicht eher zufrieden, als bis er das Rätsel gelöst hatte, das ihm keine Ruhe ließ, denn jene genaue Feinschmeckervorliebe verriet unzweifelhaft eine lange Kenntnis der französischen Küche. Also fragte er nach.

„Ich habe nichts anderes gemacht, als das teuerste Gericht zu bestellen", meinte Oscar nur und lächelte sein unschuldiges Lächeln.

Damals standen wir schon kurz vor dem Sieg, obwohl es noch viel Leid geben sollte, und die „Gruppe der Zwölf", die sich nach meiner Rückkehr aus Berlin gebildet hatte, war zu einer sandinistischen Speerspitze im Kampf zum Sturz Somozas geworden.

Mein Entschluss, Deutschland zu verlassen, stand von da an fest, als eines Abends im Winter 1974 die „Tagesschau", die wir immer vor dem Abendessen sahen, mit einer überraschenden Nachricht begann: Ein sandinistisches Kommando hatte in einem eleganten Stadtviertel von Managua ein Haus überfallen und besetzt, in dem ein Fest gefeiert wurde, und hielt Familienangehörige und Minister von Somoza als Geiseln. Hinter dem Sprecher war eine Landkarte von Nicaragua zu sehen. In dem folgenden Filmbeitrag wurden die Straßen des Viertels „Los Robles" gezeigt, mit ihren Königspalmen, die ich so gut kannte, wo Militärfahrzeuge patrouillierten, in der Ferne das besetzte Haus, auf den Gehsteigen Neugierige, die von den Soldaten zurückgehalten wurden. All das kam mir vor wie ein großer Irrtum. Draußen schneite es auf Berlin herunter.

Am 27. Dezember 1974, einem dieser ruhigen Tage in den Weihnachtsferien, lud Doktor José María Castillo aus der Elite um Somoza zu Ehren des amerikanischen Botschafters Turner B. Shelton, eines ehemaligen Angestellten von Howard Hughes, zu einem Empfang in sein Haus ein. Die Mitglieder des Kommandos warteten aus Vorsicht, um nicht mit der Regierung der USA aneinander zu geraten, bis Shelton sich zurückgezogen hatte, und brachen dann wild um sich schießend in das Haus ein, wobei sie alle noch anwesenden Gäste in ihre Gewalt brachten, unter ihnen als Wichtigsten den nicaraguanischen Botschafter in Washington, Guillermo Sevilla Sacasa, einen Schwager von Somoza. Der Gastgeber, der ins Schlafzimmer rannte, um eine Waffe zu holen und sich dem Angriff entgegen zu stellen, war der Einzige, der bei dieser Operation ums Leben kam.

Das Kommando wurde von Eduardo Contreras als „Comandante Cero" geleitet und schloss bewährte Guerilleros wie Germán Pomares (*El Danto)* ein, aber auch frisch rekrutierte Kämpfer wie Joaquín Cuadra und Javier Carrión, die aus der christlichen Basisbewegung des Riguero-Viertels in die Guerilla gekommen waren und das Haus so gut kannten, dass sie sich mit einiger Sicherheit in ihm bewegen konnten; die Gastgeberin erkannte sie trotz der

Seidenstrümpfe, mit denen sie sich maskierten, als Freunde ihrer Töchter wieder. Fünfundzwanzig Jahre später war Joaquín Chef der nicaraguanischen Armee, und Javier folgte ihm auf diesem Posten.

Auf einer Kaffeeplantage in den Höhen um Managua hatten sie für den Überfall trainiert, ohne genau zu wissen, wo sie ihn ausführen sollten. Sie suchten ein Fest mit dicken Fischen, und sie wollten schon beinahe aufgeben, als *El Danto*, der dafür zuständig war, alle Nachrichtensendungen im Radio zu verfolgen, hörte, wie der Oberst Lázslo Pataky verkündete, er sei zum Galaempfang für Botschafter Shelton eingeladen.

Der Oberst Pataky, ein ungeheuer dicker Mann mit einem Spitzbart, der immer eine Schleife statt einer Krawatte trug, war eine schillernde Person wie aus einem Roman von Graham Greene; von Geburt Ungar rühmte er sich, in Afrika der Fremdenlegion angehört zu haben, und er schrieb ein Buch über seine Abenteuer als Legionär bei El Alamein und Tripolis, das er „Los Duros", die Harten, betitelte. Die gleichen Geschichten hörte ich ihn oft in den sechziger Jahren bei den abendlichen geselligen Zusammenkünften im Atelier des Malers Omar de León erzählen, wo er auf einem Kissen am Boden saß, von dem er sich nur mit der Hilfe anderer erheben konnte. Seine Magazinsendung „El Clarín" kam mittags immer im „Radio Uno", und zwischen Werbespots für Hausmittelchen verlas er mit schwer verständlichem Akzent und stoßweise gehenden Atemzügen die Einladungskarten, die er bekommen hatte.

Somoza musste alle Forderungen annehmen, die die Verbreitung einer Erklärung der FSLN in allen Medien einschlossen, die Zahlung eines Lösegelds von fünf Millionen Dollar, das später auf eine Million gesenkt wurde, und die Befreiung einer Anzahl sandinistischer Gefangener, unter denen sich auch Daniel Ortega befand.

Die Mitglieder des Kommandos fuhren mit einem Schulbus durch die Straßen Managuas zum Flughafen, wobei sie die Geiseln mitnahmen, und die Menschen liefen entlang der ganzen Strecke zusammen um ihnen zuzujubeln. Dies waren keine gedemütigten, sondern siegreiche Guerilleros, die sich, nachdem sie Somoza gedemütigt hatten, ohne einen einzigen Verlust zurückzogen. Am

Flughafen warteten die Gefangenen, die gegen die Geiseln ausgetauscht werden sollten, und in Begleitung von Monsignore Obando y Bravo flogen sie alle zusammen nach Kuba; Gabriel García Márquez sollte später auf der Grundlage der Schilderungen von Eduardo Contreras und anderer Teilnehmer der Aktion das Drehbuch „Die Geiselnahme" für einen Film schreiben, der nie gedreht wurde.

Das Erdbeben, das 1972 Managua zerstörte, hatte die Diktatur schon schwer erschüttert, weil Somoza sich hemmungslos des Geschäftes mit dem Wiederaufbau bemächtigt hatte, ohne sich darüber klar zu sein, dass seine Gier ihm das Unternehmertum als wichtigsten Verbündeten nahm, und er sich so eine zusätzliche Angriffsflanke schuf. Der unerwartete Schlag, den ihm die FSLN jetzt zufügte, hatte verheerende Folgen für sein Ansehen als starker Mann, weil er gezwungen wurde, einem Feind nachzugeben, den er bis dahin als lächerlich gering erachtet hatte. Eine weitere gefährliche Flanke öffnete sich für ihn. Doch besaß Somoza noch den Vorteil, dass die FSLN dem Unternehmertum unversöhnlich gegenüber stand, und erst Jahre später sollte ein Bündnis zwischen Guerilleros und Unternehmern möglich werden.

Die FSLN erlangte internationale Bedeutung. Die Öffentlichkeit in der ganzen Welt, die bisher nichts von Nicaragua gewusst hatte, erfuhr jetzt, dass wir unter einer Dynastie von Diktatoren lebten, die von den Vereinigten Staaten gestützt wurden. Und in Nicaragua zeigte die überschäumende Begeisterung, dass die Menschen an die tatsächliche Möglichkeit zu glauben begannen, sich durch Aktionen wie diese von Somoza befreien zu können. Die Kühnheitsbeweise begannen Früchte zu tragen. „Frohes Neues Jahr!", schrieb mir aus Managua der Dichter Mario Cajina Vega auf einer Glückwunschkarte.

In der Erklärung der FSLN, die sich Somoza durch den Überfall zu verbreiten gezwungen sah, hatte ich trotz aller Rhetorik einen Zungenschlag wahrgenommen, der anders war als die bisherige Propaganda; bei meiner Rückkehr konnte ich feststellen, dass dieser Einstellungswandel tatsächlich stattfand, der paradoxerweise zur Teilung der FSLN in feindliche Flügel führen sollte, und dass sein führender Kopf eben jener Eduardo Contreras war.

Herauszufinden, wer jener mythische „Comandante Cero" in Wirklichkeit war, wurde für die Sicherheitsbeamten Somozas zur fixen Idee, und zum Zeitvertreib vieler anderer bei Kneipengesprächen und gesellschaftlichen Zusammenkünften. Die Damen, die am Abend des Überfalls ihre Ehemänner begleiteten – eine von ihnen ging so weit, ihren Brillantring hinunterzuschlucken, um zu verhindern, dass er ihr weggenommen würde; sie brachte ihn später mit Abführmitteln wieder zum Vorschein –, waren ganz betört von ihm, obwohl auch er sein Gesicht hinter einer Strumpfmaske verborgen hatte. Noch heute erinnern sie sich, wenn man sie danach fragt, an sein beeindruckendes Auftreten, seine natürliche sympathische Art und die Höflichkeit eines Gentleman, mit der er noch die strengsten Befehle erteilte. Außerdem sprach er Englisch, Deutsch und Französisch, eine echte Neunheit für die feine Gesellschaft, dachte man einmal daran, dass es sich um einen Guerillero handelte, der bei dieser unerschrockenen Aktion sein Leben riskierte.

Eduardo, Sohn einer mexikanischen Mutter, studierte mit einem Stipendium Ingenieurswissenschaften in Berlin, und dort gibt es noch Lateinamerikaner, die sich daran erinnern, wie er einmal in einer Winternacht, weil das Geld knapp oder zuviel Alkohol geflossen war, mit anderen Studenten im Tiergarten einen Schwan entführte und ihn, der sich wild sträubte, unter dem Mantel mitnahm, um ihn in seiner ärmlichen Studentenbude in Neukölln zu rupfen und zu braten. Sicherlich entging ihm dabei nicht, dass er den Wappenvogel seines und meines Landsmanns Rubén Darío auf den Rost legte.

Während eines Ferienaufenthaltes in Löwen landete er in der Kolonie nicaraguanischer Studenten und wurde von Jacobo Marcos Frech, einem Psychiatriestudenten, Sohn palästinensischer Einwanderer, für die FSLN angeworben. Er kehrte illegal nach Nicaragua zurück und machte eine schnelle Karriere, die ihn in wenigen Monaten in die Nationale Leitung der FSLN brachte. Schon damals kollidierten seine Vorstellungen mit den alten Konzepten um das Dogma des Guerillafokus, die seit dem Sieg der kubanischen Revolution geheiligter Buchstabe waren; die Ideen, die später den „Tercerista"-Flügel, die sogenannte „Dritte Tendenz", begründeten und schließlich den Sieg möglich machten, wurden seither von ihm vertreten: in den Städten zur militärischen Offensive überzugehen, sich allen gesellschaftlichen Gruppen gegenüber zu öffnen, mit den Unternehmern Bündnisse einzugehen, eine Regierung der nationalen Einheit vorzuschlagen.

Nach der erfolgreichen Kommandoaktion kam er wieder heimlich nach Nicaragua zurück und wurde im November 1976, am selben Tag, als Carlos Fonseca in Zinica fiel, an der Einfahrt des Viertels „Satélite Asososca", an der Landstraße nach León, das später seinen Namen bekommen sollte, von einer Patrouille der Nationalgarde umgebracht. Triumphierend stellte Somoza das Foto seines Leichnams in einem Schubfach des Leichenschauhauses aus, und erst da sahen all jene, die sich den Kopf darüber zerbrachen, wer er war, sein Gesicht.

Ich fasste also den Entschluss, zurückzukehren, und mich diesmal ganz dem Kampf anzuschließen. Armand Gatty, der damals auf einer experimentellen Bühne am Kurfürstendamm Stücke zu inszenieren pflegte, hatte mir vorgeschlagen, als Drehbuchautor mit ihm am Centro Pompidou zu arbeiten, das bald eröffnet werden sollte. Ich lehnte ab, nicht ohne Bedauern, und seither habe ich mir immer wieder gesagt, dass dies eine der grundsätzlichen Entscheidungen meines Lebens war. Ich hätte eine Revolution verpasst und wäre jeden Tag zum Zeitungskiosk an der Ecke gegangen, um „Le Monde" zu kaufen und die Nachrichten aus den fernen Tropen zu lesen, eine Vorstellung, bei der mich noch heute Beklemmung überfällt.

Vor der Abreise, um die Mitte des Jahres 1975, dachte ich, ich müsse etwas tun, das Nicaragua in den Nachrichten hielt und Somoza einen Schlag zufügte. Und so verbrachte ich meine letzten Wochen in Berlin damit, eine Liste mit allen Besitztümern der herrschenden Familie anzulegen, die sich seit dem Erdbeben in Managua vervielfacht hatten. In diesem Dokument, das ich „Somoza von A bis Z" nannte, schrieb ich unter jedem Buchstaben alles auf, an das ich mich erinnerte, mit der Sorgfalt eines Autors, der um die Bedeutung genauer Zahlen und Daten weiß. Das alles schickte ich von Zeit zu Zeit und je weiter ich voran kam, an Tino Pereira, der inzwischen in Genf im Exil lebte und dort für das OIT

arbeitete. Tino war bei INFONAC angestellt gewesen, der Kredit-
bank, von der sich Somoza alle seine Unternehmen zu extrem
günstigen Bedingungen finanzieren ließ, und er konnte wertvolle
Ergänzungen beitragen. Nicht einmal der Buchstabe „X" blieb frei:
auf dieser Seite hielten wir die „unbekannten Besitztümer" fest.

Der nächste Schritt war, jemanden zu finden, der das Dokument veröffentlichte, und dazu sandte ich es Carlos Tünnermann,
Ex-Rektor der Universität von Nicaragua und mein Vorgänger auf
dem Posten des Generalsekretärs des „Consejo Superior Universi-
tario Centroamericano" (CSUCA), der inzwischen als Stipendiat
der Guggenheim-Stiftung in Washington lebte. Pater Miguel
D'Escoto, Leiter der Öffentlichkeitsarbeit des Maryknoll-Ordens
in New York, spielte es Bill Brown zu, dem Direktor des „Washington Office for Latin America" (WOLA), und Jack Anderson,
damals der bekannteste politische Kommentator der Vereinigten
Staaten, erklärte sich bereit, es zu verbreiten. Bevor er das tat,
schickte er heimlich eine Gruppe von Mitarbeitern nach Nicaragua, die den Wahrheitsgehalt aller Angaben überprüften.

Im August 1975 erschien in mehreren Fortsetzungen in den
mehr als dreihundert Zeitungen der USA, die Andersons Kolumne „The Washington Merry-Go-Round" druckten, einschließlich
der „Washington Post", die Liste, die mit „*adoquines*", Pflasterstei-
nen, begann, und mit „*zapatos*", Schuhen, endete und „Alkohol",
„Banken", „Baumwolle", „Bergwerke", „Bordelle", „Fernsehka-
näle", „Gerbereien", „Holz", „Hotels", Kaffee", „Kerzen", „Krab-
ben", „Luftfahrt", „Mietshäuser", „Pfandleihen", „Radiostationen",
„Rinderherden", „Salz", „Schweine", „Seetransporte", „Seifenfabri-
ken", „Spielkasinos", „Stundenhotels", „Taxiunternehmen", „Tex-
til", „Tierhäute", „Zeitungen", „Zement", „Zucker" und „Zünd-
hölzer" einschloss. Und sie ließ auch nicht, unter dem Buchstaben
„S" wie „*sangre*", Blut, die Firma „Compañía Plasmaféresis" in Managua aus, die den Obdachlosen und Bettlern das Blut abkaufte,
um Plasma für den Export daraus zu gewinnen.

Somoza befahl seinem Schwager Sevilla Sacasa, eine Klage auf
hundert Millionen Dollar Schadenersatz gegen Anderson einzurei-
chen. Anderson antwortete ganz ruhig, dass er gerade erst mit der
Veröffentlichung der Liste begonnen habe und das Schlimmste erst

noch käme. Somoza hörte auf den Rat seines Schwagers und zog seine Klage zurück. In seinem Buch „Verratenes Nicaragua" brüstet er sich mit der Behauptung, sein Geheimdienst habe herausgefunden, dass das Komplott gegen ihn in der venezolanischen Botschaft in Washington geschmiedet worden sei, auf Geheiß von Carlos Andrés Pérez und unter Mitwirkung von Pedro Joaquín Chamorro.

Ich war kaum nach San José zurückgezogen, da tauchte Ende 1975 Humberto Ortega bei mir auf. Er kam aus Havanna, und Costa Rica war das für ihn am wenigsten empfehlenswerte Land, um sich niederzulassen. Am 23. Dezember 1969 hatte er an einem fehlgeschlagenen Angriff auf die Kaserne von Alajuela teilgenommen, um Carlos Fonseca zu befreien, der dort seit Monaten einsaß, und bei dem Versuch wurde er an der Lunge und an einer Hand verletzt, die für immer beschädigt blieb; doch das Schlimmste war, dass außerdem ein Polizist das Leben verloren hatte, was in einem Land mit einem so friedlichen Ruf wie Costa Rica unverzeihlich für die öffentliche Meinung war. Im darauf folgenden Jahr gelang einem anderen Kommando tatsächlich die Befreiung von Carlos Fonseca und von Humberto Ortega selbst durch eine Flugzeugentführung, und sie wurden alle zusammen nach Kuba geschickt. Doch trotz dieser widrigen Umstände konnte Humberto bis zum Sturz Somozas unerkannt in Costa Rica leben und von dort aus die militärischen Operationen leiten.

Als ich mich 1975 der FSLN anschloss, hatten schon die internen Konflikte begonnen, die aus ideologischen Meinungsverschiedenheiten entstanden und die die Schwäche der Organisation und ihre soziale Isolation noch verschärften, so wie es typisch war für die Guerillabewegungen Lateinamerikas in jenen Jahren. Der erfolgreiche Schlag im Dezember des vergangenen Jahres schien nicht zur größeren Einheit oder dem Anwachsen der Mitgliederzahl beigetragen zu haben.

Zwei Flügel oder „Tendenzen" bildeten sich heraus: eine, die in den kleinen Guerillagruppen in den Bergen Kräfte sammeln wollte und „Tendencia de la Guerra Popular Prolongada (GPP)" – Tendenz des Verlängerten Volkskrieges – genannt wurde; in ihr waren die langjährigen Marxisten versammelt, unter ihnen Tomás

Borge; die andere, die „Tendencia Proletaria (TP)" – Proletarische Tendenz –, sprach von der Notwendigkeit, erst eine Partei der Arbeiter aufzubauen, bevor eine militärische Struktur geschaffen werden könne; sie wurde von Jaime Wheelock und Luis Carrión angeführt. Am Ende jenes Jahres 1975 waren die beiden nach einer erregten Auseinandersetzung im Untergrund mit vorgehaltener Pistole gezwungen worden, in der venezolanischen Botschaft in Managua Asyl zu suchen.

Humberto Ortega, Mitglied der bisherigen und nun gespaltenen Nationalen Leitung der FSLN, übernahm die Vertretung eines neuen Flügels, der „Tendencia Insurreccional", Aufständische Tendenz, die als die „Dritte" bekannt wurde, weil sie die dritte Abspaltung bedeutete und bald genauso mit den beiden anderen verfeindet war wie die bisherigen unter sich. Dies war der Flügel, dem ich mich anschloss. Im klassischen Sprachstil der Zeit stellten wir „Terceristas" die Kleinbürger und Abenteurer dar. Doch eine gewisse Zeit lang konnten wir mit den Proletariern zusammen arbeiten, und so versetzten wir 1976 Somoza gemeinsam einen weiteren Schlag mit der Aussage, die der Jesuitenpater Fernando Cardenal vor dem Kongress der Vereinigten Staaten machte.

Fernando kannte ich von weitem, weil er der Bruder von Ernesto Cardenal war und weil er 1972 an der Besetzung mehrerer Kirchen in Managua teilgenommen hatte, bei der die Freilassung der politischen Gefangenen gefordert wurde. Als das Erdbeben losbrach, befand er sich gerade gemeinsam mit den Studenten in der Kathedrale, unter ihnen auch Luis Carrión. Doch persönlich traf ich ihn das erste Mal im Juni 1976, als er in seiner Tracht eines Kirchenmannes aus Managua kam; Eduardo Contreras, der sich wieder im Untergrund in Nicaragua aufhielt, hatte ihm dazu geraten, weil es besser zu der Bedeutung der Mission passte, in der er nach Washington reiste.

Luis Carrión und ich erwarteten ihn in meinem Büro des CSUCA, zu dessen Generalsekretär ich wieder gewählt worden war. Eingenäht ins Futter seiner Aktentasche trug er die Dokumente, die er von Eduardo erhalten hatte, und mit denen wir drei gemeinsam im Büro der Buchhandlung „Club de Lectores" von Tito Castillo mehrere Abende lang die Anklage vorbereiteten, die Fernando vor dem Ausschuss für internationale Organisationen des Repräsentantenhauses unter dem Vorsitz von Donald M. Fraser vortragen sollte.

Die Anklage enthielt eine genaue Aufstellung mit Vor- und Nachnamen der Ermordeten, Verschwundenen und Gefolterten in Kilambé, Dudú, Iyas, Sofana, Kuskawas, Waslala, den Gebieten in den Bergen, wo die Guerilla operierte; Gefangene, die von fliegenden Hubschraubern abgeworfen worden waren, Frauen, die massenweise vergewaltigt worden waren, Kinder, die mit Bajonetten aufgespießt worden waren, die Orte der Konzentrationslager, wo die Campesinos lebendig begraben wurden, die Namen der zerstörten Weiler mit verbrannten Ernten.

Somoza saß gerade in seinem Bunker beim Mittagessen, als ihn sein Schwager von den Gängen des Kongresses in Washington aus anrief, um ihn darüber zu informieren, dass Fernando in seiner Priestertracht dabei war, die Anklage in einem Raum voller Publikum und, schlimmer noch, voller Presseleute zu verlesen. Und er konnte nichts dagegen unternehmen.

Zu Beginn des Jahres 1977 begannen wir, die Planungen für den Aufstand zu beschleunigen. Dazu brauchten wir Edén Pastora. Edén hatte ich 1972 kennengelernt, als er, nachdem er aus der FSLN ausgestoßen worden war, mit von der Berglepra zerfressener Nase nach Costa Rica kam. Bald bildeten wir eine Verschwörergruppe, Edén, Harold Martínez – ein weiterer alter Guerillero –, Carlos Coronel – der jüngste Sohn des Dichters José Coronel Urtecho –, Raúl Cordón – ein Student aus Rivas – und ich. Alle zusammen in mein Auto gezwängt heckten wir unsere Pläne aus, während ich den Wagen im Kreis um den Park „La Sabana" herum steuerte, und der enthusiastische Beschluss war, eine Guerillafront zu gründen, die sich als demokratisch erklären sollte, um attraktiver zu sein, wobei wir sicher waren, dass Fidel Castro, dessen Hilfe wir brauchten, dies verstehen würde. Ernesto Cardenal, der einmal an einem dieser verschwörerischen Treffen teilnahm, wurde beauftragt, als Vertreter unseres Anliegens nach Kuba zu reisen. Und wir wollten Pepe Figueres, den Präsidenten Costa Ricas, um Unterstützung bitten. Ich verkaufte mein Auto, um die ersten Ausgaben zu finanzieren, und auch die anderen Verschwörer leisteten so wie sie konnten ihren Beitrag, doch wollte aus unseren Plänen nie etwas Richtiges werden, bis ich im darauffolgenden Jahr beschloss, das Schriftstellerstipendium anzunehmen und nach Berlin zu gehen.

Wenn man Edén zuhört, gibt es immer etwas zu lachen. Er ist ein Erzähler mit beneidenswertem Unterhaltungstalent, fähig, sich auf den Boden zu werfen, um eine Gefechtssituation anschaulich zu machen und beim Erzählen die unglaublichsten Geschichten zu erfinden, die immer alle zum Schmunzeln anregen.

Während ich dabei bin, dieses Buch zu schreiben, hat er mich angerufen, um mich nach meiner Meinung über ein Bild zu fragen, das ihm gehört und das er verkaufen möchte. Zu seinem Entsetzen habe ich ihm gesagt, dass es von einem ganz schlechten Maler stammt, und dass das Bild gar nichts wert ist, aber er solle besser noch einmal Juanita Bermúdez um Rat fragen, meine ehemalige Assistentin, die sich jetzt als Kunsthändlerin betätigt. Dann erzählte ich ihm von diesem Buch und erinnerte ihn an die Episode unserer ersten Verschwörung.

„Damals ist die dritte Tendenz eigentlich schon entstanden, Bruder", meinte er voller Begeisterung. Und er hatte Recht damit.

Wir brauchten ihn, und in der Karwoche 1977 fuhren Carlos Coronel und ich zu ihm nach Barra de Colorado, an der Urwaldküste im Grenzgebiet zu Nicaragua, wo er damals lebte und Haifischfang betrieb. Die Fischfilets schickte er, in Kisten mit Eis verpackt, per Flugzeug nach San José und verkaufte sie in den Fischläden als Goldbarschfilets; doch das beste Geschäft waren die Flossen, die er nach Miami exportierte.

Unser Besuch in dieser Karwoche in Barra del Colorado bei Edén und seiner Frau Yolanda wirkte eigentlich völlig unverfänglich. In Begleitung unserer Familien waren wir offensichtlich nur zum Ferienmachen gekommen. Bis Edén Carlos und mich eines Morgens mit auf die Düne hinausnahm, um uns den Platz zu zeigen, wo er ein „Tarpoon Camp" für die Gringos bauen wollte, die an der Haifischangelei interessiert waren, und wir ihn dabei über den tatsächlichen Hintergrund unseres Besuches aufklärten. Die „Terceristas" wollten ihn umgehend als Mitkämpfer haben. Jetzt gab es einen anderen, neuen Sandinismus, es sollte einen wirklich großen Aufstand geben, und dabei durfte er nicht fehlen. Humberto Ortega erwartete ihn in San José, um mit ihm die militärischen Pläne zu besprechen.

Seine Hand, mit der er gerade die Umrisse des „Tarpoon Camp" beschrieben hatte, blieb in der Luft stehen, und noch bevor sie wieder unten war, hatte er uns schon „Ja" gesagt und akzeptierte ohne Wenn und Aber einen Vorschlag, der jedem vernünftigen Menschen tollkühn erschienen wäre. Er aber, der für die Tollkühnheit geboren war, dachte keinen Moment lang an sein Fischfangunternehmen, das bald verwaist sein würde, und auch nicht an Yolanda, die mit dem Mittagessen auf uns wartete.

Als wir zum Haus auf Pfählen an der Sandbank vor der Flussmündung zurückkehrten, das außerdem Lagerschuppen und Fischfabrik war, weil die frisch harpunierten Haie gleich dort auf dem Holzboden ausgenommen wurden, der immer vom Blut getränkt wurde, das durch die Ritzen rann, waren wir so fröhlich, als hätten wir gerade ein tolles Geschäft abgeschlossen. Wir setzten uns zum Mittagessen, als wir im Sender „Radio Corporación" aus Nicaragua, den man dort wie einen Haussender empfangen konnte, ein Communiqué der Nationalgarde hörten, das den Tod von Carlos Agüero meldete, eines der legendären Anführer der Kolumne „Pablo Ubeda", des Herzstücks der GPP-Tendenz in den Bergen, der im Kampf gefallen war. Es war Karfreitag.

In der darauffolgenden Woche kam Daniel Ortega aus Honduras. Bei dieser Gelegenheit lernten wir uns kennen. Ich holte ihn auf dem Parkplatz von Kentucky Fried Chicken an der Straße nach San Pedro de Montes de Oca ab. Sein Deckname war „Enrique", obwohl diese Namen je nach Ort und Umstand wechseln konnten; Daniel hieß bei anderer Gelegenheit „Cleto", und Humberto nannte sich „David" oder „Pedro Antonio". Mein eigener Deckname war immer „Baltazar", weil ich, als ich einen brauchte, gerade das „Alexandria-Quartett" von Lawrence Durrell las.

Wir fuhren nach Desamparados, um uns in der Wohnung von Marcos Valle zu unterhalten, eines Soziologiestudenten, der später unser Botschafter in Kuba werden sollte. Unter vier Augen sprachen wir beide an jenem Nachmittag genügend miteinander, um zu erfahren, was jeder von uns wollte, und wie er es in Angriff nehmen sollte. Wir stammten aus zwei verschiedenen Universen, waren jedoch ungefähr gleichen Alters. Er hatte sein Jurastudium an der von den Jesuiten betriebenen „Universidad Centroamericana" aufgegeben, um in den Untergrund zu gehen, und so war er nach dem Tod des Folterers Lacayo im Gefängnis gelandet. Mit dem Prozess gegen ihn war der Marmor verkleidete Justizpalast eingeweiht worden, den das Erdbeben in ein unbrauchbares Gerippe verwandelte.

Er wirkte ruhig auf mich, beherrscht, fähig zuzuhören und herzlich zu lachen, wenn es angemessen war, trotz seiner zuweilen abweisenden, finsteren Art. Er war nicht besonders gesprächig, im Gegensatz zu Carlos Fonseca, der die Augen auf ein unsichtbares Gegenüber gerichtet zu halten pflegte, an das er sich mit Nachdruck wandte. Seine Beharrlichkeit vermochte er, wie ich später lernte, verborgen zu halten, und seine Unerschrockenheit beim Treffen politischer Entscheidungen war dieselbe seiner Jugendjahre, als er sich in den Straßen seines Viertels San Antonio mit der Nationalgarde anlegte, vom gleichen Kaliber wie die jenes Selim Shible, seines Genossen, der sogar mitten im Verhör einem Sicherheitsbeamten einen Faustschlag verpasst hatte.

Außerdem besaß er, wie ich schon damals feststellen konnte, sehr ausgeprägte Häftlingsgewohnheiten, konnte nie lange auf einem Fleck sitzen und musste immer im Raum auf- und abschreiten, als habe er seine Zelle im Gefängnis „Cárcel Modelo" noch immer nicht verlassen. In den gemeinsamen Jahren in der Regierung, die, wie ich schon sagte, auch eine Menge von einem Gefängnis hatten, nahm ich dank seiner beharrlichen Ermahnungen die Angewohnheit an, jeden Tag Joggen zu gehen, damit den Arbeitstag zu unterbrechen und genügend Energie zu sammeln, um bis Mitternacht durchzuhalten. Und als wir 1978 zum ersten Mal gemeinsam in konspirativer Mission nach Venezuela reisten, stellte ich fest, dass er stundenlang auf einem Fleck laufen konnte, auch dies eine Angewohnheit aus der Haft.

Im Mai 1977 gab es im Apartotel San José im Stadtteil „La California" die erste geheime Zusammenkunft derer, die für die revolutionäre Regierung bestimmt waren, die gleich zu Beginn der geplanten militärischen Offensive ausgerufen werden sollte. Damals entstand tatsächlich die „Gruppe der Zwölf", wie die folgenden Ereignisse zeigen sollten.

Für einige der Teilnehmer war es eine Überraschung festzustellen, dass sie an derselben Verschwörung beteiligt waren, vor allem für diejenigen, die den Chefetagen der Privatwirtschaft und der Welt der Hochfinanz Nicaraguas angehörten: der Industrielle Felipe Mántica, dem die Supermarktkette „La Colonia" gehörte; Dr. Joaquín Cuadra Chamorro, Anwalt der „Banco de América" und der „Nicaragua Sugar Estate", der aus einer der traditionsreichsten Familien Granadas stammte; Don Emilio Baltodano, Kaffeeexporteur und einer der Besitzer der Pulverkaffeefirma „Presto"; Ricardo Coronel, ein weiterer Sohn des Dichters Coronel Urtecho, ein Agraringenieur, der für den riesigen Zuckerbetrieb „San Antonio" arbeitete; der Priester Miguel D'Escoto, der aus New York angereist war; Tito Castillo und ich, die wir in Costa Rica lebten. Pater Fernando Cardenal leitete in jenen Tagen ein Seminar spiritueller Exerzitien in Nicaragua und hatte nicht kommen können. Später sollten sich der Gruppe noch folgende Personen anschließen: Carlos Tünnermann, Ex-Rektor der Universität von Nicaragua; der Wirtschaftswissenschaftler Arturo Cruz, der bei der Interamerikanischen Entwicklungsbank in Washington arbeitete; Casimiro Sotelo, ein Architekt, der in Kalifornien lebte; und Carlos Gutiérrez, der als Zahnarzt in Mexiko lebte und in dessen Haus in Cuernavaca wir das nächste Treffen abhielten.

Humberto Ortega erklärte die militärischen Pläne, die in gleichzeitigen Angriffen auf die Stützpunkte der Nationalgarde in Masaya, Rivas und Granada, im Süden Managuas, Ocotal im Norden des Landes, Chinandega im Westen und den Binnenhafen San Carlos am Río San Juan an der Grenze zu Costa Rica bestanden. Im Brustton der Überzeugung versicherte er, dass eintausendzweihundert Kämpfer von militärisch erfahrenen Leuten ausgebildet würden, und dass die Stützpunkte ohne irgendeinen Zweifel eingenommen werden würden. Dann schlösse sich die Bevölkerung sofort dem Aufstand an, und die Regierung, der wir angehören sollten, würde die Macht übertragen bekommen. Man bräuchte jetzt nur noch Waffen und Ausrüstung, und Geld um beides zu kaufen.

Dr. Cuadra Chamorro hörte schweigend zu, sein Sakko über die Knie gelegt:

„Das ist ja alles schön und gut", meinte er dann plötzlich. „Doch man muss immer die Möglichkeit einer Niederlage einkalkulieren. Welchen Plan gibt es dafür, dass wir geschlagen werden?"

Es gab keinen Plan dafür. Cuadra Chamorro war ein echter Gourmet, doch auch ein in tausend Schlachten ergrauter Anwalt. Sein gewichtigster Grund, dort zu sein, war die Solidarität mit seinen Töchtern Marta, Lucía, Berta und Cristina, die alle vier in Managua konspirierten, und seinem Sohn Joaquín, der sich damals in Honduras aufhielt, wo sich die Truppe vorbereitete, die El Ocotal angreifen sollte, darunter Daniel Ortega, Víctor Tirado, Germán Pomares (*El Danto*), Dora María Téllez, Francisco Rivera (*El Zorro*) und Óscar Benavides.

Die Kinder zogen die Eltern mit. Don Emilio Baltodano, wie Felipe Mántica praktizierender Katholik, hatte auch einen Sohn, der Guerillero war, Alvaro, der am Angriff auf den Militärstützpunkt von Masaya im Oktober jenes Jahres teilnehmen sollte; doch außerdem brachte ihn sein christlicher Glaube dazu, den Schritt zu tun, der in den Kreisen wirtschaftlicher Macht, in denen er sich bewegte, unerhört erscheinen würde. An jenem Tag verpflichteten sie sich unter anderem, die ersten fünfzigtausend Dollar beizusteuern und in Managua mindestens noch einmal so viel zu besorgen. Mit diesem Geld wurden in den Sportgeschäften von San José die ersten Jagdgewehre gekauft: Schrotflinten, Büchsen mit Zielfernrohr, auch Pistolen und jede Menge Munition. Auch mit den zehntausend Dollar, die mir mein Freund Meme Colom Argueta gegeben hatte.

Meme, ein Todfeind der Militärdiktatoren Guatemalas, der als Kandidat des Volkes zum Bürgermeister der Hauptstadt gewählt worden war, hatte ich bei einem Frühstück im Hotel Balmoral von unseren Plänen erzählt, als er mit seiner Frau, einer Italienerin, Costa Rica besuchte, und begeistert sicherte er mir seine Unterstützung zu. Bei der letzten Reise, die ich als Generalsekretär des CSUCA nach Guatemala unternahm, ungefähr im August 1977, besuchte ich ihn bei sich zu Hause und stellte fest, dass seine Situation dramatisch war. Zwei Leibwächter bewachten mit abgesägten Schrotflinten bewaffnet die Einfahrt, die Fenster waren mit Matratzen aus den nicht mehr bewohnten Schlafzimmern abgedeckt, weil er seine Frau und seine Kinder nach Italien geschickt hatte, und in allen Räumen herrschte Unordnung und Verwahrlosung. Er sagte mir, dass er Guatemala nicht verlassen wolle, obwohl die Schritte seiner Verfolger, die ihn immer mehr einkreisten, unüberhörbar waren. Unter diesen Umständen vermied ich es, das Thema anzuschneiden, wegen dessen ich ihn aufgesucht hatte, die versprochene Unterstützung, doch dann erinnerte er selbst sich daran und schrieb mir eine Nachricht für eine Freundin, mit der er sie darum bat zehntausend Dollar zu leihen. Kurz darauf fing man sein Auto an einer Straßenkreuzung ab und mähte ihn nieder.

Im Juli 1977 wurde bei einem zweiten Treffen in Cuernavaca die revolutionäre Regierung gebildet. Dort einigten wir uns nach geduldiger Diskussion auf ein provisorisches Programm, das in fünf Kernpunkten zusammengefasst werden konnte: ein demokratisches Regime mit öffentlichen Freiheiten; die Abschaffung der Nationalgarde Somozas, um ein neue nationale Armee zu bilden; die Enteignung aller Besitztümer der Familie Somoza und ihrer Clique; die Umwandlung des Eigentumskonzepts, angefangen mit der Agrarreform, innerhalb eines Systems gemischter Wirtschaft und Beziehungen der Blockfreiheit zu allen Ländern der Welt, um die Abhängigkeit von den Vereinigten Staaten zu beenden. Dieses Programm änderte sich in seinen wichtigsten Aussagen nicht mehr bis zur Übernahme der Macht.

Zum Präsidenten wählten wir Felipe Mántica. Das Briefpapier für die offiziellen Schreiben des Präsidenten, um die Anerkennung anderer Regierungen zu erbitten, druckten wir außerhalb der Bürostunden heimlich auf der kleinen Druckmaschine in den Räumen des CSUCA. Nicht alles ging so auf, wie wir es uns damals vorstellten, angefangen bei der militärischen Offensive. Doch jene Regierungsmannschaft, die damals noch so in der Luft zu hängen schien, war dieselbe, die mit ein paar Abstrichen und Veränderungen beim Sieg der Revolution die Arbeit aufnahm.

Und immer wieder mussten wir unter uns neu über die Antwort lachen, die später einmal ein Campesino-Kämpfer der Südfront, ein Mann aus der Truppe des Priesters Gaspar García Laviana, auf die Frage gab, wie er unsere Gruppe fand:

„Sehr gut", hatte er geantwortet. „Nur zu viele Pfaffen und zu viele Reiche."

5. Kapitel

Die Zeit der verlorenen Unschuld

Somoza begriff nie, weshalb die Vereinigten Staaten einen der Ihren im Stich gelassen hatten. Während seiner letzten Tage im Bunker empfing er den Botschafter Lawrence Pezzulo bei dessen Besuchen mit verbitterter Miene, und immer länger wurde seine Liste von Vorwürfen, wie ein enttäuschter Liebhaber, der laut die alten Briefe einer verflossenen Romanze liest:

„Als ein Latino aus Manhattan höre ich Ihnen lieber auf Englisch zu", sagte er beim ersten dieser Besuche auf Englisch, einem antiquierten Englisch mit Wendungen, die schon lange nicht mehr in Gebrauch waren.

Doch der Anruf, den er am ersten Tag seines Exils in seiner Villa in Miami Beach vom Unterstaatssekretär Warren Christopher erhielt, war die letzte Schaufel Sand auf die Leiche jener vergangenen Liebe. Sein Visum würde für ungültig erklärt werden, wenn Urcuyo Malianós, sein Nachfolger als Präsident, der eigentlich nur die Machtübergabe abwickeln sollte, sich weiter weigerte, zurückzutreten.

Erschrocken rief er sofort Urcuyo an:

„Chico", sagte er zum ihm, „ich bin verloren. Ich bin ein Gefangener des State Departments. Gerade hat mich Warren Christopher angerufen, um mir zu sagen, dass sie mich der Frente Sandinista ausliefern, wenn du nicht die Macht an die neue Regierung übergibst."

Am gleichen Abend flog Urcuyo in einem Flugzeug, das ihm der General Romero Lucas schickte, nach Guatemala und nahm die Präsidentenschärpe in seinem Chirurgenkoffer mit. Somoza hatte ihn ganz offensichtlich betrogen; er bat ihn auszuhalten und versicherte ihm, die Vereinigten Staaten würden ihm die Hilfe gewähren, die sie ihm selbst verweigert hatten, und Urcuyo begann sich wie der Präsident einer Regierung zu benehmen, die es nicht gab. Noch am Morgen des 17. Juli verlas er mit würdevoller Betonung eine Botschaft an die Nation, in der er die Rebellen, die aus allen Himmelsrichtungen auf Managua vorrückten, aufforderte, „ihre Waffen vor dem Altar des Vaterlandes niederzulegen".

Somoza hatte ein letztes Mal versucht, den Lauf der Geschichte mit einem glücklichen Wurf der Würfel zu ändern. Er dachte, wenn Urcuyo es schaffte zu überleben, dann würde seine Rückkehr aus dem Exil, an die er nie zu glauben aufhörte, leichter sein. Bei einem dieser Gespräche, die er aufzeichnen und für sein Buch „Verratenes Nicaragua" abschreiben ließ, deutet Pezullo, um ihn zum Rücktritt zu überreden, irgendwann einmal an, dass sich das Volk mit der Zeit wegen seiner guten Taten an ihn erinnern werde, und dass er dann zurückkehren könne. Vielleicht in zwei Jahren, sagte er ihm, und das vergaß er nie.

Die neue Regierung stand zur Reise nach Managua bereit, entsprechend der detaillierten Vereinbarung, die ich mit dem Sonderbotschafter William Bowdler erreicht hatte, der die Regierung der Vereinigten Staaten in den Verhandlungen zur Regierungsübergabe vertrat; doch inzwischen konnte niemand mehr die Entwicklung der Dinge vorhersehen, und so beschlossen wir, uns heimlich nach León zu begeben, der zweitwichtigsten Stadt des Landes, die schon ganz in der Hand der sandinistischen Kräfte war.

Der costarricanische Präsident Rodrigo Carazo kam, um uns vor dem in der Dunkelheit liegenden Hangar zu verabschieden, wo wir die beiden Sportflugzeuge besteigen sollten, die die Regierung von Costa Rica uns zur Verfügung stellte. Die Stimmung war gedämpft, ohne Begeisterung. Und als ich neben der Einstiegsluke des Flugzeugs meine Frau in den Arm nahm, dachte ich wieder einmal, dass es ein Abschied für immer sein könnte.

In einer der beiden Maschinen flogen Violeta Chamorro, Juan Ignacio Gutiérrez, der Arzt der Regierungsjunta, Ernesto Cardenal und ich. In der anderen Alfonso Robelo, Alfredo César, der Sekretär der Regierung, René Núñez, der Sekretär der Nationalen Leitung der FSLN werden sollte, und José Bárcenas, der damals mit Claudia Chamorro, der Tochter von Violeta, verheiratet war.

„Gott segne euch", sagte der Präsident Carazo, als sich die Türen schlossen.

Wir starteten gegen zehn Uhr abends, und die Maschine erhob sich über den Nebelschleier, der das Hochtal von San José einzuhüllen pflegt. Ich nahm den Platz neben dem Piloten ein. Unten glänzten die Lichter, unter denen ich ohne Erfolg diejenigen meines Hauses zu finden versuchte, wo meine Kinder schon schliefen. Hinter uns blinkten die Positionslichter am Schwanz des zweiten Flugzeugs in der Dunkelheit wie die Glut einer Zigarette, während wir Kurs auf die Landenge von Rivas nahmen.

Wir flogen schweigend. Wir wussten um die Gefahr, vom Boden aus mit Raketen oder Flugabwehrkanonen beschossen zu werden, denn die Nationalgarde hielt noch Rivas, unter dem Kommando des Majors Pablo Emilio Salazar, des „Comandante Bravo", ein Liebling von Somoza; er hatte den ganzen Monat über die Verteidigungslinien entlang der Hügelkette, die sich quer über die Landenge vom Nicaragua-See bis zum Pazifik erhebt, gehalten und so den Vormarsch der Kräfte der Frente Sur und die Ausrufung der neuen Regierung in Rivas verhindert, so wie es eigentlich geplant gewesen war.

Die kleinen Maschinen folgten bei ihrem Flug der Pazifikküste. Es war eine ruhige, sternenübersäte Nacht, und nach vorn hinaus war immer heller der Leuchtturm vom Hafen Corinto zu sehen. Unter uns, nach rechts hin, lagen die Lichtersprenkel der kleinen Dörfer, die ich auswendig kannte, Nandaime, Diriomo, Niquinohomo, mein eigener Heimatort Masatepe, und in der Ferne der helle Widerschein von Managua. Aus dem Funkgerät drangen durch das Statikgeräusch viele wirre Stimmen, bis der Pilot die kleine Bodenstation an der Landepiste von León hineinbekam. Es waren die Unseren.

Die Maschine schwenkte nach Osten, und unter uns tauchte der weiße Saum der Brandung am Strand von Poneloya auf und die dunklen Dächer der Häuser des Badeortes, wo wir, eine Gruppe oppositioneller Studenten, einst vor langer Zeit bis Mitternacht mit Pedro Joaquín Chamorro diskutiert hatten, und wo ich mit Tulita die Sommer verbrachte, als wir noch nicht verheiratet waren. Jetzt begannen wir den Landeanflug, und die Reihen der Fackeln, die die Piste markierten, leuchteten hell. Ernesto Cardenal hat diesen Augenblick in einem Gedicht festgehalten:

Und jetzt liegt unter uns schon der Strand von Poneloya
und die Maschine fliegt über Land.
Das Band der Brandung an der Küste
glänzt hell im Mondlicht.
Das Flugzeug gleitet tiefer. Ein Geruch nach Insektiziden.
Und Sergio sagt zu mir: „Es riecht nach Nicaragua!"

José (*Chepón*) Robelo, der Neffe von Alfonso Robelo, war der
Erste, der sich dem Flugzeug näherte; er trug olivgrüne Uniform,
eine Kleidung, in der ich von jetzt an viele meiner alten Bekannten
wieder treffen sollte. Seine Familie, eine der alt eingesessenen Familien von León, besaß eine Kreidefabrik, eine sehr einfache, die
die Schulen der Gegend belieferte, und er fuhr mit dem Fahrrad
die Ware aus. Jahre später wurde er angeklagt, einen Sprengsatz
unter der Bühne einer Veranstaltung angebracht zu haben, an
der die Führer der Revolution teilnehmen sollten, und zu einer
Haftstrafe verurteilt.

Dora María Téllez, die Guerillachefin von León, die damals
den Decknamen „Claudia" trug, brachte uns zu einem Haus im
Viertel „Santa María", wo schon Daniel untergebracht war, der,
gemeinsam mit Tomás Borge, zwei Tage vorher auch mit dem
Flugzeug aus San José angekommen war. Dort hielten wir noch in
der Nacht die erste Lagebesprechung ab, die am nächsten Morgen
weitergehen sollte. Beim späten Abendessen aßen wir Reis mit
Bohnen, unseren unverzichtbaren nicaraguanischen „Gallopinto",
den es unerbittlich Tag für Tag in diesem improvisierten Regierungssitz gab, wo das Trinkwasser rationiert war und die Betten
keine Laken hatten. Am nächsten Tag impfte uns Juan Ignacio in
aller Herrgottsfrühe als erste Vorsichtsmaßnahme gegen Tetanus.

Bei der Besprechung am nächsten Morgen saßen wir in Schau-
kelstühlen im mit Zwergkokospalmen bepflanzten Innenhof und
diskutierten die militärische Lage. Außer den Mitgliedern der
neuen Regierung waren auch Tomás Borge und Jaime Wheelock
anwesend, der aus Honduras gekommen war, und für den Generalstab Westnicaraguas Dora María und Mauricio Valenzuela, der
bis in die letzten Jahre der sandinistischen Regierung hinein Woh-
nungsbauminister werden und bleiben sollte.

Tomás zeichnete mit einem Stöckchen eine Landkarte mit den Kriegspositionen in den Sand und erklärte, weshalb die einzige Art und Weise, auf Managua zu marschieren, der Rückzug sei. Das Rätsel, das seine Erklärung aufgab, löste er selbst, indem er davon berichtete, dass es im Norden von León und Chinandega Widerstandsnester der Nationalgarde gebe, die erst neutralisiert werden müssten, und man wisse nicht, wie lange diese Operation dauern würde. Sie konnte Monate in Anspruch nehmen. Ohne Rückendeckung auf Managua loszumarschieren, bevor diese Nester ausgehoben worden seien, wäre viel zu gefährlich.

Anstatt ihm zu widersprechen, erklärte Dora María, wie sich die Angriffsoperationen entwickelten. Am Tag zuvor war La Paz Centro an der Landstraße nach Managua eingenommen worden, und es wurde schon um die Kontrolle über Puerto Somoza gekämpft, ein strategischer Ort auf derselben Linie. Polo Rivas, der die von der Nationalgarde gekaperten Schützenpanzer befehligte, hatte Anweisung bekommen, über die Landstraße vorzurücken, an Nagarote vorbei, dem nächsten Ort auf der Strecke, und sich so weit wie möglich Managua zu nähern.

Mit ihren zweiundzwanzig Jahren besaß Dora María immer noch das Gesicht einer Schülerin unter der schwarzen Baskenmütze und den kurzen Locken lugte eine schmale Nase hervor, und sie trug weder Handgranaten noch Patronengürtel noch unförmige Waffen, wie es in jenen Tagen Mode wurde. Sie sprach kundig und ohne Unsicherheiten und hatte unter ihrem Befehl eine bunt zusammengewürfelte Truppe, sehr unterschiedlich in Alter und sozialer Herkunft, von disziplinierten Guerilleros bis zu Universitätsstudenten, dreizehnjährigen Knaben, Frauen aus den Armenvierteln, älteren Freiwilligen ohne irgendeine militärische Erfahrung, Straßenkämpfern des Augenblicks und jugendlichen Schlägern wie „Charrasca", ein unerschrockener, doch unbeherrschter Bursche, der nach dem Sieg trotz der militärischen Ausbildung, die er in Kuba absolvierte, nicht mehr zu kontrollieren war und schließlich zu Tode kam. Für Dora María war das größte Problem nicht, Charrasca und seinesgleichen in den Griff zu bekommen, kleine Diebe und Drogensüchtige, sondern die Guerillaführer der anderen Frente-Flügel, die die anderen Sektoren der Stadt unter ihrem Befehl hatten, die immer noch von Barrikaden mit Kontrollpunkten geteilt war, an denen man nur mit der richtigen Parole durch gelassen wurde. Doch obwohl sie eine Frau war und noch dazu so jung, gehorchten ihr alle.

Nachdem sie ihre tragische Vorahnung davor bewahrt hatte, beim Massaker in Lomas de Veracruz ums Leben zu kommen, hatte Joaquín Cuadra (*Rodrigo*) sie nach León zurückgeschickt, um den Gordo Pín an der Spitze des Aufstandes zu ersetzen. Außerdem musste sie das gesamte führungslos gewordene Netz neu knüpfen. Sie schaffte es, indem sie vom Asunción-Kloster aus arbeitete, wo ihr die Mutter Äbtissin Unterschlupf gewährte und eine Nonnentracht gab, die sie davor bewahrte, erkannt zu werden, als einmal eine Patrouille zur Stunde des Morgengebets eindrang, um das Gebäude zu durchsuchen, während sie unter den anderen Nonnen kniete und sang.

Dass Dora María eine so komplizierte Situation in den Griff bekam, in der die drei Flügel der Frente in mehr oder weniger großem Maße in die militärische Führung einbezogen waren, war auch Ergebnis der grundlegenden Übereinkünfte zwischen den militärischen Führern, eine Situation, die sich auf allen Kriegsschauplätzen wiederholte. Diese Übereinkünfte wurden erzielt, bevor im März 1979 die Einheit der Führung der FSLN besiegelt wurde, denn die dringenden Notwendigkeiten des Krieges hatten die Zusammenarbeit zwischen den einzelnen Guerilla-Fronten erzwungen, den Austausch von Munition, Waffen- und Logistikhilfe und schließlich die Einheit im Kampf und die Kameradschaft.

In ihrer großen Mehrzahl befanden sich die Mitglieder der Nationalen Leitung der FSLN bis fast zum Ende des Befreiungskrieges außerhalb des Landes und besaßen keine direkte Kontrolle zu den Kämpfern, die immer zahlreicher wurden. Genau deshalb hatte sich Daniel auch Sorgen gemacht. Die Interne Front forderte von ihm, dass er sich dem Untergrundkampf in Managua anschlösse, um mehr Autorität zu bekommen; als wir das einmal Anfang 1979 in San José diskutierten, riet ich ihm davon ab, diesen Schritt zu tun, weil ich nicht glaubte, dass seine physische Anwesenheit im Lande zu diesem Zeitpunkt eine entscheidende Rolle spielte. Seine politische Verantwortung ging über die militärische

Situation hinaus, und seine Arbeit würde eher schwieriger werden. Außerdem gab es schon viel zu viele tote politische Führer.

Dass die Nationale Leitung der FSLN, die erst vor kurzem auf so unsicherer Grundlage gebildet worden war, zum Zeitpunkt des Sieges die gesamte Macht in Händen hielt, war aus der Not und aus den Umständen geboren. Sie musste sich vom ersten Augenblick an geschlossen zeigen, um mit dem Bild der Einheit ihre Macht gegenüber einer bunt zusammengewürfelten Truppe zu festigen, aus der eine neue Armee und Polizeistruktur entstehen sollte. Unter diesem Blickwinkel, der zum Ziel hatte, die Kämpfer der drei Flügel und ihre militärischen Führer unter ein einziges Kommando zu bringen, wurde auch die politische Macht konsolidiert. Bisher war die Frente Sandinista keine Partei, sondern eine Guerilla-Truppe gewesen; doch eine starke Partei konnte gleichfalls nur unter einem unzweifelhaften Kommando geschaffen werden, und indem der alte Streit bei Seite gelassen und die alten Rivalitäten beigelegt wurden und man sich darauf konzentrierte, alle Mechanismen der Macht trotz der Machtkämpfe unter Kontrolle zu bringen.

Das war die Notwendigkeit. Der Umstand, der der Nationalen Leitung der FSLN aus neun Kommandanten – „die Neun" begann man sie zu nennen, obwohl sie noch gar keine einzelnen Gesichter besaßen und gerade auch darauf geachtet wurde, dass es keine Gesichter gäbe, damit das Gleichgewicht nicht gestört würde – die gesamte Macht gab, war von der Weigerung von Urcuyo Malianos bestimmt, seine Macht auf Zeit an die neue Regierung weiterzugeben, so wie es eigentlich vereinbart worden war. Diese Weigerung führte zum endgültigen Vormarsch der Guerillakräfte auf Managua, verursachte die vollständige Selbstauflösung der Nationalgarde und setzte auf alle Zeiten einen Teil des Vertrages außer Kraft, der in den letzten zwei Wochen vor dem Sturz Somozas in Costa Rica und Panama mit Botschafter William Bowdler ausgehandelt worden war, nämlich den, der eine geteilte militärische Oberhoheit durch einen Generalstab aus Guerillaführern und Offizieren der Armee vereinbarte.

Als sich die militärische und dadurch auch die politische Macht in den Händen der Nationalen Leitung der FSLN konzentrierte, trat die neu gebildete Regierungsjunta schnell de facto

95

in den Hintergrund, auch wenn sie ihre formalen Vollmachten behielt. Diese Verschiebung konnte für Violeta Chamorro und Alfonso Robelo, die beiden Regierungsmitglieder, die nicht der FSLN angehörten, nicht unbemerkt bleiben und führte dazu, dass sie noch vor Mai 1980 von ihren Ämtern zurücktraten.

Die Einigung auf ein einziges politisches Kommando ohne Diskussion wurde vor allem dazu gebraucht, um zu verhindern, dass irgendein Teil der Guerilla eine eigene Machtstruktur behielt. Die Truppen der Südfront unter dem Befehl von Edén Pastora waren die Ersten gewesen, die in Managua einmarschierten und in „El Retiro", der Residenz Somozas, Quartier machten. Sie besaßen die beste Ausrüstung und wurden über Costa Rica sogar mit Artilleriegeschützen für einen Stellungskrieg versorgt, der unentschieden ausging, und sie waren diejenigen, die am meisten einer richtigen Armee ähnelten, waren gut ausgebildet und funktionierten nach klaren Richtlinien von Organisation und Disziplin. Bald besaßen sie in „El Retiro" auch ihren eigenen Nachrichtendienst und ihre eigene Militärpolizei.

Die erste Maßnahme der Nationalen Leitung der FSLN war sie aufzulösen, ihre Befehlshaber in andere militärische Einheiten zu schicken und ihre Unterkünfte zu schließen; sie wurden an das Kulturministerium übergeben; im Marmorbadezimmer der Ehefrau Somozas hatte Ernesto Cardenal später sein Ministerbüro. Edén wurde Tomás Borge unterstellt, bekam den eher protokollarischen Posten eines stellvertretenden Innenministers und wurde nachher zum Chef der Sandinistischen Volksmilizen ernannt.

Die Brigade „Simón Bolívar", die aus Südamerikanern, in ihrer Mehrzahl Trotzkisten, bestand, an der Südfront gekämpft hatte und deren Mitglieder, kaum dass sie in Managua waren, damit begannen, die Weltrevolution zu predigen und die Arbeiter dazu aufzurufen, die Kontrolle über die Fabriken zu fordern, wurden eines Abends zu einer Versammlung im Militärkomplex am Tiscapa-Hügel einberufen; dort setzte man sie fest, und am folgenden Morgen wurden sie in ein Flugzeug gesetzt, das General Torrijos geschickte hatte, und nach Panama ausgeflogen.

Ich erinnere mich, dass man mich gegen Mittag des 21. Juli 1979 aus dem Hotel Camino Real abholte, weil die Nationale Leitung der FSLN, die im Bunker Somozas am Tiscapa-Hügel tagte, mit mir und Moisés Hassan sprechen wollte. Ich versuchte Moisés zu finden, der aber nicht im Hotel war, und fuhr allein mehrere Straßensperren durchquerend zum Bunker, wo eine fröhliche Unordnung herrschte. Die Besprechung ging gerade zu Ende, als ich den Konferenzraum betrat, und Tomás Borge verabschiedete sich, indem er die Hand an seine Militärmütze legte und mit übertriebener Bescheidenheit darum bat, sich zurückziehen zu dürfen, weil er sich erkältet fühlte und sich hinlegen wollte.

Es war das erste Mal, dass sich alle neun Mitglieder der Nationalen Leitung der FSLN versammelten. Sie hatten beschlossen, für dreißig Tage den Notzustand auszurufen, was die Aufhebung einiger der Garantien der eben eingeführten Statuten über die Grundrechte bedeutete, die vorläufig den Platz einer politischen Verfassung einnahmen und erst am Vorabend verkündet worden waren, und man bat mich, den anderen Mitgliedern der neuen Regierung die Notwendigkeit zu übermitteln, ein entsprechendes Dekret zu verabschieden.

Das eben erst verkündete Statut gleich wieder aufzuheben schien keinen Sinn zu machen; doch auf der anderen Seite war die Maßnahme logisch, wenn es darum ging, die öffentliche Ordnung wieder herzustellen oder zu vermeiden, dass sie in jenen ersten Wochen, die schwierig werden würden, Schaden nahm. Die Offiziere und Soldaten der Nationalgarde, die sich ergeben hatten, wurden in die Gefängnisse geschickt und sollten später vor die Volksgerichte gestellt werden, doch liefen immer noch viele von ihnen frei herum, und man musste befürchten, dass sie sich zu Banden zusammenschlössen; und obwohl die Mehrzahl derjenigen, die hatten fliehen können, über die Grenze nach Honduras entkommen war, konnten sie sich dort wieder sammeln, so wie es später tatsächlich geschah, als die Contra entstand; außerdem gab es noch die Milizen der kleinen linken Gruppen außerhalb der FSLN, die entwaffnet werden mussten, und wir hatten mit Problemen der Versorgung mit Treibstoff und Grundbedarfsmitteln zu kämpfen und der Normalisierung der öffentlichen Dienste.

Dass die Revolution sich vornahm, mit einem Statut bürgerlicher Garantien und mit Gesetzen zu beginnen, und gleichzeitig

mit Notstandsmaßnahmen und Enteignungsdekreten und Volks-
gerichten, die den Rahmen der normalen Rechtsprechung spreng-
ten, war also sinnwidrig, doch auch erklärbar in einer solch un-
klaren Situation, in der auf institutioneller Ebene keine Klärung erwartet werden konnte. Doch was von mir verlangt wurde, sollte
von da an zur schlechten Angewohnheit werden, derer man sich
bediente, so oft es notwendig wurde: bei der Regierungsjunta Initiativen einbringen, die ich als meine eigenen vortrug, eine Rolle,
die später Daniel wahrnahm, wobei wir sicher gehen konnten, dass
sie mit unserer Mehrheit – Daniel, Moisés Hassan und ich – angenommen werden würden.

Diese Praxis gelangte bald an ihr eigenes Ende. Als wir im
April des folgenden Jahres die Entscheidung trafen, die Machtver-
hältnisse im Staatsrat, einem korporativen Parlament, das durch
das Grundrechtestatut geschaffen und erst jetzt eingesetzt wurde,
zu unseren Gunsten zu verändern, war es so weit, dass zunächst
Violeta Chamorro und dann auch Alfonso Robelo von ihrem Amt
zurücktraten. Die Regierung war bei mir zu Hause versammelt,
und in Abwesenheit von Daniel, der sich im Ausland befand,
stimmte Jaime Wheelock mit ab, um zu dem Ergebnis von drei zu
zwei Stimmen zu kommen, eine Verfahrensweise, die zudem jeder
Rechtmäßigkeit entbehrte.

Die Bestätigung des Vorhandenseins eben dieser Mehrheit in
der neuen Regierung, derer wir uns von da an bedienten, war auch
eines der Themen dieser ersten Besprechung im Bunker gewesen.
Als der Konferenzraum sich geleert hatte, fand ich auf einem der
Plätze an dem großen Tisch, von dem aus Somoza den Krieg geführt hatte und unter dessen Glasplatte noch eine militärische
Karte lag, ein Blatt, auf das einer der neun Kommandanten, der
wohl bis dahin an meiner Parteizugehörigkeit gezweifelt hatte, geschrieben hatte: „Wir haben die Mehrheit in der Regierung. Es
wird darüber informiert, dass Sergio Ramírez der FSLN angehört".

Meine Zugehörigkeit zur FSLN war ein Geheimnis, das bis
zuletzt innerhalb des „Dritten Flügels" gewahrt wurde, denn meine
Rolle an der Spitze der „Gruppe der Zwölf" erforderte einen unab-
hängigen Ruf. Doch Somoza wusste es, und sein Sohn *El Chigüin*
wusste es auch. Am Abend des 4. Juli 1978, dem Vorabend meiner

Rückkehr nach Nicaragua mit der „Gruppe der Zwölf", traf mich der Reporter des „Stern", Perry Kretz, im Hause von Tito Castillo und kam besorgt auf mich zu; wir waren gute Freunde geworden, und später schrieb ich das Vorwort zu seinem Fotoband über den Krieg. Nach seinem Interview mit dem „Chigüin" hatte dieser ihm *off the record* gesagt, dass gegen die „Gruppe der Zwölf" bei ihrer Rückkehr nach Nicaragua nichts unternommen werden würde, außer in meinem Fall, weil ich ein verkappter Terrorist sei.

Die vertikale Befehlsstruktur, die auf einer politischen und militärischen Hierarchie gründete, an deren Spitze sich die Nationale Leitung setzte, war die Grundlage der Umwandlung der FSLN in eine politische Partei. Doch zuvor mussten unter ihren Mitgliedern die Machtpositionen geklärt werden, oft auf subtile Weise und auf einer Bühne, wo Überraschungsschläge und Schläue eine große Rolle spielten.

Bei der gleichen Besprechung am 21. Juli 1979 im Bunker oder an einem der folgenden Tage wurde Humberto Ortega zum obersten Befehlshaber der im Entstehen begriffenen Sandinistischen Volksarmee (EPS) bestimmt, weil er es schaffte, sich mit Geistesgegenwart und List durchzusetzen. Theoretisch hätte jeder der neun um den Tisch Versammelten diesen Posten einnehmen können. Alle neun waren Kommandanten der Revolution, alle waren sie politische und militärische Führer, und es gab nicht einmal einen *primus inter pares*, denn selbst derjenige, der die jeweilige Sitzung leitete, wurde nach dem Rotationsprinzip bestimmt, und genauso wurden auch die ausgewählt, die auf den großen Massenversammlungen sprechen sollten.

Irgendeiner von ihnen schlug Henry Ruiz (*Modesto*) vor, der über viele Jahre Chef des legendären Guerillatrupps „Pablo Úbeda" gewesen war; von ihm stammte die Parole, die den langen Volkskrieg begleitete: „In den Bergen werden wir das Herz des Feindes begraben". Henry, der genau so alt ist wie ich, wurde in Jinotepe geboren, dem Dorf, von dem aus Israel Lewites in das meine, nach Masatepe kam, um seine Zauberdecken feilzubieten. Als Kind verkaufte er in den Straßen Tortillas, die seine Mutter buk, und nachdem er unter großen Opfern und den besten Noten das Abitur bestanden hatte, schaffte er es, ein Stipendium zum Studium an der internationalen Patrice-Lumumba-Universität in Moskau zu erlangen, aus der er relegiert wurde, weil er sich für den bewaffneten Kampf aussprach, was damals in der Sowjetunion ein Tabu war.

Henry ist von Natur aus wortkarg. Und aus übertriebener Selbstbeherrschung, oder weil er vielleicht dachte, seine Kandidatur würde nicht in Frage gestellt werden, bewahrte er auch diesmal Schweigen. Humberto nutzte dieses Schweigen, das sonst niemand unterbrach:

„Ich bin bereit, das zu machen", sagte er, obwohl ihn niemand vorgeschlagen hatte.

So wurde er Oberbefehlshaber des EPS und erlangte damit eine Machtposition, die das gesamte Jahrzehnt der Revolution über eine Schlüsselstellung sein und ihm erlauben sollte, seinen Bruder Daniel zuerst zum Koordinator der Regierung, dann zweimal zum Präsidentschaftskandidaten und schließlich zum Generalsekretär der FSLN zu machen, womit es vorbei war mit dem Gleichgewicht innerhalb der Nationalen Leitung der FSLN.

Immerhin konnte Humberto von sich behaupten, den Befreiungskrieg mit militärischem aber auch politischem Gespür bis zum Sieg geführt zu haben, über die Funkstation, die im Hauptquartier „Palo Alto" im Stadtteil La Uruca in San José, Costa Rica, installiert war und die verschiedenen Guerillafronten in Nicaragua miteinander verband. Dieselbe strategische Schläue half ihm bei den Friedensverhandlungen mit der Contra im Jahre 1988, und um vorauszusehen, dass sich die sandinistische Armee, das EPS, nach der Wahlniederlage von 1990 strikt an den verfassungsmäßigen Rahmen halten und jede politische Ausrichtung ablegen musste, wenn sie überleben sollte. Doch sie verließ ihn, als er Oberbefehlshaber der Armee bleiben wollte, nachdem seine eigentliche Zeit abgelaufen war und Violeta Chamorro ihm den Gnadenschuss gab, als sie, bei einer Feier zum Tage der Armee am 2. September 1993, in Anwesenheit von mehr als zweitausend Offizieren seine Ablösung ankündigte.

Im September 1979, als es noch keine Parteistruktur gab, wurden wir alle, die innerhalb der FSLN eine gewisse Rolle spielten – ungefähr vierhundert Kader – in die Unterkünfte der EEBI, der ehemaligen Eliteeinheit des Sohnes von Somoza am Tiscapa-

Hügel, einberufen, um über ein Dokument zu beraten und abzustimmen, mit dem die strategische Ausrichtung der Revolution bestimmt werden sollte. Die Klausurtagung, wie ich seit meinen Studentenzeiten keine mehr erlebt hatte, dauerte drei Tage, während derer wir in den Militärbaracken übernachteten.

Unsere Gegner auf der Rechten, die sich schon zu formieren begannen, und auch viele unserer Verbündeten innerhalb und außerhalb Nicaraguas waren furchtbar empört, als das Papier durchzusickern begann, das als „das Dokument der 72 Stunden" bekannt werden sollte. Mit der ganzen Pracht marxistischer Terminologie wurde dort erklärt, dass unser Ziel der Aufbau der sozialistischen Gesellschaft auf der Grundlage der Diktatur des Proletariats sei, nach einer Etappe von Bündnissen mit der Bourgeoisie, je kürzer, umso besser. Das Bestehen der neuen Regierung an sich wurde als erstes Beispiel für diese Bündnisse genannt, die früher oder später zu Ende gehen mussten, weil dies die Dialektik der Geschichte so wolle. Die FSLN hatte das Ziel, eine marxistisch-leninistische Partei zu werden, sagte dem Yankee-Imperialismus den kompromisslosen Kampf an und erklärte ihren Anschluss an das sozialistische Lager, dem wir so schnell wie möglich beitreten sollten. Der gesamte Text atmete einen totalitären Anspruch, denn die FSLN sollte auf allen Ebenen des sozialen und wirtschaftlichen Lebens die Hegemonie erringen, angefangen bei den wichtigsten Produktionsmitteln, die in die Hand des Staates überführt werden mussten.

Dabei unterstrich das Dokument die Notwendigkeit, nach außen unsere Predigt von gemischter Wirtschaft, politischem Pluralismus und Blockfreiheit aufrechtzuerhalten, die das Herzstück des Konzepts des „Dritten Flügels", der „Terceristas", zur Erringung der Macht gewesen war und die nun zum „taktischen Konzept" wurde. Doch im dauernden Spiel der Paradoxien, unter dem Druck der Kriegsumstände und der abgehandelten oder erzwungener Zugeständnisse, wurde das taktische Konzept nach und nach zum strategischen; und das, was als Fassade gedacht war, wurde zum eigentlichen Inhalt.

Jedwede gemäßigte Stimme wirkte mehr als verdächtig. Wir wuschen uns mit den reinigenden Wassern orthodoxer Ideologie und erhielten so den Beleg für unsere Tugendhaftigkeit; doch das Spiel bestand darin, vor Freund und Feind die Identität der FSLN als marxistisch-leninistische Partei abzustreiten. Tatsächlich wurde niemals mehr daraus als die Absichten dazu, denn die vertikale Machtausübung, die ihre inneren Strukturen und Handlungen kennzeichnete, war nicht so sehr leninistisch geprägt, sondern eher Teil der erzarchaischen politischen Kultur des Landes, durch und durch ein Kind des „Caudillismo".

Im September 1981 hielt Humberto Ortega eine flammende Rede vor den Kadern der Armee, die folgenden Schlüsselsatz enthielt: „Ohne den Marxismus-Leninismus kann der Sandinismus nicht revolutionär sein." Kurz zuvor hatte er in einem Zeitungsinterview gesagt, dass im Falle einer Invasion durch die Vereinigten Staaten die Lichtmasten nicht ausreichen würden, um die ganze Bourgeoisie aufzuknüpfen. Die Brandrede wurde als Broschüre veröffentlicht, und nach einer diskreten Schelte durch die Nationale Leitung der FSLN ließ er sofort eine zweite drucken, in der der verräterische Satz getilgt worden war. Dass die erste Broschüre überhaupt existierte, wurde als Manöver des Feindes deklariert. Als mich in jenen Tagen Flora Lewis, eine Journalistin der „New York Times" interviewte und mich nach dem Fall fragte, überreichte ich ihr ein Exemplar der korrigierten Broschüre, das auf meinem Schreibtisch lag, und erläuterte ihr als offizielle Version, dass das andere eine Fälschung sei. Sie schaute mich streng an, so wie mich meine Lehrerin in der dritten Klasse anzuschauen pflegte, wenn sie mich bei einer offensichtlichen Lüge ertappte, und sagte:

„Sie sind ein Intellektueller. Es steht Ihnen nicht, so dümmliche Lügen wiederzugeben."

Das Bekenntnis der FSLN zum Marxismus-Leninismus pflegte sich als Dokument mit dem Namen „wissenschaftliche Doktrin" oder „Doktrin des Proletariats" zu verkleiden. Doch war es eine Ideologie, die sich nur schlecht mit unserer politischen Kultur vertrug, trotz der Parteischulen in Nicaragua und Kuba, die Tausende von Kadern schulten und wo sie mit dem Ziel eingebläut wurde, sie in der gesamten Partei zu verankern und in die Gesellschaft zu tragen; und heute bleiben nur noch wenige Anzeichen ihrer Bedeutung, selbst in der FSLN, die Hacienda- und Villenbesitzer und

Großunternehmer in ihrer eigenen Führung zulässt, etwas, das in jenen Zeiten ein absolutes Unding gewesen wäre.

Außer der vertikalen Unterordnung, die ohnehin ein Erbe war, zeigte sich der Effekt des leninistischen Modells am deutlichsten in der Besessenheit von der Doppelherrschaft von Partei und Staat, die die tagtäglichen Machtkämpfe verschleierte und anfangs die Arbeit der Exekutive behinderte, weil die führenden Parteikader sich immer wieder über die Minister stellen wollten und ihnen das Leben schwer machten, wodurch sich mein Büro mit Klagen füllte.

Ein solches Konzept, das von einem einzigen Oberkommando ausging und sich von der Spitze her auf die Parteibürokratie ausdehnte, dann auf den Staatsapparat, die Armee, die Polizei- und Sicherheitskräfte und die Massenorganisationen, passte zu den Notwendigkeiten des Angriffskrieges gegen uns, der gehorsame Strukturen erforderlich machte. Und wenn dieses Konzept durch den Krieg gestärkt wurde, so wurde es auch mit dem Ende des Krieges nutzlos.

Wo immer die ideologische Heimat gelegen haben mag, das Projekt einer sozialistischen Gesellschaft wurde vom ersten Augenblick an von der Wirklichkeit besiegt, und was es zurückließ, waren Zeichen von Experimenten, die das ganze Jahrzehnt über blieben, vor allem die der Planwirtschaft, die nie funktionierte, jedoch entsetzliche Verzerrungen hervor brachte.

Das war ein andauerndes Lavieren, in dem viele andere Ideen zusammen flossen, außer dem Marxismus als Mittel der politischen Interpretation und den Geboten des Leninismus für den Umgang mit der Macht. Die Befreiungstheologie nahm unter diesen einen besonderen Platz ein. Am besten im Bewusstsein aller verankert waren aber diejenigen von Sandino selbst: nationale Souveränität, authentische Demokratie, soziale Gerechtigkeit; denn sie waren die einfachsten und eindeutigsten. Sie waren es auch, die am Ende übrig blieben, wenn sie heute auch verschüttet sind.

Unsere Art zu regieren war sehr demokratisch in einem neuen Sinne und sehr autoritär in einem alten Sinne. Im Laufe der Jahre setzte sich, wie ich schon sagte, das taktische Konzept durch, und die Demokratie, inzwischen ohne Vornamen, weder bürgerlich noch proletarisch, wurde das sichtbarste Ergebnis der Revolution.

Die große Paradoxie war, dass der Sandinismus am Ende ein Erbe hinterließ, das er nie beabsichtigt hatte: die Demokratie, und dass er nie vererben konnte, was er zu vererben beabsichtigte: das Ende von Rückständigkeit, Armut und Ausgrenzung.

Für viele, die aus dem Kampf in den Katakomben stammten, blieb die kubanische Revolution das politische Modell *par excélence*, und Kuba behielt immer eine sentimentale Bedeutung. Es war wie eine alte, auf später verschobene Liebe. Doch die Wirklichkeit rückte auch die Gefühle zurecht, denn nie ergaben sich die geeigneten Voraussetzungen, das kubanische Modell einzuführen. Die Rahmenbedingungen veränderten sich außerdem ständig: Spannungen und Entspannungen wechselten einander ab und Zugeständnisse wurden zu einer unverzichtbaren Waffe im Kampf ums politische Überleben; nachgeben hieß überleben, und das Erste, was aufgegeben wurde, war die Treue zum Modell des realen Sozialismus, der unserem Verständnis nach dem kubanischen Modell entsprach.

Als wir bei der Klausurtagung im September 1979 das Dokument der 72 Stunden verabschiedeten, war Kuba das mit dem ganzen Herzen ersehnte Modell. Und Kuba erwiderte diese Gefühle. Nach zwanzig Jahren der Unterstützung für die lateinamerikanischen Guerilla-Bewegungen war Nicaragua das einzige Land, das es geschafft hatte sich vom Imperialismus zu befreien; der Sieg der Sandinisten war ein Beispiel, das den ständigen Frustrationen die Härte nahm, allen voran die des Che Guevara in Bolivien. Schwer wog auch das wiederholte Scheitern des bewaffneten Kampfes in Guatemala nach dem Tod von Turcios Lima Anfang der sechziger Jahre. Wenn überhaupt eine Revolution der kubanischen Fokustheorie nach in Zentralamerika siegen würde, dann nicht die Nicaraguas, die nicht auf der Tagesordnung stand, sondern diejenige Guatemalas.

Das bedeutet jedoch nicht, dass Fidel Castro beim Sieg der Sandinisten darauf bestanden hätte, dass Nicaragua das kubanische Modell kopierte. Der Erste, der begriff, dass der Weg der nicaraguanischen Revolution ein anderer sein musste, war er selbst, und er war auch der Erste, der uns riet, den politischen Pluralismus und die gemischte Wirtschaft beizubehalten; das heißt, die Wirklichkeit zu respektieren, der wir uns gegenüber sahen. Schließlich bedeutete schon die einfache Tatsache, dass Nicaragua keine Insel war wie Kuba, einen schwerwiegenden Unterschied. Zentralamerika ist nach wie vor ein System kommunizierender Röhren, und der Konflikt, den die Revolution auf dem gesamten Isthmus auslöste, sollte das einmal mehr beweisen, wie es schon viele Male in der Geschichte geschehen war.

Natürlich hatte Fidel den Sozialismus auch für Nicaragua gewollt, doch er dachte an einen anderen Sozialismus als den Kubas. Vielleicht sah er auch ein neues Feld für Experimente, um nicht die gleichen Fehler zu wiederholen, die er in Kuba weder zugeben noch korrigieren konnte.

Die schlimmsten Feinde dieser Konzeption waren jedoch wir selbst: unwillig Warnungen anzuhören, auch wenn sie aus dem Munde des Orakels kamen. Viele wollten das kubanische Modell in allem übernehmen, selbst noch in den banalsten Dingen. Es handelte sich um blindes Vertrauen. Eines der besonderen Merkmale für jemanden, der Verantwortung in der Regierung, der Armee, den Sicherheitskräften oder der Partei trug, war es, in den Konferenzen mit einem kubanischen Berater an der Seite aufzutauchen, die es für alles Mögliche gab. Sogar der kubanische Akzent, die kubanische Redeweise wurden übernommen, als ginge es darum, eine neue Sprache zu lernen.

Die Großzügigkeit Kubas war grenzenlos, und so kam es auch zu ihrem Missbrauch, denn wir baten um alles, und nie wurde uns etwas verwehrt. Lehrer, Ärzte, Straßenbaubrigaden, Schulen und Wohnungen, Ausbildungsstipendien aller Ebenen und vorstellbaren Fachrichtungen, Bewässerungsanlagen, Landmaschinen, Viehzuchtbetriebe, Insektizide, Kunstdünger, Impfstoffe, Medikamente, der Druck von Büchern, eine komplett errichtete Zuckerfabrik, bis hin zur medizinischen Versorgung der politischen Führung und ihrer Familienangehörigen in den Krankenhäusern von Havanna und die Urlaubswochen am Strand von Varadero.

Wir erhielten von dort sogar noch Erdöl, das Kuba gar nicht produzierte. Einmal fuhr ich bis nach Cayito, dem Urlaubsort Fidels, um ihn um Hilfe zu bitten, denn das Jahr war fortgeschritten, und wir hatten nicht mehr genügend Reserven. Wir sprachen auf dem Anlegesteg miteinander, während an Bord der Yacht der Präsident von Malta wartete, der zum Staatsbesuch da war. Er rief Carlos Rafael Rodríguez zu sich, sie traten ein paar Minuten bei Seite, und dann kam er zurück, um mir zu sagen, dass sie die zehntausend Tonnen Öl, um die ich ihn gebeten hatte, von ihren strategischen Reserven abzweigen würden.

Fidel war auch der Einzige, der uns davor warnte, dass wir die Wahlen von 1990 verlieren könnten – nicht weil er uns davon abraten wollte, sie durchzuführen, er selbst erkannte, dass es keinen anderen Ausweg gab; aber er meinte, inmitten der durch den Krieg geschaffenen Schwierigkeiten zu den Urnen zu rufen, käme einem Plebiszit gleich, für oder gegen eben diesen Krieg; und die Bedingungen für einen Sieg seien gegen uns. Dies stellte sich schließlich auch als richtig heraus.

Immer bewies er ein aufmerksames Verhalten uns gegenüber, wusste um die Unterschiede jedes Einzelnen und war sich der Anstrengungen einiger bewusst, sich ihm zu nähern, um das Prestige seiner Freundschaft zu genießen. In Kuba zu sein und keinen mitternächtlichen Besuch von Fidel im Gästehaus am See zu bekommen, wo man uns immer unterbrachte, kam einer Niederlage gleich. Er kümmerte sich von Beginn an äußerst fürsorglich um uns, sogar noch darum, dass wir die Regeln des Protokolls lernten. Als er uns im August 1979 zum Gipfel der Blockfreien Staaten auf dem Flughafen von Havanna empfing, wies er Daniel flüsternd darauf hin, beim Abschreiten der Ehrenkompanie nicht mit der Hand an der Schläfe zu grüßen, weil er keine Militärmütze trüge.

Nicht nur die kubanische Revolution war unser Vorbild, sondern auch Fidel als Person. Für manche wurde es geradezu zur schlechten Angewohnheit, bei Reden in der Öffentlichkeit seine Gesten nachzuahmen, seinen Tonfall, seine Körperhaltung, sein nachdenkliches Schweigen mit zum Kinn erhobener Hand, und sogar noch die Art, sich aufs Podium zu stützen, einer Manie, die an eine Parodie grenzte, vor allem, wenn man sich die großen Unterschiede zwischen ihm und den Nachahmern vor Augen führt.

Von seinem legendären Ruf und seiner väterlichen Sorge verführt, genoss ich seine Gesellschaft. Im Juli 1980, beim ersten Jahrestag der Revolution, beschloss er zu uns nach Hause zu kommen.

Er schmeichelte mir besonders dadurch, dass ich ihn bei zwei meiner Reisen nach Havanna bei öffentlichen Versammlungen mit meinem Buch „Göttliche Strafe" in der Hand auftauchen sah, in dem er immer wieder las und über dessen Plot und Hintergründe er mich gründlich ausfragte. So wie er mich auch bei den langen, bis zum Morgengrauen dauernden Gesprächen am See auszufragen pflegte; in seinem Büro im Staatsrat oder einmal auch in seiner einfachen Wohnung zwischen Familienfotos über die unterschiedlichsten Themen, die man sich vorstellen kann, von den Ausmaßen des Großen Sees von Nicaragua und von seiner Tiefe, bis zum Leben des Guapote, unseres Fisches mit dem wohlschmeckenden Fleisch, in diesem von Haien – *Eulamis nicaraguensis* – wimmelnden Süßwasser, die vom Karibischen Meer aus den Rio San Juan heraufgeschwommen kommen. Vielleicht gehörte ich zu den Wenigen, die einen wirklichen Dialog mit ihm zu Stande brachten, mit ihm, der immer beherrscht war von einem fatalen Hang zum Monolog.

Nie kehrte ich später nach Kuba zurück, nie hörte ich wieder von ihm, außer durch die sporadischen Grüße, die mir Gabriel García Márquez von ihm ausrichtet, durch den ich ihm immer pünktlich meine Bücher schicke. Und es kann keinen Zweifel darüber geben, dass mein Bruch mit der FSLN, die den Kubanern auf offizieller Ebene nach wie vor sehr nahe steht, unsere Beziehung beeinträchtigt hat.

6. Kapitel

Die Kette und der Affe

Es war der Monat September im Jahre 1977, und die Offensive war für irgendeinen Zeitpunkt im Oktober bestimmt worden. Die Pläne konnten nicht mehr aufgeschoben werden, vor allem seit Somoza Ende Juli einen Infarkt erlitten hatte, der ihn im Heart Institute in Miami festhielt. Er wog inzwischen dreihundert amerikanische Pfund und trank pro Tag eine Flasche Stolisnaya-Wodka, das einzige Produkt Russlands, das er nicht ablehnte; seine plötzliche Erkrankung weckte große Erwartungen in Nicaragua, und die Sorge, dass mit seinem Tod oder seiner Regierungsunfähigkeit mit Unterstützung der Vereinigten Staaten der so sehr gefürchtete „Somozismus ohne Somoza" käme, brachte uns dazu rascher zu handeln, um den Ereignissen zuvorzukommen.

Die Wirtschaftsdaten jenes Jahr lassen es als das Beste des Jahrhunderts in Nicaragua dastehen. Das Bruttonationalprodukt wuchs wie nie zuvor, und die Reserven wuchsen auch; die Preise für die traditionellen Exportprodukte: Kaffee, Baumwolle, Fleisch und Gold, schossen in die Höhe; die Bauindustrie erlebte einen Boom, und der Handel in Zentralamerika wuchs gleichfalls. Trotz alledem begann für die Diktatur der endgültige Niedergang, denn bei so schlecht verteiltem Reichtum war die Krise des Somozismus vor allem politischer Natur.

Der nächste Schritt war es, die diplomatische Anerkennung für die revolutionäre Regierung vorzubereiten, und wir beschlossen, bei Carlos Andrés Pérez, dem Präsidenten von Venezuela, anzufangen; zunächst wussten wir aber nicht, wie wir Zugang zu ihm erhalten sollten, bis wir darauf kamen, dass der beste Zutritt zum venezolanischen Regierungspalast von Miraflores über Gabriel García Márquez lief, und ich reiste nach Kolumbien, um ihn aufzusuchen; in der Tasche trug ich einen Brief von José Benito Escobar, einem der ehemaligen Mitglieder der Nationalen Leitung der FSLN, der ihn in Havanna kennengelernt hatte. José Benito unterstützte eine Zeitlang die Pläne der „Terceristas", schloss sich später jedoch dem GPP-Flügel an.

Gabo empfing mich in einem Raum voller Monitore und Aufnahmegeräte in den Studios von RTI, des Fernsehsenders, wo damals „Die böse Stunde" unter der Regie von Jorge Alí Triana verfilmt wurde, der Jahre später auch bei der Verfilmung meines Romans „Göttliche Strafe" Regie führen sollte.

Wir hatten uns nie zuvor gesehen, und an diese Episode haben wir uns oft gemeinsam erinnert. Ich erzählte ihm den ganzen Plan, ohne die eintausendzweihundert Mann unter Waffen auszulassen, und er hörte zu, ohne mich zu unterbrechen. Mit der verhaltenen Begeisterung, die ich später so oft an ihm gesehen habe, wenn es um eine gute Sache ging, griff er dann zum Telefon und fragte eine der Sekretärinnen aus dem Schwarm, der draußen vor der Tür summte, um wieviel Uhr am Sonntag eine Maschine nach Caracas ginge. Ein Jumbo möglichst, weil er dazu mehr Vertrauen hatte. Es war Donnerstag.

Vor kurzem hat er mir einmal erzählt, der Bürgermeister von Aracataca habe in seiner Rede zur Einweihung eines bescheidenen Denkmals am Ort des Massakers der Bananenplantagenarbeiter – eine Episode, die ihren Weg auf die Seiten von „Hundert Jahre Einsamkeit" fand – an die dreitausend Opfer jenes Tages erinnert, eine Zahl, die nur im Roman zu finden ist und sicherlich nicht zu hoch ausfiel, wie die Ausmaße des Platzes selbst belegen. Die Phantasie besiegte einmal mehr die Wirklichkeit. Ich erinnerte ihn daran, dass er damals einen Präsidenten im Namen einer Guerillaarmee von eintausendzweihundert Mann aufsuchte, die in Wirklichkeit nicht mehr als achtzig Köpfe zählte.

Wir verstanden uns so gut, dass wir uns danach per Telefon in einer verschlüsselten Sprache verständigten, die wir nie miteinander vereinbart hatten, und in der die Schlüsselbegriffe „Bibliothek", „Buch", „Seiten", Autor", „Herausgeber", „Verleger", „Manuskript" und „Satzfahnen" vorkamen. Als er in Caracas gelandet war – ich war inzwischen schon wieder nach San José zurückgekehrt –, rief er mich vom Hause Miguel Otera Silvas an, wo er wohnte, damit ich ihm noch einmal ein paar genaue Daten gäbe, bevor er das Manuskript dem Verleger überbrachte.

Das Ergebnis seines Gespräches mit Carlos Andrés überstieg unsere Erwartungen bei weitem. Kaum hätten wir die erste Stadt befreit, würde Venezuela die revolutionäre Regierung anerkennen. Der Verleger, so sagte mir Gabo an jenem Abend durchs Telefon, als er mich über seine Verhandlungen informierte, habe beschlossen, das Buch zu veröffentlichen und wolle den Vertrag unterzeichnen, sobald das erste Kapitel geschrieben sei. Er habe sich entzückt gezeigt über die Reihe der Autoren und kenne den Herausgeber sehr gut. Tatsächlich wusste Carlos Andrés, dass Felipe Mántica, unser Präsident, ein Neffe des Generals Carlos Pasos war, eines Kämpfers gegen Somoza, der ebenso wie er, Carlos Andrés Pérez, in den fünfziger Jahren in Costa Rica im Exil gewesen war.

Als ich selbst wenig später Carlos Andrés persönlich kennenlernte, begriff ich sofort, dass er ein schnell entschlossener Verschwörer sein konnte, bereit, die Risiken einzugehen, die aus einem guten Komplott erwachsen, und sich von seinen interessanten Seiten verführen zu lassen. Eines der Dinge, die ihm in seinem Leben als mit allen Wassern gewaschenem Politiker vielleicht am meisten geschadet haben, sind gerade seine Begeisterung und Großzügigkeit, wenn es darum geht, anderen rückhaltlos beim Kampf für eine Sache zu helfen, die Zukunft hat oder die von vornherein verloren ist.

Jetzt verdoppelten sich die konspirativen Zusammenkünfte in den Verstecken in San José, wo Pläne gemacht und Waffen in Fässern mit Insektiziden versteckt wurden, die die Grenze auf Lastwagen überquerten; dabei erzählte Edén Pastora immer von seinen Husarenstückchen, über die José Valdivia (*Marvin*), schweigsam und steif, mit unbewegtem Gesicht verhalten lachte. Er war gerade, mit dem GPP-Flügel verfeindet, aus den Bergen zurückgekehrt und sollte der Anführer des Angriffs auf den Binnenhafen San Carlos sein.

Ich erinnere mich auch an Jim (*El Chato*) Medrano, der gerade eine Darmoperation hinter sich hatte und mit noch nicht ganz wieder hergestelltem Aussehen zu den geheimen Zusammenkünften erschien, bei denen wir alle ohne etwas zu sagen den Gestank bemerkten, den er verbreitete, denn man hatte ihm einen künstlichen Darmausgang gelegt, und er trug einen Plastikbeutel vor dem

Bauch, der seine Exkremente auffing; und so, mit verbundenem Bauch, kam er beim Angriff auf den Militärposten von San Carlos um, bei dem auch zwei der Bauernburschen aus Ernesto Cardenals Gemeinschaft in Solentiname fallen sollten, Elbis Chavarría und Donald Guevara.

Ich habe noch einen Kalender mit den Tagen des Monats Oktober, den ich damals selbst geschrieben hatte, mit einem roten Kreis um das Datum des 13., dem Tag, der für die Offensive vorgesehen war. Daneben ist die verschlüsselte Nachricht notiert, die per Telefon an die Mitglieder der revolutionären Regierung durchgegeben werden sollte, die in Nicaragua lebten, damit sie eine Woche vorher nach San José kämen: Das Kind von Carlos wird am 13. operiert.

Wir fanden uns in einem Haus in der Nähe von Alajuela ein, das Doña Jilma de Pastora gehörte, eine Hacienda-Besitzerin aus Rivas, die uns unterstützte, weil sie auf das Urteil von Tito Castillo, ihrem alten Anwalt, vertraute. Von da aus wollten wir uns zur Hacienda „América" begeben, die gleichfalls Doña Jilma gehörte und sich auf beide Seiten der Grenze erstreckte. Auf Schleichwegen wollten wir dann nach Cárdenas gelangen, einer kleinen Ortschaft am Ufer des Nicaragua-Sees. Ein Guerillatrupp unter Führung von Edén Pastora sollte den dortigen Militärstützpunkt unter Kontrolle bringen, und dann wollten wir in Cárdenas darauf warten, dass über den See die in San Carlos siegreichen Verbände kämen, um gemeinsam auf die Stadt Rivas zu marschieren, die zum provisorischen Sitz der revolutionären Regierung bestimmt worden war. Jede der Einheiten, die in den verschiedenen Städten die Militärstützpunkte einnehmen sollten, trug eine Kassette mit einer von Felipe Mántica verlesenen Erklärung bei sich, in der das Volk dazu aufgerufen wurde, sich dem Aufstand anzuschließen. Sie sollte über die Radiosender ausgestrahlt werden, die wir unter Kontrolle brächten. Es kam niemals dazu.

Ernesto Cardenal flog nach Caracas und blieb im Hause von Otero Silva, der inzwischen zum Mitverschwörer geworden war. Dort wartete auch wieder „Gabo" García Márquez, und die drei hielten sich bereit, zum Regierungspalast in Miraflores zu fahren, sobald die Nachricht vom Beginn der Offensive eintraf.

Im Morgengrauen des 13. Oktober machten wir uns über die Panamericana auf den Weg zur Grenze, die gesamte revolutionäre Regierung in einem Geländewagen, den wir am Abend zuvor bei der Firma Hertz in San José gemietet hatten und der von Ricardo Coronel gesteuert wurde, während Edén Pastora und seine Truppe uns auf der Hacienda „América" erwartete.

Wir erreichten niemals unser Ziel. Der Geländewagen war trotz der Warnungen von Ricardo Coronel vorher nicht ausprobiert worden und gab nach kurzer Zeit seinen Geist auf, so dass wir uns gezwungen sahen, zu unserem Unterschlupf in Alajuela zurückzukehren und uns um ein anderes Fahrzeug zu kümmern; doch so, wie die Dinge sich entwickelten, wurde die Ausrufung der neuen Regierung illusorisch, und wir gaben unseren Plan auf.

Die Einheiten, die San Carlos angegriffen hatten, schafften es, die Situation bis zum Tagesanbruch unter Kontrolle zu halten und die Nationalgarde im Stützpunkt festzuhalten, eine koloniale Festung, die den Ort von einem Hügel aus beherrscht. Als jedoch die Flugzeuge kamen, mussten sie sich ungeordnet auf costarricanisches Territorium zurückziehen. Der Angriff auf Masaya hatte wegen Fehlern bei der Kommunikation nicht stattfinden können, derjenige auf Rivas existierte nur in der Phantasie; der Priester Gaspar García Laviana, der als Chef der Operation vorgesehen war, und von dem noch die Rede sein wird, wusste nicht einmal davon. In Chinandega fand Oscar Reyes, ein honduranischer Journalist und Mitverschwörer, der die Grenze mit im Boden seines Kleinbusses versteckten Waffen überquert hatte, nicht die Leute, denen er sie übergeben sollte und kehrte mit den Waffen unverrichteter Dinge nach Tegucigalpa zurück. Vom Angriff auf Ocotal war noch nichts bekannt; tatsächlich hatten sich die Guerillaeinheiten nicht der Stadt nähern können, doch lockten sie die Nationalgarde immerhin erfolgreich in einen Hinterhalt an der Landstraße nach Dipilto, an der Grenze zu Honduras.

Der Angriff auf Masaya fand wenige Tage später am 17. Oktober statt, und obwohl auch er kein militärischer Erfolg wurde, erzielte er größere Wirkung, weil er in der Nähe der Hauptstadt geschah. Der Militärposten, der gegenüber der Kirche am Hauptplatz der Stadt lag, wurde vom Kirchturm und anderen Gebäuden der Umgebung aus unter Beschuss genommen; eine kleine Sondereinheit griff an einer Wegbiegung einen von Somoza entsandten Konvoi mit Verstärkung an und dieses Gefecht, das bis nach Managua zu hören war, sorgte für Unruhe und führte zur Schließung von Schulen und Banken.

Es war offensichtlich, dass der Angriff auf San Carlos von costaricanischem Territorium ausgegangen war, und die Regierung von Präsident Daniel Oduber nahm unter dem Druck Somozas die Verfolgung der im Untergrund lebenden Führer auf. Der am meisten Gesuchte war aus den bereits geschilderten Gründen Humberto Ortega, und er musste völlig untertauchen. Als wir Regierungsmitglieder uns versammelten um zu beraten, was jetzt zu tun sei, sandte Humberto durch mich die Botschaft, dass angesichts des Scheiterns der Pläne alle von jeglicher Verpflichtung entbunden seien.

In diesem Augenblick wurde die „Gruppe der Zwölf" geboren. Felipe Mántica, Doktor Cuadra Chamorro und Don Emilio Baltodano waren die Ersten, die erklärten, ihr Engagement sei nicht nur vorübergehend und auch nicht daran gebunden, dass sie einer Regierung angehörten; und außerdem könnten sie auch nicht so einfach zu ihren Geschäften in Nicaragua zurückkehren, weil Somoza früher oder später von ihrer Beteiligung an den Plänen erfahren würde. So wurde der Entschluss gefasst, ein Manifest zur Unterstützung der Frente Sandinista zu verfassen, dass am 18. Oktober, einen Tag nach den bewaffneten Aktionen in Masaya veröffentlicht wurde und wegen der Bedeutung seiner Unterzeichner große Verwirrung und Bestürzung in Nicaragua auslöste: Unternehmer, Priester, Beamte internationaler Institutionen, die die Guerilla unterstützten. Somoza ließ uns daraufhin unter der Anklage des Hochverrats, Terrorismus, Anschlags auf den inneren Frieden, Anstiftung zum Verbrechen und Bildung einer kriminellen Vereinigung den Prozess machen.

In den Tagen nach der Oktoberoffensive beschlossen wir auch, Don Pepe Figueres um die Waffen zu bitten, die er auf seiner Hacienda „La Lucha" seit dem Ende der Revolution von 1948 vergraben hielt. Er hatte sie angeführt, und nachdem die Armee abgeschafft worden war, blieb eine der geheimen Grundlagen der costaricanischen Demokratie die Tatsache, dass die Caudillos ohne Macht für alle Fälle bewaffnet blieben.

Die moderne Geschichte Costa Ricas lässt sich ohne die Vision von Don Pepe nicht erklären. Er, der Sohn katalanischer Einwanderer, war geistesgegenwärtig, erfindungsreich und von humorvoller Weisheit. Die Feindschaft zwischen ihm und dem alten Somoza war berühmt, und sie scheuten keine Mühe, sich gegenseitig zu vernichten. Somoza nannte ihn „Absatz-Pepe", weil Figueres von kleiner Statur war und Schuhe mit hohen Absätzen trug. Als 1956 während des Goldenen Zeitalters der lateinamerikanischen Diktaturen in Panama der Kontinentale Präsidentengipfel stattfand, an dem auch Eisenhower teilnahm, war Figueres einer der ganz wenigen zivilen Präsidenten dort, und er weigerte sich, Somoza in Anwesenheit von Fotografen die Hand zu geben. Doch 1970, als ein von Guerilleros der FSLN in Managua entführtes Flugzeug in San José landete, erschien Figueres, der zum zweiten Male Präsident war, mit der Maschinenpistole in der Hand auf dem Flughafen, bereit die Befreiungsaktion für die Geiseln zu leiten.

Wegen dieser widersprüchlichen Vorgeschichte war es nicht leicht vorherzusehen, wie er reagieren würde, doch Edén wickelte ihn im Nu um den Finger und brachte uns seinen versteckten Schatz, der sogar ein 50mm-Maschinengewehr einschloss, das lange zuvor vom Flügel eines Mustang-Jägers abmontiert worden war und das Herty Lewites dann aus verschiedenen Perspektiven fotografierte, um vorzutäuschen, dass wir viele davon hatten. Später installierten wir auf der Hacienda „La Lucha" den Sender und die Antenne von „Radio Sandino".

Carlos Andrés Pérez war genauso wenig enttäuscht und empfing Felipe Mántica im Regierungspalast von Miraflores. Bei dieser Zusammenkunft gab er das Versprechen, uns hunderttausend Dollar pro Monat zukommen zu lassen, und die ersten hunderttausend übergab mir Chuchú Martínez in einem Zimmer des Hotels Cariari in San José, nachdem er sie mit seinem klapprigen Sportflugzeug mit den Segeltuchflügeln aus Panama herübergebracht hatte.

Ich nahm das Geld entgegen, wie es war – in Bündeln ungezählter Scheine in einem Aktenkoffer –, um es den Mitgliedern der „Gruppe der Zwölf" zu zeigen, die im Haus von Tito Castillo in

San Rafael de Escazú auf mich warteten. Es war ja ein besonderes Ereignis. Und als ich in Begleitung von Carlos Tünnermann wieder von dort zurückkehrte, um das Geld zu einem sicheren Aufbewahrungsort zu bringen, kam plötzlich ein Kind von einem Schulhof hinter einem Ball hergelaufen, und ich sah nur noch, wie es durch die Luft flog und mit einem dumpfen Schlag auf der Kühlerhaube landete. Ich machte eine Vollbremsung, und Carlos und ich sprangen heraus, um dem Kind zu helfen, wobei wir die Türen offenstehen ließen und den Koffer mit dem Geld ganz vergaßen. Wir hoben das bewusstlose Kind auf und brachten es ins Hospital; dort erholte es sich schließlich nach mehreren Tagen, während derer Tulita und ich an seinem Bett wachten. Der Geldkoffer aber ging nicht verloren, trotz der vielen Menschen, die nach dem Unfall aus den Häusern der Nachbarschaft zusammenliefen. Als wir mit dem Kind auf dem Arm wieder ins Auto stiegen, lag er unberührt auf dem Rücksitz.

Einmal im Monat musste unser Schattenfinanzminister, Doktor Cuadra Chamorro, in Begleitung eines Leibwächters nach Caracas reisen, um im Büro des Innenministers Carlos Lepage das Geld in Empfang zu nehmen. Aus konspirativen Gründen musste er gegen seinen Geschmack in einem bescheidenen kleinen Hotel in Sabanagrande absteigen, das die Regierung bestimmt hatte, und wo er mit dem Leibwächter das Zimmer teilen musste, für gewöhnlich einer der jungen Guerilleros, die in San José auf ihren Einsatz irgendwo in Nicaragua warteten.

Wer die Venezolaner gut kennt weiß, dass in Caracas die Zeit nicht existiert und man tagelang neben dem Telefon auf einen wichtigen Anruf warten kann. Die Angestellten an der Rezeption machten natürlich ihre Bemerkungen über jenen eleganten, distinguierten Herrn, der sich manchmal eine ganze Woche lang immer mit einem neuen jungen Burschen in sein Zimmer einschloss.

Die beste Figur von „Der General", dem Buch, das Graham Greene über Omar Torrijos geschrieben hat, ist Chuchú Martínez, Pilot, Dramaturg, Dichter, Mathematiker, Philosophieprofessor, radikaler Marxist und Bohemien alter Schule. Ich lernte ihn in den sechziger Jahren kennen, während eines meiner Besuche an der Universität von Panama als Generalsekretär des CSUCA. Damals pflegte er, der immer gerade irgendeine Frau verlassen und deshalb keine Wohnung hatte, auf der Strandpromenade am Meer in seinem alten VW-Käfer zu schlafen. Später wurde Chuchú Mitglied der Leibwächtertruppe von Torrijos mit dem Grad eines Fähnrichs, und er diente ihm als Privatsekretär, Übersetzer und Vertrauter.

Durch Chuchú lernte ich 1976 auch Torrijos kennen, als er Tulita und mich als seine Gäste für ein Wochenende in seinem Haus neben der Militärbasis von Rio Hacha empfing. Eigentlich wollten wir über die Autonomie der Universität von Panama sprechen, die seit dem Militärputsch von 1968 suspendiert war, doch wurde dieses Thema kaum behandelt, weil sich die Unterhaltung vor allem um seine Forderungen bezüglich des Kanals drehten, die mit Carters Präsidentschaft zu den Verhandlungen über neue Verträge führen sollten. Er bewirtete uns mit seiner zurückhaltenden Höflichkeit und lud uns ein, ihn bei einem Rundflug per Hubschrauber durch mehrere Orte zu begleiten, der erst am späten Abend endete.

Auf seinem Sitz in Farallón sollte ich ihn später noch oft sehen, oder im berühmten Haus in der 50. Straße in Panama-Stadt, das Kaserne, Büro und Privatwohnung gleichzeitig war, mit einem Hubschrauberlandeplatz daneben, und von dem ich erst nach seinem Tod erfuhr, das es ihm nie gehört hatte. Oder ich traf ihn dort, wo Chuchú wusste, dass er sich gerade aufhielt, denn der konnte mich immer irgendwie einschleusen. Ich weiß noch, wie wir ihn einmal am Schluss einer Sitzung der Gemeindevollversammlung trafen, dem Instrument der Volksmacht, das er nach kubanischem Vorbild ins Leben gerufen hatte.

Sein sozialistisches Experiment von der Führungsspitze des Militärs aus und mit den nordamerikanischen Stützpunkten im Rücken erschien ziemlich zwiespältig; doch was er auf jeden Fall erreichen wollte, war, die Oberhoheit über den Kanal zurückzugewinnen. Aus dem Geflecht seiner manchmal zutreffenden, manchmal ausgefallenen Vorstellungen entstand die gesamte Strategie der Verhandlungen über den Kanal, der viele zunächst misstrauten, die sich schließlich jedoch als ein Meisterwerk politischer Ingenieurskunst erwies. Er schaffte es, sogar noch John Wayne, die große

Ikone der nordamerikanischen Rechten, zu einem glühenden Verfechter dieser Verträge zu machen.

Den größten Teil seiner privaten Zeit verbrachte Torrijos in dem zum Meer hin offenen Haus in Farallón, und von dort aus regelte er auch in Shorts und T-Shirt seine Angelegenheiten: von einer Hängematte aus, die er mit einem Fuß auf dem Boden leicht ins Schaukeln brachte, während er die Cohiba-Zigarren rauchte, die man ihm aus Kuba schickte, auf deren Zellophanumhüllung sein Name geschrieben stand. Der Einzige, der das Privileg genoss, eine Hängematte neben die Seine hängen zu dürfen, war Rori González, ein dicker, freundlicher Unternehmer, der nie viele Worte machte. Die anderen ständigen Bewohner dort waren „Die Alte", seine Köchin, und ein Cuna-Indianer, der sich um die Alkoholbestände kümmerte, „die Chemie" nach Torrijos eigener Ausdrucksweise. Die Bar wurde auf sein persönliches Zeichen hin immer erst gegen Mittag geöffnet.

Im Gegensatz zu Fidel, der sich langen Monologen hingibt, pflegte Torrijos oft lange zu schweigen, und wenn er sprach, musste man die Ohren spitzen, um seine abrupte Sprechweise zu verstehen, was noch schwieriger wurde, wenn er zu später Stunde schon ordentlich der „Chemie" zugesprochen hatte.

Als wir einmal aus Farallón zurückkehrten, sagte mir Chuchú, er schulde mir zweihundert Dollar, wobei er sich vor Lachen kaum halten konnte.

„Führ Sergio mal richtig aus", hatte Torrijos ihm gesagt, als er ihm das Geld gab. „Nimm ihn zu ein paar tollen Frauen mit. Such sie aber gut aus."

Ein anderes Mal gab er ihm eine Pistole für mich. Weil ich sie aber ohnehin nicht benutzen würde – so sagte Chuchú –, habe er sie jemandem geschenkt, der sie dringender brauche als ich.

Torrijos war wie Ghadafi ein Führer der Dritten Welt, der aus den Kasernen gekommen war, doch gab es zwischen ihnen unüberbrückbare Gegensätze; da war vor allem die Tatsache, dass Torrijos keinerlei schauspielerische Fähigkeiten besaß. Zweimal besuchte ich Libyen auf der Suche nach wirtschaftlicher Unterstützung für die Revolution, und bei der letzten im Jahre 1986 wurde ich, während ich auf das Gespräch mit Ghadafi wartete, dessen Zeitpunkt immer ungewiss war, zu einem Besuch der Ruinen seines Hauses in Tripolis eingeladen, das kurz zuvor durch einen Raketenangriff US-amerikanischer Flugzeuge zerstört worden war. Die Hauptattraktion der Führung war das Schlafzimmer, das man so gelassen hatte, wie der Angriff es zugerichtet hatte, mit von Trümmern übersätem Fußboden, in der Mitte durchgebrochenem Bett und an dessen Kopfende einem Poster von einer Küstenlandschaft, wie man sie in Souvenirläden kaufen kann, von der Explosion zerfetzt.

Zwei Tage später brachte man mich mit einem Lear-Jet nach Bengasi, wo die Unterredung stattfinden sollte. Vom Flughafen aus fuhren wir durch öde Felder, auf denen Zement- und Textilfabriken standen, die der Regierung von italienischen Firmen schlüsselfertig übergeben worden waren, und eben aus dem Boden gestampfte Wohnviertel, wo Ghadafi erfolglos versuchte, die Beduinen sesshaft zu machen, in Häusern, die allen Komfort und einen Fiat vor der Tür stehen hatten.

Schon von weitem sah ich ihn im gleißenden Sonnenlicht vor einem Beduinenzelt auf mich warten. Nach den üblichen Verbeugungen ließen wir uns auf Kissen auf dem Boden unter dem Zeltvordach nieder, zwischen uns ein niedriger Klapptisch, auf dem als einziger Schmuck eine Pepsi-Cola-Flasche stand, die mit einer einzelnen Blume darin zur Vase gemacht worden war. Der Übersetzer, ein wortgewandter junger Mann, der in Madrid studiert hatte, wiederholte so oft er konnte zwischen den einzelnen Gesprächsabschnitten, dass ich Schriftsteller sei, was Ghadafi mit einem freundlich-herablassenden Lächeln quittierte.

Ihm selbst ging es beharrlich um etwas anderes, und Ähnliches wäre Torrijos niemals in den Sinn gekommen: Er wollte wissen, ob man in Nicaragua das „grüne Buch" las. Weil ich nicht mehr auszuweichen vermochte, sagte ich schließlich ja, man lese darin. Darauf hin wollte er Einzelheiten von mir wissen, die ich natürlich erfinden musste, und am Ende erklärte er mir, wie wir die Studienzirkel organisieren sollten und versprach mir, eine ordentliche Anzahl Exemplare des „Grünen Buches" zu schicken, auf Spanisch.

Er reagierte positiv auf alle meine Bitten und teilte mir mit, dass mich der Premierminister, Benjudi, am selben Abend in meinem Hotel in Tripolis aufsuchen würde. Benjudi kam mit seinem gesamten Kabinett auch tatsächlich ins Hotel, doch nur, um alle offenen Schulden einzutreiben. Und jedes Mal, wenn ich an Ghadafis Versprechen erinnerte, antwortete er das Gleiche:

„Der Große Führer gehört nicht zur Regierung."

Chuchú war aus Treue zum GPP-Flügel den „Terceristas" gegenüber feindlich eingestellt, und vor allem der „Gruppe der Zwölf", eine Abneigung, die wir mit Scherzen wegschoben. Genau wie der Campesino aus der Frente Sur war er der Meinung, unter den Zwölfen gebe es zu viele Pfaffen und zu viele Reiche. Doch Torrijos, der sich inzwischen gegen Somoza entschieden hatte, wollte einen so niedrigen Preis wie möglich gegenüber der Regierung Carter zahlen; und so waren seine besten Verbündeten wir „Terceristas", wegen unserer politischen Offenheit und der Bündnisfreudigkeit, die wir verkörperten.

Sich dem Kampf gegen Somoza anzuschließen, war ihm nicht leicht gefallen. Als ihm Dezember 1969 der Oberst Armando Sanjur einen Putsch gegen ihn versuchte, während er sich zum Pferderennen in Mexiko aufhielt, hatte ihm Somoza ein Flugzeug zur Verfügung gestellt, mit dem er in Chririqui landete, um seine Getreuen zu sammeln und die Macht zurückzuerobern. Er sagte „Tachito" zu Somoza, der Kosename für Anastasio.

„Weißt du", erzählte er mir einmal, „Tachito ist hier in Farallón zu Besuch gewesen. Jeden Morgen kniete ein Adjutant vor ihm nieder und band ihm die Schuhe zu. Ein Mann, dem man die Schuhe zubinden muss, ist keinen Pfifferling wert."

Carlos Andrés Pérez, der sehr erlesene verschwörerische Gewohnheiten besaß, hatte darauf bestanden, die erste Quote seines versprochenen Beitrags durch Torrijos zu übergeben, auch wenn das bedeutete, dass wir ihn erst einmal davon überzeugen mussten, diese Funktion zu übernehmen. Ich wurde beauftragt, ihn dazu zu überreden, und dieses Mal redeten wir in Farallón über alles Mögliche, außer über den Anlass meines Besuches. Mit der Zeit hatten wir auch der „Chemie" ziemlich zugesprochen, und es war schon nach Mitternacht, als er schwankend zu Bett ging. Doch um vier Uhr morgens klopfte es an meine Tür. Der General bat mich in sein Schlafzimmer.

Als ich eintrat, lag er auf dem Bett, das mit Seidenlaken bezogen war wie die Betten der Hollywoodstars und las Papiere; auch sein Schlafanzug war aus Seide. Der Raum, so kalt wie ein Eisschrank, war schmucklos und roch nach künstlichem Duftstoff. Er sah mich über die Lesebrille hinweg an und bat mich mit väterlicher Herzlichkeit, mich zu ihm aufs Bett zu setzen. Als ich meine Erklärung über die Strategie der „Gruppe der Zwölf" beendet hatte, ohne jedoch schon von Geld gesprochen zu haben, sprang er plötzlich mit einem Satz auf, holte eine Zigarre, biss die Spitze ab, entzündete sie und begann, barfuß im Zimmer auf und ab zu gehen.

„Das ist ganz richtig so", meinte er lebhaft, „bloß kein Radikalismus. Vorsicht mit den Yankees. Man kann mit der Kette spielen, aber nicht mit dem Affen daran."

Eines Nachmittags Wochen später badeten Chuchú und ich im Meer vor dem Haus in Farallón, als er zu uns ins Wasser kam. Plötzlich begann er, Chuchú von einer Frau zu erzählen, „La Negra", und beschrieb sie mit all jenen Komplimenten, die rettungslos Verliebte benutzen, beschwerte sich jedoch gleichzeitig über ihren schwierigen, scheuen Charakter und ihre Launen, wie das gleichfalls rettungslos Verliebte tun. Seine Stimme überschlug sich, er kam ins Stottern, seine vorstehenden Augen waren Blut unterlaufen. Manchmal schwieg er und tauchte den Kopf unter, und wenn er ihn wieder hob und das Wasser abgeschüttelt hatte, begann er von neuem mit seinen Betrachtungen über „La Negra". Chuchú gab ihm ausführlich Rat und philosophierte in langen Sätzen über die Liebe.

Manchmal, wenn es nach mehreren Stunden „Chemie" dunkel zu werden begann, ließ er aus Panama-Stadt „La China", die Chinesin, holen. Die Operation begann, und jedes Mal, wenn er nachfragte, gab man ihm über Funk Bescheid, an welchem Punkt der Landstraße sich in jenem Augenblick der Wagen befand. Schließlich kam „La China" durch den Hintereingang ins Haus. Er erhob sich schwankend aus der Hängematte und stolperte Richtung Schlafzimmer, wobei keiner der Anwesenden sich traute, ihm Hilfe anzubieten. Die „Chinesin" lernte ich nie persönlich kennen, doch „La Negra" zeigte man mir, als sie in Trauerkleidung neben einer Säule in der Nähe des Hochaltars der Kathedrale saß, wo sein Sarg stand, an dem die Menschen in endlosen Schlangen vorüber zogen.

Am 1. August 1981 war ich in Masatepe beim Begräbnis meines Vaters, als man mich per Telefon von Torrijos' Tod unterrichtete. Man hatte die Überreste seines Flugzeugs am Marta-Berg gefunden, nur ein paar Flugminuten von Coclecito entfernt, der Bauerngemeinde, die er gegründet hatte und die er oft besuchte. Nachdem ich meinen Vater beerdigt hatte, flog ich einen Tag später nach Panama zu einem weiteren Begräbnis.

Nach dem Tod von Torrijos besuchte Graham Greene, der eine unschuldige Seele besaß, weiterhin jedes Jahr von seinem Alterssitz in Antibes aus Panama, so als sei nichts geschehen. Dann kam er für gewöhnlich in Begleitung von Chuchú auch nach Nicaragua, in verschwörerisch wirkender Mission, denn er brachte uns, wie er selbst meinte, geheime Botschaften von General Manuel Antonio Noriega, dem Nachfolger von Torrijos, der nicht viel mehr als dessen Karikatur war.

Im November 1988 wartete ich in der nicaraguanischen Botschaft in Panama auf den Abflug meiner Maschine nach Buenos Aires, wo ich Präsident Alfonsín treffen sollte, als ich einen Anruf von Oberst Díaz Herrera bekam, des damaligen Chefs der G-2, also des Geheimdienstes. Er wollte mich sprechen. Kurz darauf kam er, und nach ein paar Höflichkeitsfloskeln meinte er, er habe eine Situation aufzuklären. Die Reisen von Graham Greene nach Nicaragua seien eine Möglichkeit, ihn beschäftigt zu halten, und Chuchú Martínez genauso, der nach dem Tod von Torrijos ohne Aufgabe geblieben sei. Dabei lächelte er mitleidig.

Die Vereinigten Staaten marschierten im Dezember 1989 in Panama ein. Das letzte Mal, dass ich die Stimme von Chuchú Martínez hörte, war er dabei, das Volk zum Widerstand gegen die Invasoren aufzurufen, die er von seinem Fenster aus mit Fallschirmen abspringen sah. Es war in einem Telefoninterview, das Radio Sandino von Managua aus mit ihm machte, und das in Panama niemand hören konnte. Wenige Tage später starb er an einem Herzanfall.

7. Kapitel

Manifest Destiny

Der Antiimperialismus war von Anfang an wichtigster Bestandteil des Sandinismus. Mehr als die leninistischen Lehren der Handbücher wog hier das Gedankengut von Sandino selbst. Dies war nicht nur eine Angelegenheit theoretischer Überzeugungen, sondern erprobter Tatsachen und Gefühle: Kein anderes Land Lateinamerikas war wie Nicaragua ein Opfer so vieler Übergriffe und militärischer Interventionen durch die Vereinigten Staaten gewesen, seit sich vor mehr als einem Jahrhundert im Jahre 1855 der Abenteurer William Walker aus Tennessee im Schutze seiner Söldnertruppen zum Präsidenten des Landes hatte ausrufen lassen.

Walker führte die Sklaverei wieder ein und machte Englisch zur offiziellen Verkehrssprache. In seinen Memoiren unter dem Titel „Der Krieg um Nicaragua" legte er seine These dar, dass die weiße Rasse – der Geist – und die schwarze Rasse – die Muskeln – von der Vorsehung dazu bestimmt waren, sich zu ergänzen; die Mestizen aber, faul und verderbt, passten nicht in dieses Schema und waren zu nichts zu gebrauchen.

Es war also eine lange Geschichte von Demütigungen, der sich Sandino 1927 mit Waffengewalt entgegen gestellt hatte, und die Somoza-Dynastie war nichts anderes als die Fortsetzung dieser Intervention. Als die „Marines", vertrieben durch den Kampf Sandinos in den Segovia-Bergen, 1933 abzogen, hatten die Vereinigten Staaten nach dem getreuen Abbild der Besatzungsarmee die Nationalgarde geschaffen und als ihren Befehlshaber den ersten Somoza, den späteren Mörder Sandinos, auserwählt. Mit dem Sieg der Revolution 1979 kehrte auch Sandino zurück, und mit der Flucht Somozas war es der letzte Marine, der abzog.

Wenn eine Revolution ihren Namen wirklich verdiente, dann hatte sie keine andere Wahl als mit dem Imperialismus in Konflikt zu geraten. In dem Maße, wie die Revolution sich vertiefte, wurde eine militärische Intervention immer wahrscheinlicher, und die einzige Möglichkeit, sie zu vermeiden bestand darin, ihren Preis für die Vereinigten Staaten in die Höhe zu treiben; deshalb war es notwendig, noch den letzten Mann zu bewaffnen. Man brauchte den Blick nur auf Kuba zu richten, um aus diesem Beispiel zu lernen.

Gleichermaßen unvermeidlich war es, anderen revolutionären Bewegungen zu helfen, nicht nur im Vertrauen auf einen kämpferischen Internationalismus, sondern auch, weil sich die Intervention leichter vermeiden ließ, wenn in den Nachbarländern Revolutionen an der Macht waren, oder wenn sich der Konflikt auf ganz Mittelamerika ausdehnte.

Als die Revolution 1979 siegte, war ein Bruch mit den Vereinigten Staaten schon vorprogrammiert. Der offizielle Diskurs war eindeutig. Sie waren die Urheber allen Übels in unserer Geschichte; sie hatten die Diktatur auf obszöne Weise an der Macht gehalten und die antipatriotischen Politiker gehätschelt; sie hatten unsere Rohstoffe geplündert, die Minen, die Wälder; die Verkündigung unserer Unabhängigkeit konnte nur gegen die Vereinigten Staaten geschehen, und unser Nationalismus entsprang diesem Gegensatz. Die ganze Nation war uns enteignet worden, und für Nicaragua als kleinem Land hing die Existenz von seiner tatsächlichen Unabhängigkeit ab.

Das wiederholten wir in unseren flammendsten Reden auf den Plätzen, in den Radioansprachen, in den Leitartikeln der Zeitung „Barricada", und alle Analysen der politischen Realität gründeten auf dieser Voraussetzung. Auf dieser Grundlage wurde nun eine Strategie erarbeitet, die in ihrer Konsequenz mit dem weltweiten Szenario zu tun hatte: Nicaragua konnte sich nicht sicher fühlen, solange es geopolitische Räume mit seinem Feind teilte. Es musste seinen Platz nicht nur an der Seite Kubas suchen, wo es ihn schon aus Sympathiegründen innehatte, sondern im sowjetischen Block, im militärischen und wirtschaftlichen Sinne. Nur so, unter diesem Dach, würde die Revolution überleben können.

So erklärt es sich auch, dass die Führer der Revolution immer mit nur schlecht verhohlenem Misstrauen die kapitalistischen Länder ansahen, so sehr sie auch die Anstrengungen unterstützt haben mochten Somoza zu stürzen, und von dieser Liste retteten sich nur wenige: Mexiko und das Panama von Torrijos. Das erklärt auch das distanzierte Verhältnis zur Sozialistischen Internationale und den Sozialdemokraten insgesamt; schließlich und endlich würden sie doch auf den Kurs der USA einschwenken, sie waren Teil ihres Systems.

Doch inmitten des Kriegs gegen uns, die ganzen achtziger Jahre hindurch, stellte Westeuropa, sogar noch durch Regierungen, die so weit von der Linken entfernt waren wie die von Andreotti in Italien oder von Martens in Belgien, nicht zu reden von den sozialistischen Regierungen Mitterands, Papandreus, Kreiskys, Palmes und Felipe González', ein entscheidendes Gegengewicht zur Politik Reagans dar; das konnte ich bei meinen diplomatischen Missionen, bei denen es auch um wirtschaftliche Hilfe ging, in diesen Ländern feststellen. Die lateinamerikanischen Länder, die sich 1983 in der Contadora-Gruppe zusammenschlossen (Mexiko, Panama, Kolumbien und Venezuela) und in der Unterstützergruppe für Contadora (Brasilien, Argentinien, Uruguay und Peru), wurden zwar mit dem gleichen Misstrauen angesehen, folgten jedoch nie dem Kurs der USA.

Chuchú Martínez erzählt, Felipe González habe sich bei einem seiner Besuche in Panama um 1980 herum Torrijos gegenüber besorgt darüber geäußert, dass in Nicaragua alle zu Milizionären gemacht würden, und in einer militarisierten Gesellschaft können es keine wirklich freien Wahlen geben:

„Sie wären schön blöd, wenn sie mit dem Stimmzettel das aufgäben, was sie mit der Waffe so hart erkämpft haben", sagte Torrijos hinterher zu Chuchú.

Torrijos, der einen geheimen Plan gefasst hatte, den Panamakanal mit Dynamitladungen zu zerstören, wenn er ihn nicht durch Verträge zurückgewinnen konnte, war auf gewisse Weise Teil jener fatalen messianischen Sichtweise. Felipe González musste, inzwischen Präsident geworden, der Idee nachgeben, dass es nicht gerecht war, mitten im Krieg das normale Funktionieren der Demokratie zu verlangen, und dass das parlamentarische System Europas Nicaragua nicht als Modell aufgezwungen werden konnte.

Es kam nicht zu der Invasion, die Unterstaatssekretär Elliot Abrams zufolge beinahe von Reagan befohlen worden wäre. Doch der Krieg der Contras, die die Vereinigten Staaten ausrüsteten und finanzierten, erschütterte Nicaragua nicht nur wegen der Tausende von Toten, Kriegsversehrten und Vertriebenen, sondern auch durch die wirtschaftlichen Schäden und die massive materielle Zerstörung, die er mit sich brachte, und durch den Verlust der Grundlagen des gesellschaftlichen Lebens; denn obwohl er von außen geschürt wurde, teilte der Krieg das Land, allerdings nicht unbedingt im Sinne von Klassen, reiche Vaterlandsverräter gegen arme Sandinisten: Er schlitzte es eher von oben nach unten auf, wie ein Messer, das ihm in die Eingeweide gestoßen wurde und alle sozialen Klassen durchtrennte und zerteilte. Ebenso erschütterte der Krieg auch die Möglichkeiten der Revolution zur Veränderung.

Die fatale Sichtweise war eine geteilte, denn auf der gegnerischen Seite begann wieder ein blinder Glaube an das *Manifest Destiny* zu dominieren. Die Vereinigten Staaten, von jeher dazu auserwählt, den amerikanischen Kontinent zu beherrschen, konnten keine weitere Revolution in ihrem Rücken dulden. Es war ein neuer Höhepunkt des Kalten Krieges, der letzte vor dessen Ende. Nicaragua, so wiederholte Reagan in jeder Fernsehrede, liegt näher an Florida als Nebraska oder Dakota. Wir waren ein ansteckender Tumor in ihrem Organismus, und man musste uns ausmerzen. Jede Geste der Nachgiebigkeit, jedes Signal von Verständigung wurde von vornherein als Lüge angesehen. Der Krieg war total, und er ging auf Leben und Tod. Wir mussten um Vergebung betteln, uns als besiegt erklären, verschwinden, uns ergeben. *To cry uncle*, wie Reagan es auszudrücken pflegte. So dass sich dank Reagan unsere Prophezeiung erfüllte, und sich dank uns Reagans Prophezeiung erfüllte.

Carter dagegen hatte tolerant sein wollen gegenüber einer Revolution, die vor seinen Augen im ererbten Hinterhof Gestalt gewann, und er bemühte sich, eine andere Haltung anzunehmen, vor und nach dem Sturz Somozas. Eine harte Politik wie die von Reagan bedurfte einer imperialen Entschlossenheit und des Willens, diesen Entschluss zu organisieren, was Carter fehlte, den ich, im Abstand der Jahre, als ein Opfer seines eigenen schlechten Sterns ansehe, seines Wankelmuts und seiner Skrupel. Ein amerikanischer Präsident, der auf die Stimme seines Gewissens hört und seine Religiosität auf die Macht anwendet, muss schließlich von seiner eigenen paradoxen Haltung besiegt werden.

Die Improvisationen, Widersprüche und mangelnde Initiative, die auf sein Konto und das seiner Mannschaft gehen und die immerhin gut gemeint waren, kann man in den Büchern erkennen, die seine Mitarbeiter Robert Leiken und Bob Pastor geschrieben haben, wie auch in den Erinnerungen des Botschafters in Managua, Lawrence Pezzulo. Brzezinski, der Berater für Nationale Sicherheit, der ein Pokerface zur Schau stellte und der mitteleuropäischen Philosophie Kissingers näher stand, war im Weißen Haus jener Jahre ein seltenes Exemplar.

Am 24. September 1979 empfing uns Carter in Washington. Daniel, Alfonso Robelo und ich sollten bei der Eröffnungssitzung der Generalversammlung der Vereinten Nationen anwesend sein, und es wurde vereinbart, dass wir vorher nach Washington kämen.

Die Parallelen zwischen der kubanischen Revolution und der unseren waren unübersehbar – der Botschafter William Bowdler meinte später, er habe den Film mit den Guerilleros, die siegreich in Managua einzogen, und den Menschen, die sie euphorisch begrüßten, schon einmal vorher in Havanna gesehen –, und Carters Leute rieten ihrem Präsidenten, er solle nicht den Fehler Eisenhowers wiederholen, der sich 1959 geweigert hatte, Fidel Castro zu empfangen und ihn so vielleicht ins feindliche Lager gestoßen hatte; sie meinten, die Geschichte könne nach vorne hin korrigiert werden. Und wenn wir wirklich unverbesserliche Marxisten waren, dann sollte man später wenigstens nicht sagen können, der Präsident der Vereinigten Staaten habe keinen Versuch unternommen, eine Verständigung zu erreichen.

Das Weiße Haus aus den Studios von Hollywood ist mir immer viel strahlender vorgekommen als jenes, das ich damals betrat, ohne jemals wieder dorthin zurückzukehren. Carter empfing uns im Rosengarten vor einer ordentlichen Batterie Journalisten und führte uns in den Kabinettssaal, wo Vizepräsident Walter Mondale, Staatssekretär Warren Christopher, Brzezinski, Henry Owen, Varon Vaky, Bob Pastor und Botschafter Pezzulo dazu stießen. Ich kann nicht sagen, dass das Klima gespannt gewesen wäre, wohl jedoch voller gegenseitiger Vorbehalte.

Carter begann mit den Themen, die seine Regierung für ihre Beziehungen mit Nicaragua als vital empfand: die Nicht-Einmischung in die Angelegenheiten der Nachbarländer, vor allem El Salvador, die tatsächliche Blockfreiheit, die Achtung der Menschenrechte, effektive Demokratie.

Für uns gab es keine strittigen Punkte auf dieser Ebene, denn alles war in unserer Einverständniserklärung mit den Resolutionen der Konsultationsversammlung der Organisation Amerikanischer Staaten (OAS) enthalten, die Ende Juni kurz vor dem Sturz Somozas einberufen worden war. Daniel, der als Erster antwortete, ging bei seiner Antwort gar nicht darauf ein und konzentrierte sich vielmehr auf ein ausführliches Statement über die Interventions- und Einmischungspolitik der USA in Nicaragua. Nach einigen Minuten hob Carter die Hand, um ihn zu unterbrechen, und hielt sie in die Höhe, während Daniel weitersprach:

„Wenn Sie mich nicht für das verantwortlich machen, was meine Vorgänger getan haben, dann mache ich Sie nicht für das verantwortlich, was die Ihren taten", meinte er und rief damit freundliches Gelächter auf beiden Seiten des Tisches hervor.

Ich ging dann auf die Frage der Menschenrechte ein, die einer seiner Berater angeschnitten hatte, und erinnerte daran, dass wir die physische Unversehrtheit der Nationalgardisten respektiert hatten, als sie sich in Scharen ergaben, und an die Tatsache, dass es keine Erschießungen gegeben hatte. Kurz darauf entschuldigte sich Carter und empfahl uns seinen Mitarbeitern, um über die Wirtschaftshilfe zu sprechen.

Er hatte uns angekündigt, die Vereinigten Staaten würden uns als Zeichen ihrer guten Absichten einen Kredit in Höhe von sechzig Millionen Dollar geben, um den Wiederaufbau des Landes zu unterstützen, Gelder, die nie ausbezahlt wurden. Als wir später hinausgingen, sah ich ihn durch das Fenster des Oval Office, das zum Garten hinauslag, an seinem Schreibtisch über Papiere gebeugt sitzen, die Hand an der Schläfe. Er schien mir immer noch eine unnahbare Person, und ich wusste nicht, ob ich ihn jemals wiedersehen würde.

Doch wir sahen uns wieder, denn er sollte Nicaragua verbunden bleiben, so wie er es sich vielleicht nie vorgestellt hatte. Nach seiner Wahlniederlage gegen Reagan, als er für seine Wiederwahl zum Präsidenten angetreten war, trafen wir uns in Atlanta; bei verschiedenen Gelegenheiten war er auch in Managua, das erste Mal, um ein Wohnungsbauprojekt in Chinandega einzuweihen, das von einer Stiftung finanziert wurde, der er vorstand. Damals begleiteten ihn Daniel und ich, und ich erinnere mich, dass der Besuch mit einem Mittagessen in einem alten Eisenbahnwaggon endete, der im Hof eines enteigneten Landsitzes abgestellt war, ein exzentrischer Luxus des ehemaligen Besitzers.

Auch gingen wir gemeinsam auf dem Gelände des alten Country Clubs joggen, wobei er ein zäherer Läufer war als ich; und nie ließ er eine jener Gelegenheiten aus, um zu wiederholen, dass wir einen echten Dialog mit der Führungsspitze der Contra beginnen sollten, als eine Möglichkeit, den Konflikt mit der Reagan-Regierung zu entschärfen, etwas, das wir zu jener Zeit als völlig absurd zurückwiesen.

Er kam zu den Wahlen 1990, an der Spitze der Wahlbeobachter des „Carter Centres", und als wir verloren, übernahm er die Aufgabe eines Vermittlers, die entscheidend dafür war, in Momenten gefährlicher Ungewissheit eine Verständigung mit der neuen Regierung zu erzielen. Später kehrte er zurück, um bei der Lösung der Probleme um das Privateigentum zu helfen, und dann noch einmal als Beobachter bei den Wahlen von 1996. Einmal schlug er mir sogar seine Vermittlung in der Auseinandersetzung zwischen Daniel und mir vor, kurz vor meinem Austritt aus der FSLN.

Wenn Carter keine Schuld an dem trug, was seine Vorgänger getan hatten, dann auch nicht an dem, was seine Nachfolger taten. Wir wussten, dass der Ton Reagans in seinen Wahlkampfreden kein leeres Geschwätz gewesen war, und dass wir uns auf das Schlimmste gefasst machen mussten; und sich auf das Schlimmste gefasst machen bedeutete, die Risiken vorweg zu nehmen. So kam es, dass den salvadoreanischen Freunden, deren Guerillagruppen inzwischen alle unter dem Dach der „Frente Farabundo Martí de Liberación Nacional" (FMLN) zusammen geschlossen waren, soviel Unterstützung wie nur irgend möglich gegeben wurde.

Im Januar 1981 befand sich Botschafter Pezzulo in Washington und rief von dort aus in Nicaragua an, um ein dringendes Treffen mit der Regierungsjunta und der gesamten Nationalen Leitung der FSLN zu erbitten. Vom Flughafen kam er direkt zu mir nach Hause, wo ihn zu seiner Enttäuschung nur Jaime Wheelock und ich erwarteten, denn so hatten wir es vorher unter uns abgesprochen. Verärgert machte er uns darauf aufmerksam, dass die Dinge zu ernst seien, als dass wir ihnen so wenig Bedeutung zumaßen: Die CIA hatte eine versteckte Startbahn an einem Ort namens „El Papalonal" in der Nähe des Managua-Sees entdeckt, wo sie Luftaufnahmen von einem Flugzeug des Typs C-47 machte, das Waffen nach El Salvador transportierte. Die Tatsache, dass Carter das Präsidentenamt abgab, machte ihn nicht nachgiebiger; entweder wir schlossen die Startbahn, oder wir mussten mit ernsten Konsequenzen rechnen.

Die Startbahn wurde geschlossen, doch die Waffenlieferungen für die geplante Offensive, die in den folgenden Tagen beginnen sollte, waren schon beinahe abgeschlossen. Diese Offensive, die als die Schlussoffensive angekündigt war, sollte die Regierung von José Napoleón Duarte stürzen und wurde ein totaler Fehlschlag. Wir hatten einfach noch nicht begriffen, dass die Geschichte sich nicht auf mechanische Weise wiederholt. In El Salvador gab es eine mächtige Militärkaste und eine ungebrochene Oligarchie, und Duarte, ein demokratisch gewählter Christdemokrat, war beileibe kein Somoza. Außerdem war Somoza durch die Kombination verschiedener Faktoren gestürzt worden, die sich so niemals wiederholen würden, viel weniger noch in einem anderen Szenario. Dies war die am wenigsten marxistische Analyse, die man sich vorstellen konnte, und dennoch glaubten selbst die Kubaner an diese Fata Morgana.

Die Veränderung der US-Politik gegenüber Nicaragua durch den Amtsantritt Reagans war nicht so abrupt wie es scheinen mag, obwohl sich das Weiße Haus jetzt mit Falken füllte. Der neue Außenminister Alexander Haig beschloss, zunächst eine Erkundung zu unternehmen. Mitte Februar 1981 schickte er uns durch Pezzulo eine Nachricht und bot uns die Normalisierung der Beziehungen an, wenn wir im Gegenzug die Waffenlieferungen nach El Salvador völlig einstellten. Wir versicherten ihm, dass es keine solchen Lieferungen mehr geben würde, und dass ein Zeichen unseres guten Willens die Schließung von „Radio Liberación" sei, des geheimen Senders der FMLN, der von Nicaragua aus operierte.

In den folgenden Monaten konnten sie feststellen, dass die Lufttransporte von Waffen wirklich aufgehört hatten, dennoch suspendierten sie im April 1981 als präventive Maßnahme alle Arten von Wirtschaftshilfe für Nicaragua. Auf jeden Fall gelangten die Waffen auch weiter und bis zum Ende des Krieges nach El Salvador, mit Hilfe einer Flotte von Kanus, die nachts den Golf von Fonseca überquerten, kleine Boote, die kein elektronisches Gerät zu lokalisieren vermochte. Beim zweiten Jahrestag der Revolution, der am 19. Juli 1981 in Masaya begangen wurde, erhielten die Kanuführer, alles erfahrene Leute, von denen einige unter den Schmugglern rekrutiert worden waren, zur Anerkennung einen Platz auf der Ehrentribüne, eine Reihe unterhalb von Luis Herrera Campins, dem Präsidenten von Venezuela.

Die Sichtweise Haigs war vor allem geopolitisch. Es interessierte ihn nicht sonderlich, welche Art von Regierung ein Land hatte, solange es keine Gefahr für die Sicherheit der Vereinigten Staaten oder deren Verbündete darstellte. Diese These ließ die rechten Militärdiktaturen ungestört, schuf jedoch auch einen Spielraum für eine revolutionäre Regierung wie die unsere, wenn sie nur in sich selbst eingekapselt blieb und eine Liste verbotener Freunde respektierte.

Mit dieser Botschaft kam Staatssekretär Thomas Enders nach Managua, und ich musste ihn am 12. August 1981 als Erster empfangen. Sein sehr einfacher Vorschlag war begleitet von demonstrativen Militärmanövern in der Region und kam zu einer Zeit, als die Contras schon ungestört in den Sümpfen der Everglades in Florida trainierten: Nicaragua sollte seine gesamte Unterstützung für die salvadoreanische Guerilla einstellen und seine Armee auf 15.000 Mann reduzieren; im Gegenzug verpflichteten sich die Vereinigten Staaten, sich nicht in die inneren Angelegenheiten einzumischen und Wirtschaftshilfe zu gewähren. Enders kam bis Oktober noch mehrmals nach Nicaragua, doch wurde in einem Klima gegenseitiger Verdächtigungen und heimlicher Hintergedanken auf beiden Seiten keine Übereinkunft erreicht.

Nun begann der Konflikt ohne Pause zu eskalieren. Die Vereinigten Staaten übernahmen offiziell durch die CIA die Unterstützung der Contras, die bisher in Händen der argentinischen Militärs gelegen hatte, und die Feuertaufe dieser Verpflichtung war die Sprengung zweier Brücken im Norden Nicaraguas im März 1982 durch ein Kommando ehemaliger Nationalgardisten, die im Umgang mit Sprengstoff geschult waren. Die Vereinigten Staaten begannen ohne vorherige Kriegserklärung einen merkwürdigen Krieg gegen ein Land, mit dem sie diplomatische Beziehungen unterhielten. Uns kam es nie in den Sinn, mit einem Abbruch dieser Beziehungen zu reagieren, die bis zum Schluss aufrecht erhalten wurden, wie auch die Beziehungen zu El Salvador oder Honduras nie abgebrochen wurden.

Wir reagierten auf die Sprengungen der Brücken, indem wir den Ausnahmezustand erklärten und Alfonso Robelo ins Gefängnis steckten, das ehemalige Mitglied der Regierungsjunta, der inzwischen der Opposition angehörte, und noch ein paar andere politische Führer. Die gegnerischen Lager begannen, eine eindeutige Farbe anzunehmen, in jener fatalen Dynamik, in der Schattierungen keinen Platz hatten. Dafür oder dagegen. Für jede Aggressionstat wurde ab jetzt die gesamte Opposition verantwortlich gemacht, sie wurden von uns alle für Verschwörer gehalten. Und viele von ihnen verhielten sich auch tatsächlich so.

Als er seine Freiheit wiedererlangt hatte, ging Robelo nach Costa Rica und schloss sich mit Eden Pastora zusammen, der inzwischen dort im Exil lebte, und gemeinsam gründeten sie die „Acción Revolucionaria Democrática" (ARDE), eine bewaffnete Organisation, die sich von der CIA fern zu halten suchte, aber dieser schließlich doch in die Arme sank. Edén hatte im Juli des vorhergehenden Jahres Nicaragua verlassen, angeblich, um an der Seite der guatemaltekischen Guerilla zu kämpfen, und dabei hinterließ er Humberto Ortega einen Abschiedsbrief, der denjenigen des Che Guevara an Fidel nachahmte. Robelo wurde später Mitglied der Contra-Führung, die von Miami aus operierte.

Anfang 1981 hatten wir auch einen Konflikt an der Karibikküste eröffnet, als wir Tausende von Mískitos vom Ufer des Río Coco evakuierten, der hier die Grenze zu Honduras bildet, um sie in Tasba Pri anzusiedeln, einer Siedlung, die über Nacht weit im Landesinneren aus dem Boden gestampft worden war. Es sollte vermieden werden, dass die verlassenen indianischen Dörfer eine Basis für die Contra bilden konnten, in einer Aufstandssituation, die sich schnell zuspitzte. Dieses Ereignis, das einen der besonders tragischen Fehler der Revolution darstellt, führte zur Eröffnung einer neuen Kriegsfront, und die CIA begann, die beiden bewaffneten Mískito-Organisationen zu finanzieren, YATAMA und MISURASATA.

Bei der Abschlussveranstaltung der Alphabetisierungskampagne 1980 hatte uns unser Ehrengast Rodrigo Carazo, der Präsident von Costa Rica, in seiner Rede an die Verpflichtung erinnert, die wir gegenüber der OAS eingegangen waren, freie Wahlen abzuhalten; und Humberto Ortega antwortete ihm in seiner eigenen Rede, wir würden diese 1985 veranstalten, doch nicht, um die Macht zu verlosen, sondern um diejenige der Revolution zu bestätigen. Das hieß, die unsere.

Wir hielten jedoch kein Plebiszit ab, wie die Rede es angekündigt hatte, sondern führten 1984, ein Jahr früher, ordentliche Wahlen durch, mit Daniel als Präsidentschaftskandidaten für die FSLN und mir als Kandidaten für die Vizepräsidentschaft. Auf gewisse Weise begannen wir, uns vom strategischen Plan abzukehren und den öffentlich verkündeten des politischen Pluralismus anzunehmen, der der taktische gewesen war. Wir zogen diese Wahlen vor, um die Aggressionspolitik Reagans zu schwächen, was uns nicht allzu viel nützte; zum einen, weil die Unterstützung der Contra zum Dreh- und Angelpunkt seiner Politik der nationalen Sicherheit geworden war und er eine militärische Lösung wollte; zum anderen, weil unsere Verstrickung in den Konflikt um El Salvador von Tag zu Tag zunahm.

Die Wahlen von 1984 waren für die USA, genau wie für uns, ein Teil der Dynamik des Krieges. Indem wir sie ordentlich abhielten, suchten wir die Legitimität, die sie uns entziehen wollten, indem sie sie verhinderten. Das war der Grund, weshalb sie den Kandidaten der „Unión Nacional Opositora" (UNO), Arturo Cruz, dazu zwangen, sich zurückzuziehen; er war Mitglied der „Gruppe der Zwölf" gewesen und hatte der zweiten Regierungsjunta angehört, nachdem Alfonso Robelo und Violeta Chamorro aus der Regierung ausgetreten waren. Wieder einmal ging es um sich selbst erfüllende Prophezeiungen, denn Arturos Wahlkampfveranstaltung in León wurde gestört, und in Chinandega wurde er mit Steinen beworfen, kaum dass seine Kampagne begonnen hatte; Tätlichkeiten, an denen die FSLN nicht ganz unschuldig war. Doch als ihm schließlich bei einem Treffen der Sozialistischen Internationale in Rio de Janeiro durch Bayardo Arce, Mitglied der Nationalen Leitung der FSLN, die umfassenden Garantien zugestanden wurden, die er forderte, da wollte er sie, ganz im Sinne des Vetos der USA, nicht mehr annehmen. Nach dem Scheitern seiner Kandidatur wurde er im Exil Mitglied der Contra-Führung, wo sich schon Alfonso Robelo befand und wohin Reagan alle Führer der zivilen Opposition bringen wollte.

Wir gewannen mit über sechzig Prozent der Stimmen, bei einer sehr hohen Wahlbeteiligung; doch auch Parteien, die nicht der UNO angehörten und sich unter dem gleichen Druck der USA von den Wahlen zurückgezogen hatten, nachdem die Stimmzettel schon gedruckt waren, wie die Unabhängige Liberale Partei (PLI), holten eine ordentliche Zahl Sitze in der Nationalversammlung. Andere wiederum wie die Konservative Partei gewannen in ländlichen Gemeinden, wo sie nicht einmal Wahlkampf geführt hatten. Wir, die wir Einstimmigkeit angestrebt hatten, hielten uns jedoch nicht lange genug dabei auf, genau zu untersuchen, weshalb trotz des Rückzugs der UNO vier von zehn Wählern gegen uns gestimmt hatten.

Die Legitimität, die wir angestrebt hatten, erhielten wir nur zum Teil. Die lateinamerikanischen und europäischen Regierungen, die uns gedrängt oder ermuntert hatten, Wahlen abzuhalten, schickten nur Delegationen niederen Ranges zur Amtseinführung im Januar 1985. Kein einziger Staatschef wollte teilnehmen. Die Präsidenten der Mitgliedsstaaten der Contadora-Gruppe kamen im voraus überein, ihre Außenminister zu schicken, und unser wichtigster Gast sollte schließlich Fidel Castro sein, der mit seiner solidarischen Geste das Szenario eher aus der Balance geraten ließ. Carlos Andrés Pérez erklärte uns in einem Brief, mit dem er die Einladung ausschlug, er fühle sich durch die mangelnden Wahlgarantien betrogen; wir fühlten uns unsererseits dadurch betrogen, dass er nicht an unseren echten Willen glaubte, sie zu gewähren.

Die Amtseinführung von Reagan für seine zweite Regierungsperiode im Januar 1985 fiel mit der unseren zusammen. Von da an begann die Aggression in ihrem vollen Ausmaß. In seiner Rede zum Amtsantritt gestand er den Contras den Titel „Freiheitskämpfer" (*freedom-fighters*) zu, und im Mai verhängte er das Wirtschaftsembargo über Nicaragua, mit der Begründung, wir stellten eine Bedrohung für die Sicherheit der Vereinigten Staaten dar. Als uns das Embargo den Weizen sperrte, hatten wir unseren besten Moment nationaler Einheit seit der Alphabetisierungskampagne, denn man nahm uns das Brot, und da zündete die patriotische Parole, zum Mais zurückzukehren, der unsere Wurzel darstellte.

Die Häfen wurden durch Spezialkommandos der CIA vermint, und der Brand der Öltanks im Hafen von Corinto, die von Schnellbooten aus, ebenfalls durch Experten der CIA, mit Raketenwerfern in Brand geschossen worden waren, zwang zur Evakuierung sämtlicher Einwohner. 1986 gewährte der US-Kongress in einem beispiellosen Akt einhundert Millionen Dollar zur Finanzierung des Contra-Krieges. Honduras war längst zur permanenten Operationsbasis gegen Nicaragua geworden, genau wie Costa Rica und El Salvador. Die Entscheidung des Internationalen Gerichtshofs in Den Haag, durch die die US-Regierung verurteilt wurde und die für uns einen glänzenden Sieg darstellte, nachdem wir ungeheure Anstrengungen zur Vorbereitung des Verfahrens aufgewandt hatten, wurde von Reagan nicht anerkannt. Es blieb nur noch die militärische Intervention, wie es schon im Oktober 1983 in Grenada geschehen war, und wir wiesen unablässig darauf hin, dass sie kurz bevor stand.

Dies waren auch die Jahre des „Schwarzen Vogels", des Spionageflugzeugs SR-71, das im Himmel über Nicaragua die Schallmauer durchbrach und Panik auslöste, so als wolle ein donnernder Zeus uns strafen. Doch Anfang Oktober 1986 war es nicht der „Schwarze Vogel", der abgeschossen wurde, sondern ein altes Lastflugzeug vom Typ C-123, das zu einer Flotte gehörte, mit der die CIA vom Flughafen Ilopango in El Salvador aus per Fallschirm Waffenlieferungen an die Contra-Gruppen abwarf.

Die Maschine wurde am Río San Juan durch den gezielten Raketenwerferschuss eines siebzehnjährigen Rekruten heruntergeholt, der kaum seinen Augen trauen wollte, als er sie brennend abstürzen sah. Alle Besatzungsmitglieder waren Nordamerikaner und Eugene Hasenfus, der als Einziger überlebte, weil er immer einen Fallschirm trug, wurde gefangengenommen. Das Foto des korpulenten Yankees, der mit einem Strick um den Hals vom selben Rekruten abgeführt wurde, der ihn abgeschossen hatte, erinnerte die Nicaraguaner an die Bilder aus dem Krieg Sandinos gegen die nordamerikanische Invasion; und die Nordamerikaner an die Bilder aus dem Vietnam-Krieg.

Die US-Botschaft weigerte sich, die Särge mit den Leichen der Piloten in Empfang zu nehmen, die vor ihrem Tor abgestellt wurden, getreu der Behauptung, es handele sich um eine private Operation, mit der sie nichts zu tun habe. Dagegen gab Hasenfus, ein Veteran aus dem Indochina-Krieg, dessen Aufgabe es gewesen war, während des Fluges die Fracht abzuwerfen, die Namen derjenigen preis, die ihn angeheuert hatten und die in enger Verbindung mit Oliver North standen, Reagans Vertrauensmann im Nationalen Sicherheitsrat der USA.

Die Volksgerichte, die nach dem Sieg der Revolution eingerichtet worden waren, um die Gardisten Somozas abzuurteilen, verurteilten Hasenfus zur Höchststrafe von dreißig Jahren Haft; doch wir wussten, dass er nicht lange eingesperrt bleiben konnte, wegen all des Drucks, den wir abbekommen würden, und außerdem, weil seine Freilassung nützlich sein würde im Krieg um unser Image, den wir in den Vereinigten Staaten selbst gegen Reagan führten.

Im gleichen Monat trat ich eine Rundreise durch die USA an; sie begann in Atlanta, wohin ich zur Einweihung des Carter-Centers eingeladen war, und führte mich dann weiter zu einem Vortrag an der Universität von Wisconsin nach Madison. Zufällig lebte in Madison auch die Familie von Hasenfus. Seine Frau Sally bat mich um eine Unterredung, und ich besuchte sie bei sich zuhause, eine Geste, die, kaum dass sie angekündigt wurde, die Aufmerksamkeit der Presse auf sich zog, die mir ohnehin schon auf den Fersen war, wegen eben jenes Falles Hasenfus.

Es handelte sich um sehr einfache Leute, aus einer jener ländlichen Gegenden Nordamerikas, in der die Welt wie eine ferne, harmlose Angelegenheit erscheint, bis sich durch irgendeinen bösen Zauber diese Welt kompliziert und sie in Ereignisse verwickelt, die sie überhaupt nicht verstehen können. Ich glaube nicht, dass ihnen klar war, auf welcher Seite des Konflikts ihr Angehöriger stand. In den Meinungsumfragen wussten einfache Leute, Leute wie die Hasenfus, nicht, ob Reagan für oder gegen die Contras war, ob er die nicaraguanische Regierung unterstützte oder stürzen wollte. Doch auf jeden Fall unterstützten sie Reagan. Ein Krieg, der inmitten der Unwissenheit geführt wurde, auch wenn wir in der Lage waren, profilierte Sektoren zu mobilisieren, die Kirchen, die Gewerkschaften, die Menschenrechtsgruppen, die Intellektuellen, die Künstler, mit Einfluss im Kongress und in den Medien.

Im kleinen Wohnzimmer voller Familienfotos saßen wir in Vinylsesseln, tranken Kaffee und aßen Plätzchen inmitten einer gespannten Freundlichkeit, die mehr aus Schweigen als aus irgendetwas anderem bestand. Das Einzige, was ich ihnen sagen konnte, war, dass Hasenfus gut behandelt wurde und alle rechtlichen Garantien genoss und dass sie ihn besuchen könnten, wann immer sie wollten. Seine Frau Sally, seine Mutter und Geschwister waren erstaunt darüber, dass es möglich sein sollte, ihn in Nicaragua zu besuchen. Wo lag Nicaragua denn überhaupt? *Nikua-rra-gua*, wie es William Casey, der Chef der CIA, bei seinen Auftritten vor dem Geheimdienstausschuss des Senats auszusprechen pflegte.

Als ich mit Sally, die mich verabschieden wollte, auf die Veranda hinausging, die mit jenem gelben Band abgesperrt war, das die Polizei bei Unfällen benutzt, stand dort dichtgedrängt eine Menge aus Fotografen, Kameraleuten und Journalisten, die größte, die ich je in meinem Leben gesehen hatte. Die Frage war immer die gleiche: Wann wird Hasenfus freigelassen? Das Bild des Söldners, der vom jungen Rekruten abgeführt wird, erinnerte fortwährend daran, dass die USA wieder in einen Krieg außerhalb ihrer eigenen Grenzen verwickelt waren; und jenseits aller Unwissenheit über das, was in Nicaragua wirklich geschah, blieb es ein beunruhigendes Bild.

Hasenfus kam zu Weihnachten des gleichen Jahres nach Hause zurück, nachdem er einer Delegation von Pastoren der Southern Christian Leadership Conference übergeben worden war, der Kirche von Martin Luther King, die uns sehr nahe stand.

Die Freilassung von Gefangenen zu erreichen verleiht in den USA nach wie vor politisches Prestige. Ich erinnere mich noch daran, wie ich Reverend Jesse Jackson bei einem seiner Besuche in Managua zu einer Sondersitzung der Nationalversammlung begleiten musste, die als letzter Punkt des Besuchsprogramms zu seinen Ehren abgehalten wurde. Während der Präsident der Versammlung, Carlos Núñez, ihn in seiner Rede würdigte, sah Jackson immer wieder unruhig auf die Uhr und machte Anstalten aufzustehen, ein unangemessenes Verhalten, das mich irritierte, was ich ihm auch sagte. Er musste jedoch in Havanna ein paar Gefangene in Empfang nehmen, deren Freilassung er erreicht hatte, und die Übergabe musste zu einer bestimmten Zeit stattfinden, damit sie in den Abendnachrichten der großen Fernsehanstalten übertragen werden konnte.

Am Ende der Rundreise, während der ich auch in Harvard, im Massachussetts Institute of Technology, in der Universität von Kansas und der Universität von Notre Dame über die Aggression gesprochen hatte, kam ich nach New York, um den Generalsekretär der Vereinten Nationen, Javier Pérez de Cuéllar, zu treffen; und am 25. November wurde ich zu einem Interview mit Dan Rather eingeladen, dem *anchorman* der Nachrichtensendungen der CBS.

Er empfing mich in einem Büro, das neben dem Set lag, von dem aus die Nachrichten gesendet wurden. Er war schon geschminkt und bat mich, ihn zu entschuldigen, denn er müsse sofort vor die Kamera; im Weißen Haus sei überraschend eine Pressekonferenz einberufen worden, und Reagan würde gleich erscheinen, um eine Ankündigung zu machen. Er würde dann sofort wiederkommen.

„Diese Ankündigung hat mit Nicaragua zu tun", meinte ich zu ihm.

Er sah mich neugierig an.

„Wenn das der Fall ist, wären Sie dann bereit, es nach dem Auftritt des Präsidenten in meiner Sendung zu kommentieren?"

Das war eine einmalige Gelegenheit, und ich sagte ihm natürlich zu. Er ging hinaus und ich blieb im Büro, vor einem Monitor, auf dem nur das leere Podium im Presseraum des Weißen Hauses zu sehen war. Dann erschien Reagan. Seine kurze Ansprache diente dazu einzugestehen, dass der Contra Mittel aus heimlichen Waffenverkäufen an den Iran zugeleitet worden seien, von denen er nichts gewusst haben wollte, in die aber seine Berater verwickelt waren. Den Iran, ein Land, das im Alltagsjargon des Weißen Hauses als terroristisch bezeichnet wurde, mit Waffen zu unterstützen, war ein Skandal, doch der Contra Finanzhilfe zukommen zu lassen verletzte die Bestimmungen des Boland-Ammendments, das der Kongress im Oktober 1984 verabschiedet hatte. Das Gesetz, das später die Vergabe von hundert Millionen Dollar genehmigte, war noch nicht in Kraft getreten.

In diesem Augenblick brach der Irangate- oder Contragate-Skandal aus, wie er auch genannt wurde. Die Untersuchung des Generalstaatsanwalts Geese, die schon angelaufen war, wies auf den Berater für Nationale Sicherheit, John Pointdexter, und auf Oliver North, den Chef der Operationen, an denen auch Hasenfus teilgenommen hatte.

Als Reagan seine Ansprache beschloss, rief man mich ins Studio, und ich konnte brandheiß Stellung nehmen, vor einem breiten Publikum, das sicher überrascht darüber war, wie schnell mich der Moderator zur Hand gehabt hatte. Ich sagte voraus, dass Reagan ähnliche Konsequenzen zu erwarten hatte wie die des Watergate-Skandals, der Nixon zum Rücktritt gezwungen hatte, und so wiederholte ich es auch voller Enthusiasmus am selben Tag vor den Gästen eines Mittagessens im Hause der Kunstkritikerin Dore Ashton, unter denen sich unter anderen Allen Ginsberg und Susan Sonntag befanden.

Doch nichts dergleichen geschah. Jene Enthüllungen verbargen oder dämpften vielmehr einen anderen, größeren Skandal, den ein Ausschuss unter der Leitung des Senators John Kerry untersuchte und der die CIA und die Contras mit dem Drogenhandel in Verbindung brachte. Die Flugzeuge, die Kriegsmaterial zur Luftwaffenbasis von Palmerola in Honduras brachten, kamen vollbeladen mit Kokain in die USA zurück. Einer späteren Reportage der

„San José Mercury News" zufolge war es diese Operation, mit der der „Crack"-Handel in Kalifornien begann.

Die Komplizenschaft der iranischen Regierung bei der Finanzierung der Contra überraschte uns völlig. Auf Einladung des iranischen Premierministers Mir Hussein Mousari war ich in Begleitung unseres Handelsministers Alejandro Martínez Cuenca 1984 in Teheran gewesen, um über einen Ölkredit zu verhandeln; wir standen kurz davor, mit leeren Händen abzureisen, als sich der Parlamentspräsident Ajatollah Hashemi Rafsanjami einschaltete, der gleiche, der später als der Kopf hinter den Geheimabkommen mit Reagan genannt wurde, und der Kredit in Höhe von 38 Millionen Dollar wurde uns gewährt.

Das Privatflugzeug der Schwester des Schahs, eine Boing 737 mit Wasserhähnen aus reinem Gold in den Waschräumen, stand zu unserer Verfügung, und damit flogen wir nach Joranchar, an der Grenze zum Irak, unter dem Geleitschutz einer Staffel Tomcat-Jäger; als kleine Demonstration für uns wurden die Jäger in der Luft von Tankjumbos aus betankt. Joranchar, wo man ohne Unterlass den Geschützdonner hörte, war Block für Block von den sich zurückziehenden irakischen Truppen gesprengt worden, und die riesige Öde erinnerte mich an Managua, nachdem die Trümmer des Erdbebens von 1972 geräumt worden waren.

Bei einem Gastmahl für Abstinenzler, bei dem wir auf Matten am Boden saßen und das für das Gebet unterbrochen wurde, bei dem unsere Gastgeber uns einfach allein sitzen ließen, fragte ich den ruhmreichsten Helden der iranischen Luftwaffe, den sie „Der einsame Stern" nannten, wie sie die Tomcat-Jäger und die gesamte moderne Flugzeugflotte, die vom Schah übernommen worden war, in der Luft hielten, trotz des von den USA auferlegten Embargos. Mit völligem Ernst antwortete er mir, dies gelänge durch den Erfindungsreichtum ihrer Flugmechaniker, die die kompliziertesten Ersatzteile herzustellen vermochten, und durch den Schwarzmarkt. Erst als der Skandal bekannt wurde, erfuhr man, dass dies alles eher durch den Erfindungsreichtum von Oliver North möglich geworden war.

Später besuchte ich auch den Irak in einer ähnlichen Mission, die jedoch scheiterte, weil sich zur gleichen Zeit auch eine Delegation von uns unter Leitung des Präsidenten der Nationalversammlung, Carlos Núñez, in Teheran aufhielt; der Versuch, von zwei Ländern, die miteinander Krieg führten, Unterstützung zu bekommen, indem wir sie beide hofierten, war typisch für unsere Außenpolitik, die sehr kompliziert wurde und manches Mal ein überraschendes Maß an Kühnheit, andere Male an Schläue zeigte, und sehr gut entweder von genauen strategischen Überlegungen oder aber totaler Improvisation abhängen konnte.

Premierminister Mousari, der meinen Besuch mit einem Gegenbesuch in Managua beantwortet hatte, ließ mir 1988 mit der Delegation, die zu den Feiern des Jahrestags der Revolution kam, eine Botschaft zukommen, in der er seiner Irritation darüber Ausdruck gab, dass ich den Irak besucht hatte. Wir pflegten eine freundschaftliche Beziehung, und es gab keine bessere Gelegenheit für mich, ihm ausrichten zu lassen, ich sei noch viel irritierter darüber gewesen, dass sie in Abstimmung mit dem großen Satan USA die Contra unterstützt hatten.

Als die Revolution 1979 siegte, hatten wir keinerlei Kontakt zur Sowjetunion, die die Wahlbeteiligung der Kommunistischen Parteien in Lateinamerika förderte und den bewaffneten Befreiungsbewegungen mit Misstrauen begegnete.

Im Oktober 1977 hatte ich Don Manuel Mora Valverde, dem großen, alten Führer der Kommunisten Costa Ricas, die politischen Ziele der Offensive erklären müssen, die wir vorbereiteten. Er stimmte einem geheimen Treffen zu, so wie es die sowjetischen Spionagehandbücher vorschrieben, und nach vielen Umwegen und mehrfachem Fahrzeugwechsel landeten wir in Moravia, im Haus einer Universitätsprofessorin, mit der ich ohnehin befreundet war, wo er mich im halbverdunkelten Wohnzimmer erwartete. Als ich meine Erklärung beendet hatte, rückte er sich das falsche Gebiss zurecht und meinte nur lakonisch:

„Ich wünsche euch bei diesem Abenteuer viel Glück."

An einem jener hektischen Tage im Juli 1979 erhielt ich in meinem Büro im Regierungssitz einen Anruf von Gabo. Mit gewohnt verschwörerischem Unterton bat er mich darum, mich um einen Freund zu kümmern, der uns am folgenden Tag besuchen kommen wollte. Dieser stellte sich als Angehöriger der sowjetischen Botschaft in Mexiko vor, der wie jeder gute Russe Wladimir hieß. Er blieb und eröffnete ganz allein die sowjetische Vertretung in den leeren Räumen einer konfiszierten Villa, die wir ihm sofort zur Verfügung stellten.

Erst im Mai 1980 reiste die erste offizielle Delegation unter Führung von Moisés Hassan, Tomás Borge und Henry Ruiz (*Modesto*) nach Moskau. Zu diesem Zeitpunkt ging es schon um das strategische Bündnis, das wir uns wünschten und das die Sowjets immer mit großer Zurückhaltung betrachteten. Unser Ansinnen, Mitglieder des Rates für gegenseitige Wirtschaftshilfe der sozialistischen Länder zu werden, wurde immer wieder auf die lange Bank geschoben, obwohl die wirtschaftliche Zusammenarbeit, die auf weichen Krediten beruhte, mehr als großzügig war.

Die militärischen Abkommen zwischen uns kamen nie auch nur in die Nähe von Bündnissen, Verpflichtungen zur gegenseitigen Verteidigung oder der Stationierung sowjetischer Truppen auf nicaraguanischem Boden, sondern drehten sich eher um die Lieferung von Waffen, Ausrüstung und Munition und die Ausbildung regulärer Truppen durch Berater; doch in der Auseinandersetzung mit der Contra nützte die Kunst des Stellungskrieges recht wenig, wie sie ihnen auch in Afghanistan nur sehr wenig genützt hatte.

Im Zusammenhang der Entspannung zwischen den beiden Supermächten war die Sowjetunion von Anfang an nicht darauf aus, zusätzlich zu Kuba ein weiteres Spannungsgebiet gegenüber den USA in Lateinamerika zu eröffnen. Allerdings bedeutet dies nicht, dass sie durch ihre militärische Unterstützung den USA nicht zusätzlichen Konfliktstoff geliefert hätten, und so wurde auch Nicaragua zu einem der Szenarien des Kalten Krieges.

Die erste sowjetische Waffenlieferung fand unter Vorsichtsmaßnahmen, die sie selbst auferlegt hatten, über Algerien statt; wo sich jedoch die Vorsicht am besten beobachten ließ, war im Fall der Lieferung von MIG-Jägern, die im ersten Militärabkommen von 1981 enthalten war.

Die Luftstreitkräfte von Guatemala, El Salvador und Honduras hatten jede ihre eigenen Jägerstaffeln, und wir wollten ein defensives Gleichgewicht herstellen. Das Abfangen der Versorgungsflüge für die Contra, die ungestraft über die Radarschirme zogen, wurde jedoch eine Notwendigkeit, die nur die MIG gewährleisten konnten.

Mit großem Eifer wurde der Bau des für die MIG bestimmten Flugplatzes in Punta Huete, am Ostufer des Managua-Sees, begonnen; er verschlang trotz der kubanischen Unterstützung riesige Summen, die weit über unsere eigentlichen Möglichkeiten hinausgingen und war zu einem erheblichen Teil für die katastrophale Inflation verantwortlich. Tausende Tonnen Zement wurden über mehrere Monate hinweg in LKW-Karawanen von der Zementfabrik in San Rafael del Sur, deren Kapazität fast erschöpft war, an die Baustelle geliefert. Oft genug rechneten wir nach, dass die eingesetzten Mittel und Materialien ausgereicht hätten, eine asphaltierte Straße von Managua nach Puerto Cabezas an der Karibikküste zu bauen.

Die Landebahn lag in der Anflugschneise des Internationalen Flughafens Sandino von Managua, und jeder Passagier der zivilen Flüge konnte sie von seinem Fenster aus sehen, ganz zu schweigen von den SR-71, die jeden Tag das Gelände fotografierten. Man kann sie heute immer noch sehen, die lange, graue Piste auf der einsamen Ebene am Seeufer, nur ab und zu wird sie von den Rinderherden überquert, die in der Umgebung grasen, und ist täglich stärkerem Verfall ausgesetzt.

Als US-Außenminister George Schultz 1982 die Lieferung der MIG ankündigte, begannen die Sowjets, die Übergabe hinauszuzögern. Sie fand nie statt! In Bulgarien wurden damals schon sechzig Piloten an den Maschinen ausgebildet; sie kehrten später ohne Verwendung ihrer Qualifikation nach Nicaragua zurück.

Fidel Castro schlug uns immer wieder vor, wir sollten das Projekt aufgeben, denn er war sicher, die Maschinen würden am Boden zerstört werden, bevor sie überhaupt starten könnten; er riet uns, statt dessen MI-25-Hubschrauber zu nehmen, die modernsten, die die Sowjets besaßen und die sich später wegen ihrer Manövrierfähigkeit und Angriffskapazität als entscheidend erwiesen. Doch gab es Widerstand in unseren Reihen, bevor wir den Tausch annahmen. Die offenkundige Tatsache, dass die Sowjets ihre eigenen strategischen Interessen besaßen und wir nicht zu ihren Prioritäten gehörten, vor allem nach dem Amtsantritt

Gorbatschows 1985, bedeutete einen bitteren Verlust von Illusionen.

Bei einem Besuch in Frankreich im Dezember 1981 auf Einladung des damaligen Landwirtschaftsministers Lionel Jospin bat Jaime Wheelock die eben ins Amt gekommene Regierung Mitterand, sie solle uns auf Kreditbasis Mirage-Jäger verkaufen. Das kam natürlich nicht zustande, aber wir erhielten Vedette-Küstenwachboote, Aufklärungshubschrauber vom Typ „Alouette" und Militärlastwagen. Wie uns Régis Debray damals sagte, der als Berater der sozialistischen Regierung an den Verhandlungen teilnahm, sollten wir mit dieser Geste davon abgebracht werden, zu sehr in Abhängigkeit vom sowjetischen Block zu geraten. Doch war es eben nicht mehr als dies: eine Geste, die nicht die Dinge umfasste, die für einen Krieg wie den, dem wir uns gegenüber sahen, notwendig waren, und die wir nur aus dem sowjetischen Lager und aus Kuba bekommen konnten.

Kurz nach der Wahl Papandreus zum griechischen Premierminister traf ich ihn 1984 in Athen. Nachdem ich ihm meine ewige Liste von erbetenen Hilfsgütern vorgelegt hatte, fragte er mich zu meinem Erstaunen, ob wir nicht auch Waffen brauchten. Ich beeilte mich ja zu sagen, und da bot er mir zehntausend G-3-Gewehre an, das Sturmgewehr der Nato, die ohne Schwierigkeiten den Hafen von Corinto erreichten. Auch die griechischen Sozialisten wollten uns, ohne genügend Kraft dazu zu haben, von den Blöcken des Kalten Krieges weg bekommen.

Im Jahre 1986 war Margaret Thatcher bereit, mich in der Downing Street zu empfangen, nach den Regeln eines strikten und diskreten Protokolls. Sie erwartete mich am Fuß der Treppe, die zu ihrem Arbeitszimmer führte, die Handtasche unter den Arm geklemmt und die Haare mit Haarspray toupiert wie die Damen meines Heimatortes zu Hochzeiten und Totenwachen, und sie gab mir die Hand, so oft die Fotografen es von ihr verlangten, mit einem mechanischen, unpersönlichen Händedruck.

Es begleitete mich Nora Astorga, die damals stellvertretende Außenministerin war. Als wir uns zum Gespräch setzten, nahm die Thatcher aus ihrem Schreibtisch eine Akte, die sie immer wieder öffnete, wenn sie meinte, keine Argumente mehr zu haben; in ihr hielt sie auch die Liste mit den Beweisen unserer Anlehnung an den Sowjetblock bereit, von denen der erste die MI-25-Hubschrauber waren, die sie ein ums andre Mal *tremendous*, ungeheuerlich, nannte. Während die Premierministerin sprach, lehnte sich Norita zu mir herüber, was sie wütend werden ließ. Ablenkungen gestattete sie nicht. Um ihren Behauptungen etwas entgegenzusetzen, führte ich die Lieferungen von Kriegsmaterial aus Frankreich an, doch schien sie mir nicht zuzuhören; als ich aber die Gewehre erwähnte, die uns Papandreu geschickt hatte, fuhr sie zornig auf:

„Papandreu!", rief sie, so als wolle sie es nicht glauben. „Und all das Geld, das wir ihm in der Europäischen Gemeinschaft an Subventionen für die Landwirtschaft zahlen!"

Anschließend bot sie mir jedoch Tee an, den sie selbst wie eine gute Hausfrau einschenkte, und die Unterhaltung wurde freundlicher und entspannter.

Niemals sahen wir das Ausmaß der Ereignisse voraus, die zur Auflösung des Sowjetblocks führten, unseres so sehr ersehnten strategischen Verteidigungsschildes. Als Boris Jeltzin, damals Bürgermeister von Moskau und stellvertretendes Mitglied des Politbüros der KPdSU, Anfang 1988 Nicaragua besuchte, klang seine Botschaft beruhigend: Die Perestroika sollte dazu dienen, die Sowjetmacht und ihre Rolle in der Welt zu stärken. Ohne seine zukünftige Rolle damals auch nur im entferntesten zu ahnen, hatte ich den Eindruck, er sei einer der Hardliner der alten Garde, einer von denen, die ein Experiment zulassen, solange es keine allzu großen Risiken mit sich bringt.

Bei einer der langen Sitzungen, die wir mit ihm hinter verschlossenen Türen abhielten, befragte ich ihn unter anderem zur wirklichen Reichweite von Glasnost und über die tatsächliche Bewegungsfreiheit von Schriftstellern und Künstlern.

„Wir haben jetzt die offiziellen Galerien all den schlechten Malern geöffnet, die als Dissidenten berühmt geworden sind. Jetzt, wo sie nicht mehr verboten sind, wird sie niemand mehr hören wollen, und sie werden schon aufhören, Ärger zu machen", meinte er, offensichtlich zufrieden über die schlaue Lösung.

Ruppig und ungehobelt wie er war, fand niemand ihn sympathisch. Trotz alledem war er der höchste Funktionär, der uns je besucht hatte; und als er an der Lagune von Jiloá beschloss, splitternackt ins Wasser zu steigen, gab es unter uns durchaus welche, die sich beeilten, ihm gleichfalls nackt Gesellschaft zu leisten. Immerhin hatte er uns versichert, dass die sowjetische Unterstützung für die Revolution unverändert weitergehen würde.

Doch als beim fortgeschrittenen Stand der Verhandlungen Kasimirow auf der Bildfläche erschien, der neue Chef der Amerikaabteilung des sowjetischen Außenministeriums unter Schewardnaze, enthielt seine Botschaft, wenn auch mit freundlichen Ausflüchten vorgetragen, genau das Gegenteil: Wir sollten eine rasche Verständigung mit den Vereinigten Staaten suchen, den Krieg beenden und finanzielle Unterstützung durch den Westen erreichen; sie könnten eine solch schwere Last nicht mehr tragen. Und wir sollten das Modell der gemischten Wirtschaft beibehalten, um Vertrauen zu gewinnen.

Außerdem hatte die Sowjetunion geheime Gespräche mit den USA begonnen, mit einer konkreten Tagesordnung, die sich um Nicaragua und eine Verhandlungslösung des Mittelamerikakonflikts drehten; sie wurden von eben jenem Kasimirov geführt. Diese Gespräche, die zum Ende der Präsidentschaft von Reagan begannen, wurden unter der Regierung Bush weitergeführt, zunächst mit Elliot Abrams, dann mit Bernie Aronson als Gegenüber.

Der Konflikt um Nicaragua näherte sich seinem Ende. Doch das Ende nahte auch für unsere fernen Paten, genauso wie für uns selbst.

8. Kapitel

Die wahrscheinliche Nummer dreizehn

Wenige Tage, bevor Pedro Joaquín Chamorro umgebracht wurde, hatte ich von ihm einen mit seinen Initialen unterzeichneten Zettel erhalten, auf dem er mir Leonardo Jerez, den Eigentümer der Hosenfabrik „Búfalo" in Rivas, als einen absolut vertrauenswürdigen Freund vorstellte. „Bitte kümmere Dich ohne jeden Vorbehalt um ihn", bat er mich und schloss mit einem: „Umarmungen für alle". „Ohne jeden Vorbehalt" bedeutete, dass ich mit Fabrikanten konspirieren konnte. „Alle", das waren die Mitglieder der „Gruppe der Zwölf".

Pedro Joaquín wurde am 10. Januar 1978 ermordet. Mundo Jarquín, sein enger Freund und wichtigster Mitarbeiter in der „Unión Democrática de Liberación (UDEL)" hatte sich drei Tage zuvor in San José mit den „Zwölfen" getroffen. Wir versuchten, ein Bündnis hinzubekommen und mussten so schnell wie möglich einen Weg zurücklegen, der mit gegenseitigem Misstrauen vermint war, was die Zusammenkunft nicht leicht gemacht hatte. Pedro Joaquín war sich klar darüber, dass die „Zwölf" zum „Tercerista"-Flügel der FSLN gehörten, mit dem er zu einer Vereinbarung gelangen wollte, doch einige Mitglieder der Gruppe, von denen man es am wenigsten erwartet hätte, unter ihnen Doktor Cuadra Chamorro, zeigten sich unnachgiebig und misstrauten UDEL und sogar Pedro Joaquín persönlich.

UDEL vereinte in sich von Dissidenten Somozas bis Sozialisten sowjetischer Prägung und vertrat Positionen, die sich von denen der alten Parteien der Rechten deutlich unterschieden. Doch noch das Wort „Liberación", Befreiung, das sowohl zum Namen der FSLN als auch von UDEL gehörte, war Gegenstand des Streits, und zwar nicht gerade eines semantischen. Für die bewaffnete Tradition der FSLN gab es nur die Befreiung der Klasse; und aus der Perspektive von UDEL, die von ihren sozialistischen Mitgliedern nicht in Frage gestellt wurde, schloss eine demokratische Befreiung die Ablehnung eines Totalitarismus ein, der in der bewaffneten enthalten war.

So gab es also gegenseitigen Argwohn. Doch Mundo Jarquín erinnert sich, dass Mitte Dezember 1977 eine Gruppe Sympathisanten des GPP-Flügels eine Versammlung von UDEL in Matagalpa mit den Rufen: „UDEL, Los Doce y Somoza son la misma cosa!" – UDEL, Die Zwölf und Somoza sind ein- und dasselbe – stürmten, und diese Parole überzeugte Pedro Joaquín davon, dass die „Terceristas" genauso dem kritischen Blick der Orthodoxen ausgesetzt waren, und dass man zusammenarbeiten konnte.

Mundo kehrte am Sonntagmorgen, dem 8. Januar, mit der Sechs-Uhr-Maschine nach Managua zurück, und im Morgengrauen rief er mich vom Hotel aus an, um mir klar zu machen, wie besorgt er abreiste, weil die Zusammenkunft kaum Ergebnisse erzielt hatte. Ich bat ihn, auf mich zu warten, ich würde ihn zum Flughafen bringen, und unterwegs versuchte ich ihn zu beruhigen. Ich sagte ihm, dass das Misstrauen schon in den Hintergrund treten würde gegenüber der Notwendigkeit, uns all dem zu stellen, was noch kommen sollte, was ohne Zweifel das Schwierigste sein würde; und dass er Pedro Joaquín sagen solle, beim nächsten Treffen mit ihm würde alles geklärt werden.

Im Februar wurde in Cancún die Jahresvollversammlung der „Interamerican Press Society (IPS)" abgehalten, und unter diesem Vorwand wollte Pedro Joaquín nach Mexiko reisen, um sich mit Daniel und mir zu treffen. Aber zu dieser Zusammenkunft kam es nicht mehr. Als er an jenem Sonntag Mundo bei dessen Rückkehr aus San José vom Flughafen abholte, begierig auf die Neuigkeiten, die er mitbrachte, waren ihm die Killer schon auf den Fersen, und das Foto vom Flughafen, auf dem er Mundo umarmt, war das letzte, was jemals von ihm gemacht wurde.

Als er mir Wochen zuvor seinen Band mit Erzählungen „Das Rätsel der deutschen Frauen" schickte, hatte er als Widmung hinein geschrieben: „Für Sergio, von der wahrscheinlichen Nummer Dreizehn. Mit einer Umarmung, PJCH". Das sagte er nicht etwa, weil er sich der „Gruppe der Zwölf" anschließen wollte, eine solche Anspielung passte nicht zu seinem stolzen Charakter, sondern weil gegen uns, die Mitglieder der Gruppe, schon ein Haftbefehl Somozas vorlag, und auch er spürte, dass er jederzeit verhaftet werden konnte, wie es ihm schon so oft ergangen war.

Offen und ehrlich wie er war, oft auch unsympathisch wegen seiner Offenheit, galt Pedro Joaquín als das schwarze Schaf der Oligarchie, das schuldig geworden war, sich nie der Konservativen Partei angeschlossen zu haben, der Partei der unehrenhaften Abkommen mit dem Diktator. Als Dissident seiner eigenen Klasse, von Somoza gehasst und von den nordamerikanischen Botschaftern und der bewaffneten Linken gleichermaßen mit Misstrauen verfolgt, war er ein Freidenker im besten Sinne. Als Carlos Fonseca im Zentralgefängnis von San José einsaß, hatte er im August 1969 seinen Besuch nicht empfangen wollen. Nie stand er sich mit irgendjemandem wirklich gut, obwohl seine Zeitung „La Prensa" die meist verkaufte Zeitung Nicaraguas war.

Ich hatte ihn 1963 während des Studiums kennengelernt, als der Rektor der Universität Mariano Fiallos Gil in seinem Haus im Badeort Poneloya einen geselligen Abend für ihn organisierte, bei dem die einzigen Gäste die führenden Köpfe der „Frente Estudiantil Revolucionario (FER)" waren, damit es zu einem Dialog kommen konnte. Wir hatten die Einladung nur zögernd angenommen. Pedro Joaquín kam uns verdächtig vor, obwohl er sich 1959 bewaffnet gegen Somoza erhoben hatte. Verdächtig wegen seines Antikommunismus, wegen seines Familiennamens, wegen „La Prensa", wegen der IPS.

Der Schlagabtausch ging bis gegen Mitternacht, alle waren durch den Rum in Fahrt gekommen und das Wortgefecht immer lauter geworden; Pedro Joaquín war kein Mann, den man leicht besiegen oder überzeugen konnte. In einem bestimmten Augenblick, als er sich bedrängt wie er war gegen die Rufe Gehör zu verschaffen suchte, um auf die Vorwürfe zu antworten, er wolle ja gar keine echten Veränderungen, sagte er, er wisse sehr wohl, dass das Problem nicht nur Somoza sei, sondern dass es darum gehe, für immer mit der Korruption aufzuräumen, den Armen Ausbildungsmöglichkeiten zu geben, eine Agrarreform zu machen.

Danilo Rosales, der später kurz vor dem Ende seines Medizinstudiums zur Guerilla ging und 1967 in Pancasán umgebracht wurde, fragte ihn spöttisch, wie er denn all die Veränderungen erreichen wolle: Ob er sich trauen würde, sie auch auf Teufel komm raus zu versuchen? Worauf er, erregt wie er war, antwortete:

„Ja, klar! Auf Teufel komm raus, verdammt noch mal!"

Da zollten wir ihm unter Hochrufen Beifall.

Das waren die Jahre, in denen er die Öffentlichkeitsarbeit für den Doktor Fernando Agüero leitete, einen Augenarzt mit schwülstiger Redeweise und dem Charisma, das er, Pero Joaquín, nicht besaß, fähig, überall dort, wo er auftrat, große Menschenmengen zusammenzutrommeln. Doch Agüero, der führende Kopf der Konservativen Partei, war für uns auch nicht vertrauenswürdig. Mehrere von uns, die wir an dem Abend in Poneloya teilgenommen hatten, stiegen eines Sonntagsmorgens auf das Dach des Klosters „La Merced", um uns eine dieser Kundgebungen anzusehen und entdeckten Pedro Joaquín, wie er auf dem First eines Hauses, auf dessen Balkon Agüero eine Rede hielt, dem Fotografen der „Prensa" Anweisungen gab, wie er die Menge ablichten sollte.

Als Agüero schließlich mit Somoza ein Bündnis schloss, verbannte ihn Pedro Joaquín von den Seiten der „Prensa", wo er nur noch erwähnt wurde, um sich über seine scheinbare Macht lustig zu machen, die er als Mitglied des Triumvirats genoss, in dem Somoza zwei willige Marionetten hatte. Agüero ließ die Sirenen heulen, wenn er mit dem Wagen von seinem Haus zum Präsidentenpalast fuhr, und darin erschöpfte sich auch schon seine ganze Pracht.

Nur durch die Literatur wurden wir damals Freunde, weil er meine Geschichten las, und wenn ich die Redaktion von „La Prensa" besuchte, wo es im Büro von Pablo Antonio Cuadra immer ein langes, lebhaftes Gespräch gab, dann gesellte er sich ein wenig schüchtern dazu, um sich zu beteiligen, obwohl er eigentlich schon den hervorragenden Erzähler in sich trug, der er später wurde, als ihn die langen Zeiten des Leerlaufs, die ihm Somoza durch die wiederholte Schließung der Zeitung bereitete, mit Gewalt zum Schriftsteller machten.

Nach dem Erdbeben von Managua schrieb ich ihm einen Brief und übermittelte ihm das Angebot des Journalisten Julio Suñol, die „Prensa" in der Druckerei der Zeitung „La República" in San José zu drucken, bis die zerstörte Rotationsmaschine wieder in Gang gebracht war. Sein Antwortbrief klang mutlos und voller Ironie: Wenn Somozas Nationalgarde sich die Hilfsgüter für die Opfer schon auf dem Flughafen unter den Nagel riss, dann würden sie das mit den Zeitungsbündeln genauso tun, die dem Vorschlag entsprechend per Flugzeug nach Managua gebracht werden sollten.

Doch als ich 1975 aus Deutschland zurückkehrte, gelang es uns, etwas Ähnliches zu realisieren; er vertraute mir die Leitung der „Prensa Literaria Centroamericana" an, eine Monatszeitschrift, deren Redaktion ihren Sitz in San José hatte, wo wir auch den Satz machten, während die Zeitschrift selbst dann auf der Rotationsmaschine der „Prensa" in Managua gedruckt wurde. Das war ein ehrgeiziges und teures Projekt, das nicht lange währte. Als er mich im Oktober 1976 ins Restaurant „Los Ranchos" in Managua zum Essen einlud, um mir das Ende des Projekts mitzuteilen, sahen wir uns zum letzten Mal.

Damals hätte niemand vorhersagen können, dass ich es sein würde, der seiner Witwe Violeta im Juni 1979 den Vorschlag zu überbringen hatte, sich an der Regierungsjunta zu beteiligen, die Somoza ablösen sollte.

Violeta hatte angesichts der drohenden Gefahr, dass der Krieg sich verschärfen würde, Nicaragua verlassen und lebte im Haus ihrer Tochter Claudia im Statdteil „Los Yoses" von San José, wo wir Nachbarn waren. Claudia und ihr Mann José Bárcenas, jetzt im Exil, hatten in Managua mit der FSLN zusammengearbeitet, und in den Tagen, als die Offensive vom September 1978 vorbereitet wurde, pflegte ich mich in ihrem Haus an der Landstraße nach León mit Joaquín Cuadra (*Rodrigo*) und dem „Gordo Pín" zu treffen. Ich weiß noch, dass sie bei einem dieser Besuche spät in der Nacht ins Hospital fahren mussten, weil ihr nur wenige Monate alter Sohn Fadrique unablässig schrie, und nicht mehr zurück kehrten, weil das Kind wegen eines Darmverschlusses sofort operiert werden musste.

Violeta lehnte meinen Vorschlag zunächst entsetzt ab, fragte jedoch ihre Kinder um Rat, und entgegen ihrer eigenen Erwartung unterstützten sie alle den Vorschlag. Von Claudias Haus aus telefonierte ich mit Pedro Joaquín, ihrem ältesten Sohn, der noch in Managua lebte und auch einverstanden war, wobei er mich darauf hinwies, dass seine Mutter keinerlei politische Erfahrung habe; doch das wussten wir nur allzu gut.

Später in der Regierung wurde Claudia ihre Privatsekretärin; deren tagtägliche Warnungen, ihre Mutter fühle sich wegen ihrer sporadischen Aufgaben nutzlos und isoliert und würde sich schließlich weigern, eine so reduzierte Rolle weiter zu spielen, wurden nicht gehört. Wir hatten auch keine Bedenken, dass das unablässige Durchsetzen unserer Mehrheit in den Abstimmungen der Regierungsjunta zu ihrem Rücktritt beitragen könnte.

Außerdem hätte damals niemand voraussagen können, dass sie uns Jahre später bei den Wahlen besiegen würde und dass ihre Präsidentschaft eine sehr beachtliche werden würde. Mit offensichtlicher Unerfahrenheit und Naivität gelang es ihr, ihre gesamte Amtszeit zu überstehen, verbarg mit ihrem oft beinahe kindlichen Verhalten eine beneidenswerte Weisheit und gab in schlichter Sprache Lektionen in allgemeiner Vernunft.

Der Mord an Pedro Joaquín im Jahre 1978 setzte Nicaragua in Brand, wie er es lebend nie hätte schaffen können, und gab dem Kampf eine neue Wendung. In jener Nacht brandschatzte die wütende Menge die Firma „Plasmaféresis", das Unternehmen Somozas, das den Armen ihr Blut abkaufte, und weitere Firmen der Familie an der nördlichen Ausfallstraße in der Umgebung von „La Prensa". Am 21. Januar kündigten nach einer Gedenkmesse in der Magdalena-Kirche in Monimbó, dem indianischen Viertel von Masaya, die ersten Scharmützel die Rebellion der Bewohner an, die mehr als einen Monat dauern sollte. Dabei bedeckten die Masken, die bei den traditionellen Tänzen getragen wurden, die Gesichter der Kämpfer hinter den Barrikaden, und die Kontaktbomben, eine Erfindung jener Tage ungleichen Widerstands, sollten in der ganzen Welt widerhallen.

Ich befand mich mit Ernesto Cardenal in Kuba, als Mitglieder der Jury für den Preis der „Casa de las Américas", und unter diesem Vorwand bemühten wir uns auch um Unterstützung für die „Terceristas", als der Aufstand in Monimbó begann. Unser Plan war es gewesen, über kurz oder lang die Städte Rivas und Granada einzunehmen, wozu unter der Leitung von Camilo Ortega, des jüngeren Bruders von Humberto und Daniel, die Vorbereitungen liefen; doch der unerwartete Aufstand von Monimbó musste diesen Plan notwendigerweise beschleunigen. Außerdem rief die Führung des Unternehmerverbandes COSIP unter dem Druck der jungen Unternehmen zu einem nationalen Streik gegen Somoza auf, etwas, das absolut ungewöhnlich war.

Die Protestdemonstrationen in Managua und anderen Städten und die Scharmützel nahmen zu, während den regelmäßigen Berichten von „Radio Reloj" aus Havanna zufolge die Nationalgarde den Ring um Masaya immer enger schloss. Ich wusste, dass die Gewehre, die von Costa Rica aus für den Angriff auf Granada und Rivas geschickt wurden, selbst wenn sie nach Monimbó umgeleitet würden, nicht ausreichten um die Hunderte von aufständischen jungen Leuten zu bewaffnen, in der Mehrzahl Kunsthandwerker, die bis dahin in ihren häuslichen Werkstätten Feuerwerkskörper, Hängematten, Seile, Möbel und Holzspielzeug gefertigt hatten und jetzt mit alten Pistolen, Jagdgewehren, selbstgebastelten Flinten und den Kontaktbomben Widerstand leisteten. Camilo Ortega sollte in „Los Sabogales", in er Nähe von Monimbó, ums Leben kommen, bei dem Versuch, Unterstützung für sie zu organisieren.

Wir Mitglieder der Jury waren in jenen Tagen im Hotel Hanabanilla in den Escambray-Bergen versammelt, und am selben Abend, als Haydée Santamaría erschien, die Direktorin der „Casa de las Américas", drängte ich Ernesto Cardenal dazu, ihr nahezulegen, dass wir dringend zurückreisen müssten. Die politischen Gespräche der Reise waren schon in Havanna mit wenig ermutigenden Ergebnissen erledigt worden.

„Somoza ist dabei, gestürzt zu werden!", sagte Ernesto sehr dramatisch zu ihr und hob die Arme. „Das ganze Volk hat sich erhoben, sogar die Kapitalisten. Sergio und ich müssen sofort zurück."

„Wenn ich die Jury gehen lasse, gibt es keinen Preis", antwortete sie mit freundlicher Unnachgiebigkeit.

Doch so verspielt, wie sie war, half es, dass sie in Cienfuegos ihre Begleitmannschaft abgehängt hatte und allein ins Hotel gekommen war, wohl wissend, dass sie bald eingeholt werden würde. Sie schlug uns vor, ihr dabei zu helfen, sich in ihrem Hotelzimmer zu verschanzen, und das taten wir dann auch bis gegen Mitternacht, gemeinsam mit Chico Buarque, Ignacio Loyola Brandao, Tito Monterroso und Manuel Mejía Vallejo, die alle auch zur Jury gehörten. Das Spiel machte uns die Verhandlung leichter, und schließlich verabredeten wir, dass Ernesto bis zum Ende der Jury-Gespräche bleiben würde, während ich fahren konnte.

Die Jury-Mitglieder gaben mir ein Abschiedsfest, und angesichts der Nachrichten, die aus Nicaragua kamen, und der Hoffnung aller darauf, dass Somoza fiel, erklärte mich Manuel Mejía Vallejo, ohne meine wirkliche Beteiligung an der Verschwörung zu kennen oder sie vielleicht vermutend, in einer Rede voller hochtrabender kolumbianischer Worte zum Präsidenten der zukünftigen Regierung.

Er lag damit gar nicht so verkehrt, denn als ich nach San José zurückkehrte, war ich inzwischen von der Führung der „Terceristas" und den „Zwölf" zum Präsidenten der Schattenregierung erklärt worden, weil Felipe Mántica sich aus der Verschwörung zurückgezogen hatte. Bis im Juni des folgenden Jahres die Regierungsjunta gebildet wurde, blieb ich der Präsident dieser Regierung, die niemals existierte.

In Havanna hatte Ernesto Cardenal durch Haydée Santamaría um ein Treffen mit Fidel Castro gebeten, um ihm die Pläne der „Terceristas" zu erklären und um seine Unterstützung zu bitten. Die beiden kannten sich schon von einer früheren Reise Ernestos; damals hatten sie ein langes Gespräch über Sozialismus und Religion geführt, das Ernesto in seinem Buch „In Kuba" wiedergibt. Doch diesmal wurde ihm ein Besuch nicht zugestanden.

Bis dahin kannten die Kubaner nur den GPP-Flügel, der ein Büro in Havanna unterhielt. Allerdings hatte ich vor der Zusammenkunft im Hotel in Escambray Manuel Piñeiro treffen können, den Chef der Amerikaabteilung der Kommunistischen Partei. Bei unserem Gespräch wiederholte er immer wieder, wie wichtig unsere Einheit sei; doch in seinen Worten spürte ich, dass die Identifizierung der Kubaner mit den „Terceristas" nur sehr gering war, weil wir uns nicht an die Regel vom Guerilla-Fokus hielten, und weil man kein Verständnis für unsere Bündnispolitik aufbrachte. Und obwohl er mir als besondere Aufmerksamkeit eine Stunde Schießen in einem der Ausbildungszentren in der Nähe von Havanna angedeihen ließ, bei der nicht mehr herauskam als ein blauer Fleck vom Rückstoß des Gewehrkolbens an der Schulter, war es nicht möglich, irgendeine Zusage der Unterstützung zu bekommen.

Fidel blieb seinerseits immer eine nahezu unerreichbare Figur für die sandinistischen Guerillaführer, je unerreichbarer, umso mythischer. Carlos Fonseca erreichte, als er in Havanna lebte, nie eine Unterredung mit ihm und die anderen führenden Köpfe genauso wenig. Sie mussten sich damit begnügen ihn von weitem zu sehen, oben auf der Rednertribüne bei den großen Kundgebungen auf der „Plaza de la Revolución". Germán Pomares (*El Danto*) erzählt in seinen Erinnerungen, dass er 1961 Schlange stand, um darauf zu warten, dass Fidel vorbeikäme, um die Menschen zu begrüßen. „Wenn ich in Nicaragua erzähle, dass ich ihm die Hand gegeben habe, glaubt mir das kein Mensch", sagte er da.

Dies alles sollte sich freilich sehr schnell ändern. Ein Jahr nach jenen Tagen des Aufstands von Monimbó war Fidel persönlich mit dem Schicksal der Revolution in Nicaragua beschäftigt. Sein mythisches Prestige sollte entscheidend dafür sein, dass die Führer der drei sandinistischen Flügel eine Vereinbarung zur Einheit annahmen; und seine Rolle beim Sieg über Somoza sollte auch entscheidend werden, als er uns über Panama und Costa Rica reichlich mit Waffen ausstattete.

In den ersten Februartagen des Jahres 1978 kehrte ich aus Havanna zurück, kurz vor den Angriffsaktionen auf Granada und Rivas. In Granada kamen die Guerilleros, die Gesichter mit rot-schwarzen Halstüchern vermummt, um Mitternacht aus ihren Verstecken, viele von ihnen sogar aus den Herrenhäusern der „Calle Atravesada", doch obwohl es ihnen gelang, die Nationalgarde im Militärstützpunkt des alten Pulvermagazins festzuhalten, mussten sie sich bei Tagesanbruch zurückziehen, als aus Managua Verstärkung für das Militär kam. In Rivas waren die Kämpfe heftiger, weil die Angreifer über schwere Waffen verfügten, darunter das 50mm-Maschinengewehr von Don Pepe Figueres, mit dem Francisco (*Panchito*) Gutiérrez die gesamte Zeit der Belagerung über auf den Militärposten feuerte, bis er, als auch hier der Rückzug angetreten wurde, tödlich getroffen wurde.

Der Tod von Pedro Joaquín hatte alle von der Notwendigkeit der Einheit überzeugt, und man begann, den bewaffneten Kampf als die einzige Möglichkeit zu sehen, die Diktatur Somozas zu beenden. Es entstand eine Gruppe junger Unternehmer unter Führung von Alfonso Robelo, dieselben, die schon den Unternehmerverband COSIP dazu gedrängt hatten, zum Streik aufzurufen, und sie bildeten das „Movimiento Democrático Nicaragüense" (MDN), das zu einem wichtigen Rekrutierungsbecken für die FSLN selbst werden sollte. Diese Tatsache und jene, dass bei UDEL Rafael Córdoba Rivas die Führung übernahm, ein redlicher konservativer Rechtsanwalt, der seit seiner Jugend gegen Somoza gekämpft hatte, machte es möglich, dass der Weg für Bündnisse breiter wurde. Nach dem Rücktritt von Robelo und Violeta Chamorro im Jahre 1980 nahmen er und Arturo Cruz ihre Plätze in der Regierungsjunta ein.

Es entstanden auch neue Volksorganisationen unter den Bewohnern der Armenviertel von Frauen, Jugendlichen, Studenten, revolutionären Christen; die meisten von ihnen unter dem Einfluss der Flügel der FSLN, und gemeinsam mit den Gewerkschaften und den kleinen Parteien der Linken bildeten sie das „Movimiento Pueblo Unido" (MPU), aus dem viele der Anführer des bewaffneten Kampfes hervorgehen sollten.

Die Aufgabe der „Gruppe der Zwölf" lag jetzt im Lande selbst. Es war nötig, dem Aufstand, der zwangsläufig stärker werden würde, politisches Gewicht zu verleihen und die Einheit aller gegen die Diktatur zu schaffen. So beschlossen wir, trotz des Haftbefehls Somozas nach Nicaragua zurückzukehren, und so kündigten wir dies auch an. So kamen wir endlich nach vielen erfolglosen Versuchen, weil die Airlines das Verbot erhalten hatten, uns zu befördern, am 5. Juli 1978 in Managua an.

Im Flughafenterminal schien alles ruhig. Der Grenzbeamte, den ich gut kannte, weil er mir immer den Pass abnahm und lange kontrollierte, wenn ich nach Nicaragua kam, erwartete uns am Fuß der Gangway der „Electra" der Fluggesellschaft COPA und bat mich mit kalter Höflichkeit um unser aller Pässe. Dabei wies er mich darauf hin, dass man uns nicht verhaftete, sondern uns nur eine protokollarische Behandlung angedeihen lassen wolle. Doch als wir den Zollbereich betraten, sahen wir, dass dort die wirkliche Begrüßung Somozas auf uns wartete: Nicolasa Sevilla und ihre Sturmtruppe.

Nicolasa Sevilla war eine Stadt bekannte Bordellbesitzerin in Managua und gleichzeitig die Anführerin der „Frentes Populares Somocistas", einer Horde von Schlächtern, die aus den Märkten und Dörfern zusammengeholt worden waren und dazu eingesetzt wurden, die Demonstrationen der Opposition mit dem Knüppel aufzulösen, oder um Anschläge vorzunehmen. Einer von ihnen, „Cara de Piedra", hatte mit seiner Flinte den Körper von Pedro Joaquín Chamorro mit Schrot durchsiebt. Sie hatten den Auftrag uns einzuschüchtern, und Nicolasa, am Arm eine riesige Lackhandtasche, beäugte uns grinsend und herausfordernd mit ihren Mäuseaugen.

Doch da hörten wir einen ungeduldigen, verhaltenen Lärm, der von draußen herein drang, ohne uns das Ausmaß des Empfangs vorzustellen, der uns dort erwartete. Schon seit Stunden hielten die Menschen den Flughafen besetzt, ohne dass die Militärs es hätten verhindern können; die Marmorwände der Haupthalle waren mit allen möglichen subversiven Parolen bemalt worden, deren bemerkenswerteste „Augusto-César-Sandino-Flughafen" lautete, so wie er von da an weiter genannt werden sollte. Als wir auf den Parkplatz und ins gleißende Sonnenlicht hinaustraten, hob man uns auf die Ladefläche eines Kleinlasters, auf dessen Fahrerhaus ein Lautsprecher installiert war; irgendjemand drückte mir ein Mikrophon in die Hand, und ich begann zu sprechen, vor einer Menge, die Willkommensschilder schwenkte, nicaraguanische Fahnen und sandinistische Fahnen, und ich erinnere mich nur noch, dass ich sagte, die Diktatur sei eine unbeerdigte Leiche, und wir kämen sie zu begraben.

Der Laster fuhr los und bahnte sich langsam seinen Weg durch die Menge; Doktor Rafael Córdoba Rivas, der Präsident von UDEL, und Reinaldo Téfel, der sich danach der „Gruppe der Zwölf" anschloss, hatten die Begrüßung organisiert und standen jetzt bei uns oben. Während wir auf der nördlichen Ausfallstraße stadteinwärts fuhren, schallte aus dem Lautsprecher ein ums andere Mal das Lied der chilenischen Gruppe „Los Quilapayún" mit seinem Refrain: *„El pueblo unido jamás será vencido"*, und so wie die Liebeslieder einen oft an eine bestimmte Nacht erinnern, so erinnert mich dieses Lied an jenen Tag und die, die folgten, als wir bei anderen Demonstrationen in ganz Nicaragua zusammen gingen:

Und du wirst dann
gemeinsam mit mir geh'n
und wirst dann sehen
dein Vaterland und seine Fahne erblüh'n
im Licht des neuen Morgens glüh'n
der heut' schon zeigt
das Leben, das bald kommt.

Die Menschen folgten uns in endlosem Strom über die nördliche Ausfallstraße in die Stadt, und auch an der Spitze schwoll der Zug immer mehr an; die Leute kamen zu Fuß, auf Fahrrädern, mit dem Motorrad, kletterten im Staub die Böschung herunter, strömten aus den Fabriken, verließen ihre Häuser, liefen aus den Seitenstraßen herbei; ganze Schulklassen, die ihren Unterricht Unterricht sein ließen, Lieferwagenfahrer in ihren Firmenuniformen, Büro- und Bankangestellte mit Krawatte, Krankenschwestern in weißer Tracht; die Busse leerten sich bei unserem Vorbeikommen oder die Fahrgäste grüßten von den Fenstern aus, die Fahrer der Fahrzeuge, die im Stau stecken blieben, hoben jubelnd die Arme. Fünf Stunden brauchten wir, um die Stadt auf der Umgehungsstraße zu durchqueren, bis wir die Landstraße nach Masaya erreichten, um nach Monimbó weiterzufahren, wo uns die Bewohner seit dem Mittag in ebenso vollen Straßen erwarteten.

Als wir zum „Camino de Oriente" kamen, kurz hinter dem Stadtteil „Centroamérica", waren die ersten Schüsse zu hören, denn die Einsatzwagen der Nationalgarde versuchten durch Schüsse in die Luft und Tränengasgranaten die jungen Leute zu vertreiben, die Parolen auf die Wände sprühten. Im Polizeifunk, den die Leute damals schon abhörten, was später, als der Befreiungskrieg voll ausbrach, ein richtiger Sport hinter verschlossenen Türen werden sollte, erklang die wütende Stimme von Oberst Alesio Gutiérrez, des Polizeichefs von Managua, der die Streifen anwies, ja nicht in der Nähe des Wagens mit den zwölf Aposteln zu schießen, wie man uns im Polizeijargon damals nannte.

Er hatte den Befehl, darauf Acht zu geben, dass uns nichts geschah, aus einem Grund, den wir erst hinterher erfuhren und der auch erklärte, weshalb man uns endlich hatte einreisen lassen. Am 23. Juni hatte Somoza einen Brief von Präsident Carter erhalten, in dem dieser ihn aufforderte, die Menschenrechte zu wahren und in einem gesonderten Absatz seine Hoffnung zum Ausdruck brachte, dass die Mitglieder der „Gruppe der Zwölf" bei ihrer Rückkehr nach Managua sämtliche Garantien und den notwendigen Schutz erhalten würden. Der Brief wirkte auf Somoza wie eine Warnung uns nichts zu tun, und er hielt sich daran, wenigstens bis zur Besetzung des Nationalpalastes ein paar Wochen später.

Wir bogen auf die Landstraße nach Masaya ein und ließen den Rauch der Tränengasgranaten hinter uns und die Reihen der Nationalgardisten, die in voller Ausrüstung die letzten Straßenmündungen besetzt hielten, doch unterwegs ging das Fest weiter. Die ganze Strecke entlang hatten die Leute in den Landhäusern und Villen Tischchen und Kühlboxen mit Bier auf die Veranden und in die Vorgärten gestellt, Spruchbändern zur Begrüßung hingen an Hecken und Zäunen, und in den Baumkronen wehte die Fahne Nicaraguas. Erst spät am Abend gelangten wir nach Monimbó, wo wir mit Feuerwerk und dem Knallen der Kontaktbomben empfangen wurden, und landeten schließlich mitten in einer riesigen Kundgebung auf dem zentralen Platz des Viertels, der damals schon den Namen von Pedro Joaquín Chamorro trug.

Als die Kundgebung sich aufgelöst hatte und wir nach Managua zurückkehren mussten, fiel mir plötzlich ein, dass ich nicht wusste, wo ich die Nacht verbringen sollte. Ricardo Coronel aus der „Gruppe der Zwölf", der aus Sicherheitsgründen nicht in seinem eigenen Haus schlafen wollte, lud mich ein, mit zu seinem Cousin Edgar Chamorro Coronel zu kommen. Edgar, der Jesuitenpriester gewesen war, leitete damals eine Werbeagentur, die deshalb florierte, weil sie die Familie Pellas als Kunden hatte, die Besitzer der Rumfabrik „Flor de Caña", mit denen er auch verwandt war. Er lebte im Viertel „Las Colinas", ein sehr exklusiver und ruhiger Stadtteil, der auch von Diplomaten bevorzugt wurde. Er und

seine Frau Linda González, auch sie aus einer der Oberschicht-
familien des Landes, empfingen mich, obwohl wir uns nie zuvor
gesehen hatten, so herzlich, dass ich fast einen Monat bei ihnen
blieb, nachdem Ricardo Coronel längst zu sich nach Hause umge-
zogen war.

Nach dem Sieg verabschiedeten wir ein Gesetz zur Konfiszierung aller Unternehmer, die das Land länger als sechs Monate verließen; es wurde als das „Gesetz der Abwesenden" bekannt, genau
wie jenes, das das Direktorium der Französischen Revolution
gegen alle Adligen erließ, die nach England flohen, wie ich erst
später erfuhr. Juan Ignacio González, der Vater von Linda und
Hauptaktionär der Victoria-Brauerei war einer der Ersten, auf die
es angewandt wurde. Edgard und Linda gingen nach Miami ins
Exil, und er wurde Mitglied der Contra-Führung; später verließ er
die Contra jedoch wieder und klagte die CIA als eigentliche Kraft
dahinter an.

Bis zur Besetzung des Nationalpalastes am 22. August 1978
besuchten wir noch León, Chinandega, Granada, Boaco, Jinotega,
Yalí, Palacagüina, Totogalpa, San Rafael del Norte, Somoto und
Estelí, wohin wir einen Tag nach dem Tod von José Benito Escobar
gelangten, des Guerillaführers, der mir den Begleitbrief für García
Márquez gegeben hatte. In ganz Nicaragua wuchs die Spannung
und der Geruch des nahenden Krieges war in der Luft zu spüren,
während die Fahnen der Sandinisten immer freier wehten.

In Somoto, einer Stadt an der Nordgrenze, die als Brutstätte
der Nationalgarde bekannt war, herrschte Angst, und außer den örtlichen Organisatoren der Kundgebung kam niemand zu unserem
Empfang. So fuhren wir allein in den Ort hinein, über uns die
Militärhubschrauber, während auf dem Platz vor der Kirche eine
Kundgebung gegen uns abgehalten wurde, die der Kommandant der
Nationalgarde mit aus dem Umland herbei gekarrten Campesinos
veranstaltete. Doch je weiter wir kamen, umso mehr Menschen
verließen ihre Häuser, um sich uns anzuschließen, zuerst scheu,
dann immer entschlossener, bis es mehr als fünfhundert Personen
waren, und wir warben sogar dem Kommandanten noch welche ab.

Im Rahmen des verbissenen, stummen Kampfes innerhalb der
FSLN befahlen die anderen Flügel, die die Politik der „Terceristas"

ablehnten und der „Gruppe der Zwölf" feindlich gegenüber standen, den Boykott unserer Mobilisierungen. Diesem Boykott schlossen sich zu allem Überfluss auch noch die „Terceristas" der Frente Interno an; der „Gordo Pín", nicht weniger radikal, war gegen Bündnisse, und deshalb auch gegen die „Zwölf".

Der *Gordo Pín* kam aus der Studentenschaft und hatte sich dann den christlichen Gruppen angeschlossen. Seine beste Verkleidung im Untergrund war sein Aussehen, kurzsichtig und dicklich wie er war; er hätte gut als fleißiger Student durchgehen können, der gedankenverloren seine Aktentasche schlenkerte, in der er immer eine Handgranate mit sich herum trug. Mit zittriger Hand unablässig an einem Zigarettenstummel lutschend, so als wolle er sich damit gleich die nächste anzünden, passte sein nervöses Temperament nicht zu seiner Kaltblütigkeit, die ihn gegenüber der Gefahr sorglos machte, bis hin zur Tollkühnheit . Er entwickelte eine geradezu magnetische Anziehungskraft auf seine Anhänger; blind folgten sie seinen feurigen Reden, die er hielt, als beobachte er mit seinen kurzsichtigen Augen hinter der Hornbrille den Flug einer Hummel. Noch nach seinem Tod blieben einige seiner Jünger seinem Bann unterworfen, bis dahin, dass sie seine Gesten nachahmten und sogar die Art und Weise, wie er den fast verglühten Zigarettenstummel zwischen die Fingerspitzen nahm und ihn wieder und wieder betrachtete.

Einer der Streitpunkte mit ihm war unser Eintritt in die „Frente Amplio Opositor" (FAO), in der auch UDEL und die traditionellen Parteien versammelt waren, eine Entscheidung, die wir mit der Begründung trafen, dass die Bündnisse zur Unterstützung des bewaffneten Kampfes verbreitert werden mussten, ohne Ausschluss von irgendjemandem; wenn wir uns hingegen dem „Movimiento Pueblo Unido" (MPU) angeschlossen hätten, wie der „Gordo Pín" das wollte, wäre nichts verbreitert worden.

Wir sollten Recht behalten, denn innerhalb der FAO konnten wir sehr schnell Führungspositionen besetzen; natürlich wusste jedermann, wen wir tatsächlich repräsentierten, und bald wurde ich in die dreiköpfige politische Kommission gewählt, die nach dem Septemberaufstand mit dem Internationalen Ausschuss der OEA verhandeln sollte. Die beiden anderen Gewählten waren Alfonso

Robelo und Rafael Córdoba Rivas. Von der FAO aus trugen wir außerdem dazu bei, dass noch die konservativsten Parteien den Aufruf für den landesweiten Streik unterstützten, der bei Beginn des Aufstandes ausgerufen werden sollte.

Diese Verwirrungen innerhalb der FSLN und sogar in unserem eigenen Flügel, die zu Spannungen, Verschleiß und Verstimmungen führten, gaben manchmal aber auch Grund zum Lachen. In Granada lief die Demonstration der „Zwölf" über die „Calle Atravesada", die Querstraße, die Wiege der konservativen Oligarchie. Dort stand auf Sprucbändern zu lesen:

WILLKOMMEN DIE

In letzter Minute war das Wort ZWÖLF mit Messern von den Aktivisten der „Terceristas" heraus geschnitten worden, die außerdem angewiesen worden waren, Parolen gegen das Bürgertum zu skandieren, die natürlich von den „Zwölf" repräsentiert wurden.

Und so standen da auch drei altjüngferliche Schwestern auf einem Balkon, sahen den Demonstrationszug vorbeiziehen und hörten von der Straße die Sprechchöre: Nieder mit dem Bürgertum! Da sagte eine von ihnen:

„Lasst uns runter gehen, man ruft doch nach uns!"

9. Kapitel

Das Paradies auf Erden

Ein Beispiel für die bewaffnete Beteiligung eines Priesters an der sandinistischen Revolution gab Gaspar García Laviana, ein Missionar aus dem Orden vom Heiligen Herzen, Gemeindepfarrer im kleinen Ort Tola, der 1978 an der Südfront im Kampf fiel. Gaspar, der 1941 in San Martín del Rey Aurelio im spanischen Asturias geboren war, besaß die Energie eines asturianischen Bergmanns, grau werdende Locken, buschige Augenbrauen und einen rebellischen Bart, der beharrlich dem Rasiermesser trotzte. Außerdem war er ein Dichter und der schlimmsten Flüche fähig.

In einem der Büroräume im Bunker Somozas fanden wir beim Sieg Farbfotos von seiner ins Gebüsch geworfenen Leiche. Sie waren aus verschiedenen Winkeln aufgenommen und zeigten ihn in olivgrüner Uniform, das rotschwarze Tuch um den Hals, eine ganze Gesichtshälfte von einem großkalibrigen Geschoss zerstört. Ich sah die Fotos vor kurzem noch einmal mit dem gleichen Horror, als man mich um Dokumente über ihn für eine Ausstellung zu seinen Ehren in Gijón, im Rahmen der „Schwarzen Woche" bat.

Gaspar, den wir den „Buddha" nannten, tauchte Ende 1977 in San José auf. Er hatte sich bereits von seiner Gemeinde verabschiedet, und an diesem Weihnachten sollte ein offener Brief von ihm erscheinen, in dem er seine Option für den bewaffneten Kampf begründete; Humberto Ortega bat mich einen Entwurf dafür aufzusetzen. Ich gab mir alle Mühe, den Brief in möglichst frommer Sprache abzufassen, damit er wie der Brief eines wirklichen Priesters klang. Während wir beide auf dem Feldbett in Humbertos Versteck saßen, las ich ihm den Brief vor, und er hörte schweigend zu, den Kopf in die Hände gestützt. Dann holte er verlegen ein paar eng beschriebene Blätter aus der Tasche, zögerte einen Augenblick und steckte sie wiedere ein.

„Das ist nichts Wichtiges", sagte er schließlich. „Ich hatte auch einen geschrieben. Ich bin auch Schriftsteller."

Erschrocken bat ich ihn, meinen Entwurf zu vergessen, der seine war ja viel wichtiger, er aber lehnte das rundweg ab. So wurde meine Version veröffentlicht. Dennoch war er ein Schriftsteller, ein Dichter:

In meiner fassbaren Zukunft
werden die Männer leben
wie die Geranien
mit starkem Duft
und roten Blüten;
und die Frauen
wie fruchtbarer
Klatschmohn.

Klatschmohn und Geranien
bringen ihre Frucht
dort, wohin der weite Wind
sie tragen will.

Gaspar war ein Symbol für Dutzende Priester, Missionare, Nonnen, Diakone und Katecheten, die die Revolution predigten, in den Stadtvierteln und den Landgemeinden die sandinistischen Guerilleros unterstützten, Waffen transportierten, geheime Verstecke besorgten und manchmal selbst zu Kämpfern wurden. Ein Symbol, das auf Tausende katholischer und evangelischer Laien übergriff, die nach dem Sieg für den Beginn einer neuen Gesellschaft und eines neuen Menschen arbeiten wollten, aus einem Geschichtsverständnis heraus, das Christen und Marxisten miteinander teilten.

Die Doktrin der kirchlichen Arbeit in den Stadtvierteln, für die von 1972 an der Franziskaner Uriel Molina die jungen Leute aus den wohlhabenden Familien gewonnen hatte, war die bevorzugte Option für die Armen, die der Eucharistische Kongress von Medellín im Jahre 1974 erklärt hatte, unter dem Einfluss des Zweiten Vatikanischen Konzils, das von Papst Johannes XXIII. ins Leben gerufen worden war. Es stimmt, dass diese jungen Leute in dem Maße, wie sie sich dem bewaffneten Kampf anschlossen, fast alle aufhörten, praktizierende Katholiken zu sein und statt dessen Marxisten und Atheisten wurden oder wenigstens Agnostiker; gleichwohl kam es nie dazu, dass alle politisch engagierten Christen zu Marxisten wurden. Die große Mehrheit beteiligte sich aus dem eigenen Glauben heraus an der Revolution, und von diesem Glauben aus wollten sie ein Bündnis mit dem Marxismus. Dem Marxismus, den die politischen Führer der Revolution paradoxerweise zu verbergen suchten.

In der Arbeit von Uriel in den Stadtvierteln, in der politischen Arbeit von Gaspar in seiner Gemeinde und im Beispiel seines Todes; auch im Beispiel des Priesters Francisco Luis Mejía, den die Nationalgarde in Condega ermordete; in der Nachfolge der Laien Felipe und Mary Barreda, die Jahre später von der Contra in San Juan de Limay entführt und ermordet wurden, überall dort war der Keim dessen angelegt, was als Volkskirche bekannt wurde. Und seit Geistliche und praktizierende Katholiken in die „Gruppe der Zwölf" eingetreten waren, gab es keinen Zweifel mehr, dass das Eintreten von Christen und Marxisten für einen Wandel in der Gesellschaft ein und dasselbe war.

Als der Sandinismus an die Macht kam, wurde Nicaragua ein lebendiges Laboratorium für die Befreiungstheologen. Doch gleichzeitig gelangte die einer revolutionären Veränderung gegenüber offene Kirche mit dem Amtsantritt von Papst Johannes Paul II. an ihr Ende, wie sich schon in den Ergebnissen des Eucharistischen Kongresses von Puebla Ende 1978 zeigte. Auch Nicaragua sollte in den achtziger Jahren zum Schauplatz der Auseinandersetzung zwischen widerstreitenden Positionen in der Kirche werden; mit der von Rom aus unterstützten Hierarchie auf der einen und den von der revolutionären Regierung unterstützten rebellischen Priestern auf der anderen Seite.

Die Auseinandersetzung mit der Hierarchie der katholischen Kirche war für die politische Führung der Revolution die am wenigsten wünschenswerte, doch wurde sie genau so unvermeidlich wie diejenige mit den Vereinigten Staaten und diejenige mit der Unternehmerschaft; und die zentrale Figur im andauernden Konflikt mit der Kirche war der Erzbischof von Managua, Miguel Obando y Bravo.

Obando stammt aus einer Familie einfacher Bauern in La Libertad, Chontales, einer Viehzucht- und Bergbauregion, in der auch Daniel Ortega geboren ist. Seine Herkunft und die Tatsache, dass er in San Salvador zum Salesianer-Priester ausgebildet worden war, gaben ihm nicht so viel Prestige bei der Machtelite des Landes, wie es zum Beispiel die Jesuiten besaßen; doch Ende der sechziger Jahre wurde er beim Tode des Erzbischofs González y Robleto, eines treuen Parteigängers von Somoza, zu dessen Nachfolger berufen. Obando war damals Hilfsbischof in Matagalpa, und auf seinem ersten Foto in der „Prensa", das zur überraschenden Nachricht seiner Ernennung erschien, war er auf einem Esel zu sehen, auf dem Weg durch die Berge zu seiner Pastoralarbeit in der Diözese. Das war ein anderes Bild als das der Bischöfe, die beim Bankett am Tisch des Präsidenten sitzen. Von da an sollte sein Charisma nicht aufhören zu wachsen.

Somoza irrte sich in ihm, als er ihm nach der Einführungszeremonie einen brandneuen Mercedes schickte, denn Obando lehnte höflich ab. Von da an bedachte ihn Somoza mit besonderem Hass. Bei den beiden Gelegenheiten, bei denen er sich gezwungen sah, ihn als Vermittler anzurufen – bei der Besetzung der Villa von Chema Castillo 1974 und bei der Besetzung des Nationalpalastes 1978 –, tat er dies nur höchst widerwillig und beschimpfte ihn dabei wüst hinter seinem Rücken. Nur Pedro Joaquín Chamorro verfolgte er mit größerem Hass, vielleicht weil es hier um einen Hass ging, der schon seit der Kindheit gehegt wurde, als die beiden Klassenkameraden im Pädagogischen Institut der Christlichen Brüder waren und während der Pause über Politik stritten, weil Pedro Joaquín schon damals ein erklärter Gegner des alten Somoza, des Gründers der Dynastie war.

Ich bekam im Oktober 1978 mit Obando zu tun, als er die erzbischöfliche Kurie für die Zusammenkünfte der Politischen Kommission der FAO mit der Verhandlungskommission der OEA zur Verfügung stellte. Die lateinamerikanische Kirche befand sich in jenen Jahren unter dem Einfluss erneuernder Strömungen, die auch in Nicaragua zu spüren waren, und in der kleinen Buchhandlung neben dem Eingangstor, die von einer Salesianernonne betreut wurde, kaufte ich mir mein rot eingebundenes Exemplar der „Lateinamerikanischen Bibel", die durch die heiligen Schriften eine Deutung der Realität vornahm, die in keiner Weise unserem sandinistische Credo entgegen stand.

Doch mehr bekam ich 1987 mit ihm zu tun, nach der Unterzeichnung der Vereinbarungen von Esquipulas II zwischen den zentralamerikanischen Präsidenten, die in jedem Land Versöhnungskommissionen ins Leben riefen, die jede Regierung selbst bestimmen konnte; wir ernannten ihn zum Vorsitzenden der nicaraguanischen Kommission, an der ich als Vertreter der Regierung teilnahm, und wir kamen jede Woche in der Kurie zusammen. Damals lernte ich seinen vorsichtigen Charakter kennen, der sehr typisch ist für die Art der Campesinos, die aus Prinzip misstrauisch sind und aufpassen, sich von niemandem einspannen zu lassen. Wenn man ihn um eine Meinung bittet, antwortet er immer mit einer Gegenfrage. Hinter der ernsten Fassade, die ihm sein hohes Amt verleiht, verbirgt er eine unerbittliche Erinnerung an Beleidigungen und einen verspielten Sinn für Humor.

Die Bischofskonferenz verabschiedete im Juni 1979 in León unter dem Vorsitz von Obando einen Pastoralbrief, der den Aufstand rechtfertigte, und in einem weiteren einen Monat später begrüßte sie den Sieg der Sandinisten. Doch ihre Hinwendung zu einem sozialistischen Modell, der Essenz des revolutionären Konzepts, erklärten die Bischöfe in ihrem Pastoralbrief vom 17. November 1979, „Christliche Beteiligung an einem neuen Nicaragua", dessen Entwurf von dem peruanischen Geistlichen Gustavo Gutiérrez geschrieben worden war, einem bekannten Vertreter der Befreiungstheologie.

Die Bischöfe, die später nie wieder vom Sozialismus reden sollten, begannen damit, dass sie die geschichtliche Bedeutung anerkannten, die die Frente Sandinista erstritten hatte, erkannten im Gegensatz zum Klassenhass den Klassenkampf als das dynamische Element an, das die gerechte Veränderung der Strukturen herbeiführen musste, und erklärten: „Wir erleben heute in unserem Land eine besondere Gelegenheit, das Reich Gottes zu bezeugen und anzukündigen. Es wäre eine schwere Treulosigkeit gegenüber dem Evangelium, aus Angst und Misstrauen, aus der Unsicherheit heraus, die jeder radikale Prozess gesellschaftlicher Veränderung auslöst, oder wegen der Verteidigung kleiner oder großer Einzelinteressen, diesen Augenblick zu verpassen, der uns zum Handeln herausfordert, die Option für die Armen zu konkretisieren."

Wenn der Sozialismus tatsächlich die Macht der Mehrheit bedeutete, eine rational geplante Wirtschaft und ein gesellschaftliches Modell, das die Verwendung der gemeinsamen Güter und Reichtümer des Landes im nationalen Interesse garantierte; die Arbeiter am Ergebnis ihrer Arbeit zur Überwindung der Entfremdung, beteiligte; für die stetige Abnahme der Ungerechtigkeit und der Unterschiede zwischen Stadt und Land sorgte; dann gab es nichts dagegen zu sagen, meinten die Bischöfe.

Doch gleichzeitig warnten sie vor der Naivität und dem blinden Enthusiasmus, die die Entstehung eines neuen Götzen begünstigten, vor dem man sich in den Staub werfen müsse. So wäre ein Sozialismus falsch und unehrlich, der dazu benutzt würde, das Volk der Manipulation und Willkür jener auszusetzen, die die Macht an sich reißen wollten.

Viel später, nach der Wahlniederlage von 1990, gaben einige der engagiertesten und militantesten Theologen und Geistlichen zu, dass sie es nicht verstanden hatten, die notwendige kritische Distanz gegenüber der revolutionären Macht zu wahren und sich soweit hatten entfremden lassen, dass sie sogar noch ihren Missbrauch rechtfertigten. Doch diese Schuldbekenntnisse kamen erst, als alles schon vorüber war, weit entfernt von dem hitzigen Szenario jener ersten Jahre bedingungsloser Treue.

Die Grenze zwischen dem politischen und dem religiösen Raum verdoppelte sich. Die Kirche begann, ihr Feld der spirituellen Einflussnahme eifersüchtig zu verteidigen, das ohnehin ein politisches Feld war, und die Revolution bemühte sich, es ihr streitig zu machen. Was der kirchlichen Hierarchie in der Anfangszeit als Erstes missfiel, war die Beharrlichkeit, mit der die politischen Führer der Revolution an den großen religiösen Massenveranstaltungen teilnehmen wollten, wie der Männerprozession in Managua jedes Jahr am 1. Januar; oder bei den Prozessionen für den heiligen Jakob in Managua oder den heiligen Hieronymus in Masaya, die eher einem Karneval gleichen; mit dem Argument, dass dort, wo das Volk war, auch wir sein mussten.

Das Thema der offiziellen Unterstützung für eine parallele Kirche wurde die gewichtigste Anschuldigung gegen die FSLN; auch wenn es nie einen solchen Plan gegeben haben mag, so verliehen doch die extremen revolutionären Reden einer solchen Anklage Glaubwürdigkeit, denn es wurde immer von der „Volkskirche" gesprochen, wenn auch nicht als unabhängiger Organisation. So gab die Nationale Leitung der FSLN im Oktober 1980 eine versöhnliche Erklärung über die Religion ab, in der sie jeglichen Versuch der Einmischung in die inneren Angelegenheiten der katholischen Kirche oder ihrer Spaltung verneinte.

Die Bischöfe antworteten aggressiv, indem sie verlautbaren ließen, totalitäre Regimes versuchten immer, die Kirchen zu instrumentalisieren. Da war schon ein anderer Ton spürbar. Die Erklärung hatte sie offenbar eher noch aufgebracht; vor allem, weil sie das Verbleiben der katholischen Priester in Ministerämtern der revolutionären Regierung verteidigte. Der Druck der Bischöfe im Hinblick auf einen Rücktritt von Miguel D'Escoto als Außenminister, Ernesto Cardenal als Kulturminister und Fernando Cardenal als Leiter der Alphabetisierungskampagne wurde immer stärker. Im Juni des folgenden Jahres gaben sie ihnen die ausdrückliche Weisung, ihre Ämter zu verlassen, und weil dies keiner von ihnen tat, wurden sie *ad divinis* von ihren geistliche Funktionen entbunden.

Schnell sollte sich alles verschlechtern. Im August 1982 stellte die Abteilung Staatssicherheit des Innenministeriums dem Priester Bismark Carballo, dem Assistenten von Obando in der Kurie, eine Falle: er wurde nackt im Fernsehen gezeigt, wie er von einem Schäferstündchen floh und der gehörnte Ehemann ihn auf der Straße mit Fäusten traktierte; ein so plumper Trick, dass er sogar unter den sandinistischen Katholiken auf Ablehnung stieß.

In einem Land, das längst in zwei Lager geteilt war, konnte man nur für oder gegen die revolutionäre Regierung sein. Obando war mittlerweile klar dagegen und wurde bald ein Opfer der offiziellen Propaganda in einem Klima gegenseitiger Feindschaft und wachsenden Misstrauens über die Intentionen der anderen Seite. Doch war die Teilung in zwei Lager nicht nur eine ideologische. Sie wurde vor allem vom Krieg bestimmt, der Tag für Tag durch die ständige Mobilisierung in die Kampfzonen sichtbar wurde, in den Überfällen und Angriffen auf Kooperativen, bei den Begräbnissen der Gefallenen, der wachsenden Knappheit und den ersten Anzeichen von Inflation. Und in dieser mehrfach angespannten Situation wurde Ende 1982 der Besuch von Papst Johannes Paul II. angekündigt.

Wir glaubten damals, wenn der Papst käme, dann bedeute dies für uns die Möglichkeit, die angeschlagene Beziehung mit der Kirche zu verbessern. Doch vor allem dachten wir, wenn wir es schafften, dass er während seines Besuches in Nicaragua zum Frieden aufrief – etwas, das er kaum ablehnen konnte –, dann wäre dies notwendigerweise ein Aufruf dazu, den Krieg gegen uns zu beenden. Der Krieg war für uns nach wie vor das Ergebnis der Politik der Vereinigten Staaten, nicht eines inneren Konflikts; dieser Politik Einhalt zu gebieten bedeutete, den Frieden zu erreichen. Und während der Wochen vor dem Besuch hörten Gläubige und Geistliche aus den Kriegszonen, politische Funktionsträger aus dem Volk, Campesinos, die Opfer der Contra geworden waren, und die Mütter von Gefallenen nicht auf, in den sandinistischen Medien ihrer Hoffnung Ausdruck zu geben, dass der Papst diesen Aufruf tun würde.

Es war eine weitere Ironie dieser Revolution, dass wir alles unternahmen, was in unserer Macht stand, damit der Papst käme, während die Gegner der Revolution offensichtlich dagegen intrigierten. Deshalb ließen wir vorsichtshalber im Februar 1983 bei der Presse durchsickern, dass Obando, der gerade im Vatikan zu Besuch war, dorthin gereist sei, um ihn davon abzubringen. Die Reise des Papstes galt ganz Mittelamerika, und wenn Nicaragua ausgeschlossen würde, dann wäre dies ein Rückschlag für unseren Kampf gegen die Isolation. Als unser Botschafter Ricardo Peters, ein ehemaliger Priester und langjähriger Korrespondent von Radio Vatikan, uns benachrichtigte, der Papst habe angeordnet, alle Hindernisse für einen Besuch in Nicaragua zu beseitigen, da feierten wir es wie einen Sieg.

Der Vatikan bestand darauf, dass es sich um einen Pastoralbesuch auf Einladung der Bischofskonferenz handele, und wir, dass es ein Staatsbesuch sei. Das war kein leerer Streit, denn wenn es sich um einen Pastoralbesuch handelte, dann würden die politischen Führer der Revolution nicht an den öffentlichen Veranstaltungen mit dem Papst teilnehmen, und eines unserer Ziele war, dass ihn Daniel im Papstmobil auf seiner Fahrt vom Flughafen durch die Straßen begleitete.

Schließlich kamen wir überein, dass es ein Pastoralbesuch sein solle, dass wir den Papst jedoch wie einen Staatschef begrüßen würden und dass die Regierungsjunta und die Nationale Leitung der FSLN bei der Messe auf dem Platz des 19. Juli, der für die großen Massenveranstaltungen der Revolution gedacht war, vorne auf der Tribüne sitzen würden. Unsere Anwesenheit bei der Messe war ein Punkt zu unseren Gunsten; dass Daniel nicht im Papstmobil dabei sein würde, ein Punkt gegen uns.

Damit der Papst beim Empfang auf dem Flughafen nicht mit Ernesto Cardenal zusammen treffen musste, strichen wir die Begrüßung der Minister; und ohne dass es Teil der Vereinbarungen gewesen wäre, ließen wir den Vatikan wissen, dass Pater Miguel D'Escoto nicht in Nicaragua sein würde, weil er an der Konferenz der Außenminister vor dem Gipfeltreffen der Blockfreien Staaten in Neudelhi teilnähme.

Eine einzige Arbeitsgruppe für den Empfang des Papstes wurde ins Leben gerufen, unter Leitung von René Núñez, dem Sekretär der Nationalen Leitung der FSLN und Verantwortlichen des Büros für Religionsangelegenheiten bei der Partei; in diese Arbeitsgruppe wurden auch die Bischöfe aufgenommen. In jeder Provinzhauptstadt wurden zudem unter Beteiligung der Gemeindepfarrer ähnliche Arbeitsgruppen geschaffen, die die Mobilisierung der Gläubigen nach Managua und León unterstützen sollten, an die beiden Orte, wo der Papst Messen zelebrieren sollte.

Seit den Feiern des ersten Jahrestages der Revolution im Juli 1980 hatten wir Erfahrung darin, große Menschenmassen auf die Beine zu bringen, indem wir sie aus dem ganzen Lande herbei holten. Die dreihunderttausend Menschen zu versammeln, die unserer Schätzung nach an der Messe des Papstes in Managua teilnehmen wollten, hing von der reibungslosen Koordination der Strukturen der FSLN, der Regierung, der Armee, der Polizei und der Massenorganisationen ab; vom Gebrauch der Busse des Nahverkehrs, der Lastwagen aus Ministerien, Staatsbetrieben und Kooperativen und dem Ausleihen möglichst vieler Privatfahrzeuge. Und so sollte es auch diesmal geschehen.

Obando befand sich immer noch in Rom, als am 20. Februar eine Delegation unter Leitung von Monsignore Achile Silvestrini nach Managua kam, dem Sekretär des Rates für Öffentliche Angelegenheiten des Vatikans. Wir trafen uns mit ihm in Daniels Haus und vereinbarten die letzten Einzelheiten; schließlich gab es nur noch ein Problem: ein Wandbild hinter der Bühne auf dem Platz des 19. Juli, auf dem die Gründer der FSLN zu sehen waren und das die Kirche unbedingt weggeschafft haben wollte; doch an jenem Abend kamen wir überein, dass es bleiben solle.

Alles schien jetzt ohne weitere Hindernisse zu laufen, als es am 28. Februar zu einem Zwischenfall kam, der die Spannungen verschärfen sollte. Eine Gruppe von siebzehn Jugendlichen, die schon vor Weihnachten im Reservebataillon 30-62 mobilisiert worden waren, wurden in San José de las Mulas im Departement Matagalpa von einer großen Zahl Contras überrascht, während sie lagerten. Die Jungen, viele von ihnen Oberschüler mit großer revolutionärer Überzeugung, jedoch ohne militärische Erfahrung, hatten nicht einmal Wachen aufgestellt und wurden allesamt massakriert.

Einer von ihnen, Carlos Lacayo Manzanares, hatte ein paar Tage zuvor noch an seine Kollegen im Hospital „Manolo Morales" geschrieben: „Es regnet jeden Tag, wir schlafen auf dem nassen Erdboden, es gibt kaum etwas zu essen, die Füße zerschunden vom vielen Laufen, mit Fußpilz wegen der Feuchtigkeit, und Schlamm überall, sogar zwischen den Zähnen." Doch sei dies die einzige Art und Weise, den neue Menschen zur Welt kommen zu sehen, sagte er weiter, und ein neues Land zu schaffen. Die Contra besiegen hieß den Weg zum Sozialismus freimachen. „Miguelito litt, wenn er die schutzlosen Straßenkinder sah, deshalb ging er in den Krieg, deshalb starb er", sagte der Bruder eines der anderen Gefallenen der Zeitung „Barricada" gegenüber.

Die Armee hielt die Nachricht zurück, bis sie sie in einem Kriegsbericht der ganzen Woche unterbringen konnte, in dem auch die Verluste des Feindes aus anderen Gefechten standen, denn siebzehn Tote ohne einen einzigen der Contra, das war einfach zuviel. Die Leichen wurden auf den Platz des 19. Juli gebracht, wo schon die Vorbereitungen für die Papstmesse liefen, und erhielten dort eine Trauerehrung durch das Volk mit der Regierungsjunta und der Nationalen Leitung der FSLN an der Spitze. Jetzt schien es wirklich unumgänglich zu sein, dass der Papst zumindest vom Blut dieser Jungen sprach.

Der Besuch von Johannes Paul II. in Mittelamerika begann mit Begleiterscheinungen, die die Extreme der herrschenden Situation widerspiegelten. Trotz seines Gnadengesuchs ließ der Präsident von Guatemala, General Efraín Ríos Montt, ein Mitglied der fundamentalistischen „Newborn"-Sekte, die Erschießung von sechs Guerilleros nicht aussetzen, die unter dem Kriegsrecht abgeurteilt worden waren; und in El Salvador rief die Ankündigung, dass er das Grab von Monsignore Romero besuchen wolle, der 1981 durch ein Komplott unter Führung von Oberst D'Aubuisson ermordet worden war, an dem auch ehemalige Nationalgardisten Somozas teilgenommen hatten, wütende Reaktionen der extremen Rechten hervor.

Als wir uns am Morgen des 3. März 1983 im Protokollraum des Flughafens versammelten, um die Ankunft des päpstlichen Flugzeuges aus San José zu erwarten, wohin er nach seinem eintägigen Besuch in jedem Land für die Nacht zurückkehrte, konnte ich rasch die beiden Predigten überfliegen, die er in Nicaragua halten würde; wir hatten sie durch unsere Quellen erhalten und Daniel reichte sie mir in einem Umschlag.

Die für León handelte von den Laien und der Erziehung, einem Thema, das die Besucher der Messe, die zum großen Teil aus den ländlichen Gebieten herbei geholt wurden, kaum verstehen würden. Die für Managua handelte von der Einheit der Kirche um ihre Hirten, unter den Gesichtspunkten, die aus der Rede des Papstes vor dem Eucharistischen Kongress in Puebla bekannt waren, und sie verurteilte alle Spaltungstendenzen, angefangen bei der Volkskirche. Obwohl dies in gewisser Weise ein unbequemes Thema für uns war, schien es nicht allzu große Sorge zu bereiten. Über den Krieg gegen uns oder über den Frieden stand jedoch nichts darin; wir dachten aber, er könne immer noch während der

Messe einen Kommentar dazu improvisieren oder ihn in seiner Begrüßungsansprache anbringen, deren Text wir nicht kannten.

Eigentlich spielte es keine Rolle. Noch als die Turbinen des Flugzeugs abgeschaltet wurden und der Papst niederkniete und den Boden küsste, wobei es so still war, dass man die Motoren der Polizei-Jeeps hören konnte, die auf der gesperrten Straße vor dem Flughafen patrouillierten, meinten wir, die Partie gewonnen zu haben. Er war ja gekommen. Doch wir waren nicht in der Lage zu erkennen, dass wir verloren hatten, gerade weil er gekommen war, wie die folgenden Ereignisse beweisen sollten.

Daniel, Doktor Córdoba Rivas und ich, die Mitglieder der Regierungsjunta, die seit dem Vorjahr durch den Rücktritt von Arturo Cruz und den Austritt von Moisés Hassan auf uns drei reduziert worden war, erwarteten ihn am Fuß der Gangway und Daniel führte ihn zur Begrüßung der Mitglieder der Nationalen Leitung der FSLN, die alle in Uniform etwas abseits Aufstellung genommen hatten. Dann stiegen wir mit ihm auf die Tribüne für die offiziellen Anlässe, um die Hymnen anzuhören. In dem kurzen Augenblick, als der Offizier der Ehrenkompanie Hab-Acht-Stellung annehmen ließ, neigte er sich leicht zu mir herüber:

„Ihr seid noch jung", meinte er. „Aber ihr werdet schon lernen."

Das klang wie eine väterliche Ermahnung. Doch als er seine Ankunftsrede damit begann, alle die zu begrüßen, die am Kommen gehindert worden waren, waren wir irritiert, denn unsere Anstrengungen, die Menschen aus ganz Nicaragua herbei zu bringen, waren ehrlich gemeint und außerdem teuer gewesen; und so entstand bei uns eine beleidigte Stimmung. Wenn ich heute in einer alten Ausgabe der „Barricada" die Worte des Papstes lese, dann glaube ich, dass diese Begrüßung, die jene Aufwallung von Empfindlichkeit auslöste, eher an die Kranken gerichtet war und an die, die durch unaufschiebbare Verpflichtungen, vielleicht auch Aufgaben in der Verteidigung, verhindert waren.

Bei eben dieser Ansprache erwähnte er auch diejenigen, die unter der Gewalt litten, von welcher Seite auch immer, und rief zum Dialog, zur Brüderlichkeit und Versöhnung auf. Er ermahnte diejenigen zur Verständigung beizutragen, „die inner- und außerhalb dieser Region auf die eine oder andere Weise zu ideologischen, wirtschaftlichen oder militärischen Spannungen beitragen, die die freie Entwicklung dieser friedliebenden Völker verhindern", was auf die Vereinigten Staaten und die Sowjetunion gleichermaßen gemünzt war.

Als der Kalte Krieg zu Ende ging, wurde der Papst zu einem Schlüsselelement der Strategie, den Sowjetblock aufzulösen, wie das hervorragende Buch „Johannes Paul II." von Bernstein und Politi eindrucksvoll belegt. Das war seine Mission auf dieser Erde. Doch fällt es heute, lange nach den Emotionen jenes Augenblicks, schwer, in den Worten jenes Morgens eine Gleichsetzung Nicaraguas mit den Ländern Osteuropas zu entdecken, von wo er stammte.

Im Kontext jener Jahre fanden wir sie aggressiv, waren wir doch erklärte Gegner jedweder Verhandlungslösung; doch als sich später der Kontext wandelte und der Friedensprozess von Esquipulas reifte, hätten wir sie enthusiastisch begrüßt, denn da versuchten wir schließlich, den Konflikt zu beenden und bereiteten uns darauf vor, uns zum Dialog mit der Contra an einen Tisch zu setzen. Damals jedoch, inmitten der Auseinandersetzungen und als der Frieden für uns gleichbedeutend war mit dem militärischen Sieg über die Contra, verstanden wir sie als eine Provokation, der gegenüber wir nur schweigen konnten.

Daniel wich nicht von der Rede ab, die er vorbereitet hatte, und die wie diejenige 1979 im Weißen Haus vor allem auf die Aggressionen der Vereinigten Staaten gegen Nicaragua einging; doch diesmal las er lange Abschnitte aus einem wunderbaren Brief des Bischofs von León, Monsignore Pereira y Castellón, aus dem Jahre 1912 an den Kardinal Gibbons, den Bischof von Baltimore, in dem er die nordamerikanische Besatzung anprangerte. Einer hatte besondere Bedeutung: „Es soll zwischen unserem Vaterland und den Vereinigten Staaten Verständigung geben; diese aber muss auf der Grundlage der Ebenbürtigkeit und des gegenseitigen Interesses bestehen und darf nicht unsere Religion, unsere Freiheit, unsere Unabhängigkeit und unsere Sprache beeinträchtigen und darf nicht versuchen, unsere Rasse zu unterdrücken, die durch ihr spanisches Erbe so ritterlich und kühn und so kraftvoll und unbezwingbar durch ihre indianische Tradition und zu jeder Anstrengung, jeder Heldentat in der Lage ist."

Der Papst hörte mit gesenktem Kopf und gerunzelter Stirn zu. Nach dem Abschreiten der Ehrenkompanie geschah dann etwas Unerwartetes. Er bat darum, die Minister zu begrüßen, unter denen sich, wie er wusste, Ernesto Cardenal befand; trotz der Spannungen, die sich schon unterschwellig aufbauten, schien dies wie eine versöhnliche Geste. Seine Absicht war es jedoch, Ernesto zu treffen und ihn zu maßregeln, so wie er es auch vor aller Öffentlichkeit und den laufenden Kameras tat: Während er sich zur Begrüßung näherte, muss er aus dem Augenwinkel schon seine unverwechselbare Erscheinung wahrgenommen haben, die Baskenmütze, die Blue Jeans, den weißen Bauernkittel. Als Ernesto ihn vor sich hatte, kniete er in Erwartung einer Segnung nieder und nahm die Baskenmütze ab.

„Sie müssen Ihre Angelegenheiten mit der Kirche ins Reine bringen", das war alles, was er zu ihm sagte, während er ihm mit dem Zeigefinger drohte.

Danach erwarteten wir nichts Gutes mehr. Wir waren nun überzeugt, dass er eine Konfrontation wollte. Wir waren jung, wir mussten lernen. Und das Schlimmste sollte erst noch kommen.

Die Menge, die sich seit dem frühen Morgen auf dem Platz des 19. Juli zusammen gefunden hatte, war größer als bei irgendeiner anderen Gelegenheit, und im Gegensatz zu den Feiern der Revolution gab es da von allem etwas; da waren bischofstreue, vor allem Obando-treue Katholiken, viel zahlreicher die Sandinisten, unter denen sich auch die Sympathisanten der Volkskirche befanden, und schließlich die Katholiken, die mit keinem der beiden Lager etwas zu tun hatten und von überall herbeigeströmt waren, weil sie den Papst sehen wollten, der für viele eine übernatürliche Erscheinung darstellte. Der Kampf um den vorderen Teil des Platzes war sehr schnell zu Gunsten der Sandinisten entschieden worden, in Rangeleien, bei denen die Polizei geholfen hatte, die andere Seite abzudrängen. Bei allen Massenveranstaltungen sorgte die Staatssicherheit von vornherein dafür, dass die ersten Reihen mit den sogenannten „Territorialkräften" besetzt waren, vertrauenswürdigen Anhängern aus den Stadtvierteln, um Attentaten vorzubeugen.

Unter den in Rot und Schwarz gemalten Portraits der Gründer der FSLN, unter ihnen Tomás Borge, begann die Messe. Auf der Tribüne wurde die Hitze des frühen Nachmittags so zäh wie Zuckerrohrsaft. Mehr als hundert Priester im vollen Ornat nahmen an der Messe teil, sie saßen nur wenige Meter vom Platz der Regierungsjunta entfernt hinter einem Holzgeländer und in der Art, wie sie sich am Gottesdienst beteiligten, las ich Feindseligkeit uns gegenüber. Unter uns gab es sicher schon eine gewisse Voreingenommenheit, doch herrschte auf der anderen Seite ein Geist der Konfrontation.

Obando sprach als Erster während dieser Messe, die sich endlos hinzuziehen schien, und er erzählte eine Anekdote über den Besuch von Johannes XXIII. im römischen Gefängnis Regina Celli. Über einen Gefangenen, der sich, als der Papst in seine Zelle trat, von seinem Blick befreit gefühlt hatte. Der Besuch des Papstes in einem Gefängnis! Aus den hinteren Reihen ließ sich Applaus über die Allegorie hören. Ich schwitzte nervös in meiner förmlichen Kleidung. Dann las Obando das Gleichnis vom guten Hirten. Die Lämmer werden nie einem Dieb, einem Verbrecher folgen, sondern vor ihm fliehen, weil sie die Stimme des Fremden nicht erkennen. Noch einmal Applaus und die ersten Rufe: *Viva el Papa!* – Es lebe der Papst!

Als der Papst dann endlich sprach, da wusste ich ja schon, was er sagen würde, doch nicht, wie er es sagen würde: „Es dürfen keine unannehmbaren, vorübergehenden Leitbilder angeboten werden, auch nicht als Konzeptionen der Kirche, die die wahrhaftige ersetzen sollen; keine Ideologie kann an die Stelle des Glaubens treten". Es waren dieselben Worte, die ich gelesen hatte, doch in aggressivem, scheltendem Ton vorgetragen, und durch die starke Tonanlage, die wir ihm zu Ehren an diesem Tage einweihten, klangen sie wie ein Regen von Steinen.

Die Leute, die vorne standen, fingen zu rufen an: Wir wollen Frieden! Wir wollen Frieden!, und die trauernden Mütter, die die Bilder ihrer toten Söhne trugen, schrien auch und baten um ein Gebet.

Zornig beugte sich der Papst vor:

„Ruhe! Ruhe!" forderte er.

Und gleich darauf sagte er in versöhnlicherem Ton:

„Auch der Papst will den Frieden."

Da wurden die Rufe: Wir wollen Frieden! Wir wollen Frieden! nur noch zahlreicher, jetzt schon wie eine offene Herausforderung, während die aus dem anderen Lager als Antwort ihre Hochrufe auf den Papst schrien und versuchten, sich Gehör zu verschaffen.

Die Situation wurde unkontrollierbar und bekam Anzeichen eines wirklichen Aufstandes gegen den Papst. Ich sah zur Pressetribüne hinüber, wo sich Hunderte von Kameraleuten und Fotografen drängten. Die Übertragung des Sandinistischen Fernsehens wurde per Satellit in die ganze Welt ausgestrahlt, und ich wusste, dass wir in diesem Augenblick die Schlacht auf den Bildschirmen verloren, mit immensen Kosten für unsere Sache. Und tatsächlich sollte unser Image schweren Schaden erleiden, wie wir in den nächsten Stunden erfahren mussten.

Als die Messe endlich zu Ende war und der Papst mitten in einem großen Tumult verschwand, traten wir Mitglieder der Regierungsjunta zusammen mit denen der Nationalen Leitung der FSLN an die Balustrade vor dem Altar, um die tobende Menge der Sandinisten zu grüßen, während die anderen Teilnehmer der Messe sich schon zerstreuten, viele von ihnen auf der Suche nach den Fahrzeugen, mit denen sie in ihre weit entfernten Heimatorte zurückfahren sollten. Das Ganze wurde eine Kundgebung mit rotschwarzen Fahnen, die im Himmel des beginnenden Abends wehten, unter den Scheinwerfern der Kameras. Auch diese Kundgebung, die so triumphierend aussah, sollte zu der großen Image-Niederlage dieses Tages beitragen. Dem Papst hatte es gereicht, einfach nur da zu sein.

Als wir am Flughafen ankamen, um ihn zu verabschieden, saß er noch in dem Mercedes Benz, der ihn bis an die Startbahn gebracht hatte, und dort blieb er sitzen, bis die Zeremonie begann, ganz verängstigt, wie der Fahrer später berichtete. Daniel versuchte in seiner kurzen Ansprache zu erklären, was ein armes, leidendes Volk bedeutete, wenn es um Frieden bat. Er hörte zu, wieder mit gerunzelter Stirn, die Hand am Kinn, und seine eigenen Worte waren gleichfalls kurz und rein protokollarisch. Als Kardinal Agostino Casaroli die Gangway zum Flugzeug hoch stieg, sah sein

Gesicht betrübt aus. Von seinem Posten als Staatssekretär aus hatte er immer versucht, die guten Beziehungen des Vatikans zu uns zu fördern.

„Ich hoffe, dass wir das in Ordnung bringen können", sagte ich zu ihm, als ich ihm zum Abschied die Hand gab, und er lächelte düster.

Nach dem Besuch des Papstes nahmen die Spannungen zu. Ende August des gleichen Jahres sprach sich die Bischofskonferenz gegen die Einführung des Militärdienstes aus, der für die Verteidigung angesichts der Verschärfung des Krieges entscheidende Bedeutung besaß. Das war ein heikles Thema, und die Antwort waren gesprühte Parolen an den katholischen Kirchen und die Ausweisung zweier Salesianer-Priester.

Auf jede feindselige Handlung der kirchlichen Hierarchie folgte eine neue Antwort: keine Übertragung der Sonntagsmesse von Obando im Fernsehen mehr, die Beschlagnahme des Eigentums von COPROSA, einer Stiftung der Bischofskonferenz; die Ausweisung weiterer Priester, einschließlich des Bischofs von Chontales, Pablo Antonio Vega, der subversiver Taten zur Unterstützung der Contra in seiner Diözese beschuldigt wurde; Vega wurde im Hubschrauber zum Grenzübergang El Espino gebracht und gezwungen, im Führerhaus eines Lastwagens auf die honduranische Seite zu fahren. Als Gipfel der Ironie war er der Einzige der Bischöfe gewesen, der bereit war, bei der Amtseinführung des Präsidenten im Januar 1985 ein Gebet der Fürbitte zu sprechen.

Der Aufruf der Bischöfe zum Dialog mit der Contra in der Osterwoche 1984 wurde als schlimmste Beleidigung angesehen und einem Verrat gleichgestellt. Niemals würden wir mit der Contra reden. Da mussten erst die Sterne vom Himmel fallen, meinte Tomás Borge in einer Rede; und in einer anderen in León sagte ich, dass wir nur durch die Mündungen der Gewehre reden würden.

Als Obando im April 1985 zum Kardinal ernannt wurde, konnte es kein besseres Zeichen dafür geben, welche politische Bedeutung Johannes Paul II. der Kirche in Nicaragua weiterhin beimaß. Es war zudem der schlimmste Augenblick des Krieges. Ich kam zum Flughafen, um ihn zu verabschieden, als er zur Verleihung seines Kardinalshutes nach Rom reiste, in Begleitung des Paters Bismark Carballo, der, nachdem Gras über den Skandal gewachsen war, inzwischen den Titel eines Monsignore erhalten hatte und eine Soutane mit violettem Saum tragen durfte. Obando war über die höfliche Geste nicht wenig überrascht, denn die Beziehungen waren praktisch abgebrochen, und es war das erste Mal in vielen Jahren – so sagte er mir mit gekränkter Ironie –, dass er den Fuß in den Protokollraum des Flughafens setzen durfte.

In den folgenden Jahren und in vieler Hinsicht dank der Vermittlung von Kardinal Casaroli wurden Daniel und ich bei unterschiedlichen Gelegenheiten vom Papst empfangen, obwohl die Konflikte mit der Kirche keinesfalls bereinigt waren. Ich besuchte ihn zweimal, und nie erwähnte er die unangenehmen Ereignisse seiner Reise nach Nicaragua. Beim letzten Besuch im November 1988 berichtete ich ihm von den Fortschritten in Bezug auf einen Waffenstillstand, als die Vereinbarungen von Esquipulas schon unterzeichnet waren und nicht mehr viel fehlte, dass wir in einen endgültigen Dialog mit der Contra eintraten, und ich bat ihn, in seine Botschaft am darauf folgenden Sonntag einen Aufruf für die Opfer des Hurrikans Joan aufzunehmen, der kurz zuvor die Karibikküste verwüstet hatte. Das tat der Papst auch.

Im Februar 1995 kam er noch einmal nach Nicaragua und zelebrierte eine Messe auf dem Platz am Managuasee, der für die erste große Militärparade 1985 hergerichtet worden war, als wir, als Teil des kriegerischen Abschreckungsspiels, unsere ganze militärische Stärke, Truppen, Kanonen und Panzer zeigten. Dort hatten wir im Wahlkampf 1990 auch die Abschlusskundgebung gehalten, vor einer Menschenmenge, wie sie so groß in Nicaragua noch niemals zusammengebracht worden war, als Daniel und ich zum zweiten Mal die beiden Kandidaten der FSLN waren und wir glaubten, den Sieg schon sicher zu haben.

Ich sah diese zweite Messe im Fernsehen, und es schien mir so, als seien diesmal weniger Menschen anwesend als 1983, was sicher an der Ordnung und Stille lag, mit der die Messe vonstatten ging, ohne Zwischenrufe und ohne geschwenkte Fahnen. Der Papst sah natürlich älter und weniger energisch aus, während er im grünen Ornat und unter einem riesigen Palmdach wie die Dächer der nicaraguanischen Hütten die Messe hielt. Doch zum Schluss seiner

Predigt zeigte er, dass er sich sehr gut an erlittene Beleidigungen erinnerte. Als handle es sich um einen Schlag, den er sich seit Jahren bei seinen Spaziergängen in den Gärten des Vatikans überlegt hatte, sagte er mit allem Nachdruck, er hoffe, die dunkle Nacht der Vergangenheit käme niemals zurück. Damit schenkte er dem liberalen Kandidaten Arnoldo Alemán eine hervorragende Parole für seinen Wahlkampf gegen Daniel Ortega, der wieder Kandidat der FSLN war.

Doch auch Obando sollte, getreu seiner Erinnerung eines Campesino, die erlittenen Beleidigungen nicht vergessen. Als der Wahlkampf 1996 schon beendet war und gerade noch eine Woche bis zu den Wahlen fehlte, in der keine Propaganda mehr betrieben werden durfte, kündigte er eine Messe in der neuen, vom Besitzer der Pizzeriakette Domino's gestifteten Kathedrale von Managua an, die auch noch im Fernsehen übertragen werden sollte. Arnoldo Alemán war sein gläubiger Ehrengast, und er gewährte ihm die Lesung eines der Evangeliumstexte.

In seiner Predigt erzählte Obando das Gleichnis von der Schlange, das er selbst erfunden haben musste, weil es sich nirgendwo im Neuen Testament finden lässt. Diesem apokryphen Text zufolge fand ein Reisender am Wegesrand eine Schlange, die starr vor Kälte war; von ihrem Flehen gerührt, hob er sie auf und steckte sie in seine Tunika, um sie zu wärmen, obwohl seine Begleiter ihn davor warnten, wie verräterisch Schlangen seien. So gingen sie weiter. Die Schlange aber, ihrem Charakter getreu, biss den Reisenden schließlich und tötete ihn. Die Moral: Niemals darf man an die Worte der Schlangen glauben, so sanft sie auch tun mögen.

Während des ganzen Wahlkampfs 1996 hatte sich Daniel in Weiß präsentiert, genau wie Violeta Chamorro im vorigen, als sie uns besiegte; und die alte Kampfeshymne der FSLN, die zum Krieg gegen die Yankees aufrief, die „Feinde der Menschheit", war durch das „Lied an die Freude" ersetzt worden. Außerdem besuchte Daniel den kurzzeitigen Nachfolger Somozas, den inzwischen senilen Urcuyo Malianos, in seinem Haus in Rivas und ließ sich Arm in Arm mit ihm fotografieren, um Arnoldo Alemán liberale Stimmen weg zu nehmen.

Die riesige Abschlusskundgebung des Wahlkampfs der FSLN im November 1996, die wieder auf dem Platz am Managuasee stattfand, der inzwischen auf den Namen Johannes Paul II. getauft worden war, hatte die Anhänger Alemáns aufgeschreckt, die zu ihrer eigenen Abschlusskundgebung auf dem benachbarten, viel kleineren Platz der Revolution versammelt waren; die FSLN hatte beide Plätze gleichzeitig gefüllt.

Die im Fernsehen übertragene Messe und das Gleichnis von der Schlange kosteten Daniel Stimmen, obwohl er die Wahlen ohnehin nicht gewonnen hätte, wie die FSLN zeigte, dass sie fähig war, Menschenmassen auf die Plätze zu bringen, doch nicht genügend Wähler an die Urnen. Obando gönnte sich die Rache mit dem Risiko, seine wichtigste Eigenschaft überhaupt zu verlieren, nämlich die des Vermittlers. Dennoch ist Daniel später zu ihm gegangen, um ihn mit seiner ganzen Familie vor laufenden Kameras um den apostolischen Segen zu bitten.

Im August 1985, mitten im Wahlkampf, druckte die Zeitung „Barricada", nach dem Rausschmiss von Carlos Fernando Chamorro und seiner Mannschaft inzwischen unter der Leitung von Tomás Borge, auf der ersten Seite ein Interview nach, das Obando einer ausländischen, in Nicaragua kaum bekannten Zeitschrift gegeben hatte. Darin sprach er unter anderem von einem Komplott der Staatssicherheit, die die Messe des Papstes 1983 durch auf dem Platz verteilte Störtrupps platzen lassen wollte, und von einem Attentat auf sein eigenes Leben, das auch von der Staatssicherheit geplant worden war.

Der Befreiungstheologe Giulio Girardi, der aus seinem Glauben heraus einer der treuesten Verteidiger der FSLN geblieben war, forderte in einem empörten Brief eine Erklärung von Tomás Borge. Gebe er, der Innenminister und somit für die Staatssicherheit Verantwortliche, mit diesen Erklärungen auf der ersten Seite etwa zu, dass es eine gezielte Verfolgung der Kirche gegeben habe, bis zu dem Grade, dass der Besuch des Papstes auf Weisung von oben gestört und ein Attentat auf das Leben von Obando vorbereitet worden war?

Girardi erhielt nie eine Antwort. Doch die Notiz am Schluss des Interviews, von Tomás Borge unterzeichnet, schien seine wahre

Intention zu verraten: Dort gab er seiner Hoffnung Ausdruck, dass Obando „das Augenmaß" haben würde, sich bei diesen Wahlen unparteiisch zu verhalten.

Eine Schmeichelei, die auf jeden Fall ganz vergebliche Liebesmüh war.

10. Kapitel

Das Jahr des Schweins

Am Morgen des 22. August 1978 begannen wir eine Versammlung der FAO in der Sakristei der Santa-Marta-Kirche zur Vorbereitung des Generalstreiks, der bei den ersten Schüssen der neuen Aufstandsoffensive ausgerufen werden sollte. Ich erinnere mich, dass zwei alte, tödlich verfeindete kommunistische Führer, Elí Altamirano und Domingo Sánchez (*Chagüitillo*) sich nach langem Hin und Her endlich die Hand gegeben hatten, als der Kopf von Pater Edgard Parrales hereinschaute, des Gemeindepfarrers, der mir durch Gesten zu Verstehen gab, dass ich zum Telefon kommen solle.

Am anderen Ende der Leitung erkannte ich die Stimme von Rodrigo, des jüngeren Bruders von Ernesto und Fernando Cardenal:

„Wir haben die Schweine gekauft", meinte er, „und jetzt sind sie unterwegs zum Schweinstall, um sie abzuholen."

„Der Schweinestall" war der Name, den Edén Pastora immer für den Nationalkongress benutzte. Ihn mit allen Abgeordneten darin zu besetzen, Somozisten und Mosquitos (wie die Konservativen genannt wurden, die mit Somoza kollaborierten, weil es ihre Hauptbeschäftigung war, das Blut aus der Staatskasse zu saugen), davon war er seit jeher besessen gewesen. Die verschlüsselte Botschaft bedeutete, dass die Aktion begonnen hatte und ich deshalb von der Bildfläche verschwinden musste; Rodrigo selbst würde mich sofort abholen kommen. Ich hatte gerade noch Zeit, in die Sakristei zurückzukehren und mich unter dem Vorwand einer unerwarteten familiären Angelegenheit zu entschuldigen.

Es war unmöglich, die Abgeordneten als Geiseln zu nehmen, ohne den ganzen Nationalpalast zu besetzen, ein Gebäude im neoklassischen Stil der Tropen, das einen ganzen Block einnahm und vom alten Somoza nach dem Erdbeben von 1931 am Platz der Republik errichtet worden war, wo wir später den Sieg der Revolution feiern sollten.

Um elf Uhr morgens, die Zeit, die für die Aktion bestimmt worden war, befanden sich die Korridore, die zu den zahlreichen Büros führten, und die Büros selbst immer voller Menschen, die etwas erledigten, fragten, Steuern zahlten, denn dort funktionierten auch die Schalter des Innenministeriums und der Finanzbehörden; und als handle es sich um ein Volksfest, liefen überall die Lotterieschein-Verkäufer umher, Händler mit allen möglichen Kleinigkeiten, Frauen, die Essen und Erfrischungsgetränke ausriefen, und Dutzende von Arbeitslosen und Bettlern. Am Fuß der Treppe, die zum Schweinestall empor führte, befanden sich die Stände der fliegenden Buchhändler, die Gesetzestexte anboten, Schulbücher und zerlesene Romane.

Natürlich fehlten auch nicht die Sicherheitsbeamten mit ihren Uzi-Maschinenpistolen am Schulterriemen und die pistolenbewaffneten Leibwächter, nicht zu reden von den Militärpolizisten, die bewaffnet mit Gewehren und kurzläufigen Schrotflinten die Tore an allen vier Seiten des Gebäudes bewachten. Nur jemandem wie Edén konnte eine solche Operation nicht völlig wahnsinnig vorkommen, und er gab nicht nach, bis er die Führung der „Terceristas" davon überzeugt hatte, diese zu unternehmen, natürlich mit ihm selbst an der Spitze. An jenem Morgen, als sie durchgeführt wurde, bedeutete sie die Geiselnahme von mehr als dreitausend Menschen.

Wie bei der Geiselnahme im Dezember 1974 gab es auch diesmal dicke Fische darunter, niemand Geringeren als Luis Pallais Debayle, den Präsidenten des Kongresses und Cousin Somozas, der mitten in einer Plenarsitzung mit allen Abgeordneten war, und Antonio Mora Rostrán, Innenminister und gesetzlicher Vertreter des Präsidenten, der in seinem Büro überrascht wurde.

Die Mitglieder des Kommandos kamen auf Militärlastwagen und in den Uniformen der Soldaten der EEBI, der Eliteeinheit der Nationalgarde, die der Sohn Somozas, „El Chigüin", persönlich befehligte, und drangen im Laufschritt in das Gebäude ein, wobei sie die Leute mit Rufen aufforderten, den Weg frei zu machen, weil der Chef käme, was Somoza höchstpersönlich bedeutete; damit überraschten sie die Wachen so sehr, dass sie sie ohne Widerstand entwaffnen, die Türen von innen verriegeln und mit Ketten verbarrikadieren konnten, nachdem sie mit Schüssen eine Patrouille der Anti-Terrorbrigaden BECAT zurückgeschlagen hatten, die eine Routinerunde in der Umgebung drehte und wissen wollte, was hier los sei.

Bei dem Tempo, mit dem die Aktion ablief, hatte niemand erkennen können, dass die LKWs, die keine Militärlastwagen waren, in einem viel zu hellen Grün gestrichen waren, das wir in Nicaragua „Papageiengrün" nennen, dass die Uniformen nicht zueinander passten, und auch nicht, dass die Waffen ganz unterschiedlich waren, weil man von den verschiedenen Guerillafronten im Lande diejenigen herbei geholt hatte, die sich im besten Zustand befanden, und dass sich unter den Mitgliedern des Kommandos, die alle eilig kurz geschoren worden waren, damit sie wie Rekruten der EEBI aussahen, eine Frau befand, Dora María Téllez, die Nummer zwei des Kommandos und politische Verantwortliche der Operation. Edén war die Nummer Null und Hugo Torres, der ehemalige Teilnehmer des Überfalls auf die Villa von Chema Castillo, die Nummer eins.

Die EEBI war außerdem eine selbst innerhalb der Nationalgarde gefürchtete Einheit, vor der auch die Wachposten leicht erstarren konnten. Bei den Übungen, die man vom Hotel Intercontinental nebenan leicht mithören konnte, fragte ein nordamerikanischer Söldner mit dem Nachnamen Chaney die Rekruten: „Was trinkt ihr?" Worauf sie im Chor antworten mussten: „Blut, Blut, Blut!"

Edén war von Humberto Ortega aus Costa Rica herübergeschickt worden, um die Operation zu leiten, doch die „Terceristas" der Inneren Front waren bei allen herrschenden Widersprüchen nicht besonders geneigt, der Entscheidung Folge zu leisten, die zudem im Ausland getroffen worden war. Nach langen Diskussionen stimmten sie schließlich zu, Edén die Führungsrolle zu überlassen, doch nicht die Verhandlungsvollmacht. Als Obando, der auch diesmal als Vermittler fungierte, das Gebäude betrat und auf Edén zuging, um ihn nach den Forderungen zu fragen, die er Somoza überbringen sollte, musste ihn dieser an Dora María verweisen. Sich beim Besteigen des Flugzeugs die Maske abzunehmen, war später wohl ein Versuch, seinen verletzten Stolz wieder herzustellen, eine Angelegenheit, die schließlich nur ihn selbst etwas anging. Für das ganze Land war er der Held des Tages.

Das Kommando ließ sofort den größten Teil der Geiseln wieder frei, die öffentlichen Angestellten, Besucher und Verkäufer, und behielt nur die, die ihr Gewicht in Gold wert waren. Nach zwei durchwachten Nächten, während derer Obando kam und ging, begannen die vielen Stunden ohne Schlaf in der Guerillatruppe Folgen zu zeigen. Die Kommandomitglieder verloren das Zeitgefühl und vergaßen, wo sie sich genau befanden, und Hugo Torres meinte um Mitternacht den lauten Lärm von Lokomotiven auf der Plaza zu hören. Dora María merkte, dass sie schnell verhandeln musste, und gab nach, was das geforderte Lösegeld anging. Fünf Millionen Dollar waren gefordert worden.

Somoza ließ die Erklärung verbreiten, die Dora María Obando übergeben hatte, zahlte das Lösegeld und ließ alle sandinistischen Gefangenen frei, unter denen es auch Mitglieder der anderen Flügel gab wie Tomás Borge; andere, die keinem der drei angehörten, wie Fernando (*El Negro*) Chamorro, der wegen des Raketenwerferschusses auf die EEBI vom Hotel Intercontinental im Gefängnis saß, und weitere wie Leopoldo Rivas, der bei der Aktion vom Dezember 1974 von seinen eigenen Compañeros nicht heraus geholt worden war, zur Strafe für irgendein revolutionäres Vergehen.

Wie im Dezember 1974 säumte auch diesmal eine – allerdings viel größere – Menschenmenge die Straßen, durch die der Bus mit den Mitgliedern des Kommandos und seinen wichtigsten Geiseln auf dem Weg zum Flughafen passierte, und jetzt liefen die Menschen fahnenschwenkend hinterher, klopften mit den Fäusten gegen die Karosserie, stoppten an den Straßenecken seine Fahrt und eine lange Karawane aus Motorrädern und Autos folgte ihm, begleitet von einem fröhlichen Hupkonzert.

In einem besonderen Arrangement, einem Symbol für die neuen Bündnisse, flogen die Mitglieder des Kommandos und die befreiten Gefangenen jetzt Richtung Panama und Venezuela, nicht nach Kuba; doch in letzter Minute musste die Hercules-Transportmaschine, die Carlos Andrés Pérez geschickt hatte, leer nach Caracas zurückkehren. Die ideologischen Vorbehalte spielten immer noch eine Rolle, und Tomás Borge wollte die Hilfe eines sozialdemokratischen Präsidenten nicht in Anspruch nehmen. Um die Sache wieder gutzumachen, schickten wir „Terceristas" später Edén Pastora zu Carlos Andrés, um ihm die Fahne zur Verwahrung anzuvertrauen, die aus dem Sitzungssaal des Nationalkongresses stammte und die an ihren Platz zurückgebracht werden sollte, sobald wir ein demokratisches Parlament besaßen.

Die Besetzung des Nationalpalastes war nur der Auftakt für die neuen, schon in Marsch gesetzten Aufstandspläne, die im September ausgeführt werden sollten. Doch das Klima der Begeisterung und Erregung führte zu Reaktionen, die niemand aufzuhalten vermochte. Am 25. August errichteten mit Pistolen und Jagdgewehren bewaffnete junge Leute, in ihrer Mehrzahl Oberschüler, Barrikaden in den Straßen der Stadt Matagalpa, und dieser spontane Aufstand provozierte die Mobilisierung starker Kontingente der Nationalgarde in einer Operation, die die Generalprobe für die blutigen Säuberungsaktionen des folgenden Monats sein sollte.

Mit den Barrikaden in den Straßen von Matagalpa wurde es notwendig, die Vorbereitungen für die Offensive vorzuziehen, bevor ihnen in anderen Teilen des Landes mit Aktionen zuvor gekommen wurde; so beschleunigten wir auch die Planungen für den nationalen Streik, über die ich die Chefs der inneren Front auf dem Laufenden hielt: *Gordo Pín* und Joaquín Cuadra (*Rodrigo*).

Am 8. September, einen Tag vor dem festgelegten Datum für die Offensive, hatte ich mich mit ihnen im Haus von Doktor Eduardo Conrado Vado im Stadtteil „Los Robles" getroffen. Es war um die Mittagszeit, und Doña Mariita, seine Frau, hatte uns gerade einen Teller Caneloni aufgetischt. Doktor Conrado Vado, ein alter konservativer Anwalt und außerdem ein umsichtiger Verschwörer, war vor die Tür gegangen, um eine Runde um den Block zu machen und die Lage zu prüfen.

„Muchachos", sagte er, als er zurückkam, „ich will euch keinen Schrecken einjagen, doch das Viertel ist schon eine ganze Weile von der Polizei umstellt."

Mir blieb der Bissen im Hals stecken, doch die beiden anderen aßen ruhig weiter.

„Das hat sicher gar nichts mit uns zu tun", meinte Pín. „Sonst wären sie schon längst reingekommen."

Doktor Conrado Vado ging auf Bitten von Joaquín noch einmal nachschauen, während Doña Mariita vor ihren Heiligenbildern betete. Nach einer Weile kam er zurück. Es war immer noch das gleiche Bild. Die Nissan-Jeeps der OSN – Somozas Sicherheitsdienst – blockierten die Seitenstraßen, und die Zivilbeamten patrouillierten nach wie vor auf den Gehsteigen. Zu meinem Erstaunen blieben die beiden weiterhin ruhig und machten sogar Witze, waren sie doch absolut sicher, dass es auf gar keinen Fall mit uns zu tun hatte.

Es war schon nach zwei Uhr. Ich musste als Erster das Haus verlassen, denn der Wagen, der mich zu einem Treffen des Streikkomitees abholen sollte und den auch wieder Rodrigo Cardenal steuerte, würde Punkt halb drei vor dem Haus vorbeifahren und nur gerade so lange anhalten, dass ich einsteigen konnte. Wenn ich nicht da war, würde er noch eine Runde fahren, und diese zweite Chance war die Letzte. Weil der Ort der nächsten Zusammenkunft immer am Schluss jeder Sitzung vereinbart wurde, verlor ich wenn ich nicht teilnahm jeden Kontakt und blieb von den Vorbereitungen des Streiks ausgeschlossen.

Nie trug ich in jenen Tagen eine Waffe, denn sie hätte mir nur wenig genützt, wenn sie mich hätten umbringen oder festnehmen wollen. So ging ich unter den belustigten Blicken der beiden anderen hinaus, um auf das Fahrzeug zu warten, das auch pünktlich erschien. Ich stieg ein, wir näherten uns der Straßensperre an der nächsten Ecke, und nachdem die Sicherheitsbeamten durch die Seitenfenster herein geschaut hatten, winkten sie uns durch.

Ich nahm an der Versammlung teil und wurde in mein Versteck im selben Stadtteil zurückgebracht, der inzwischen nicht mehr abgeriegelt war. Zu der Zeit wohnte ich im Hause eines sehr jungen Paares, phantastische Leute, wenn man einmal bedenkt, dass sie mich aufnahmen ohne mich zu kennen, einfach nur, weil jemand sie darum gebeten hatte. Sie arbeitete bei Lanica, der Fluglinie, die Somoza gehörte, und er war Ingenieur. Sie hatten einen kleinen Sohn, der mich durch seine großen Brillengläser freundlich und neugierig ansah und mit dem ich das Schlafzimmer teilte. Später erfuhr ich, dass sie Nicaragua nach dem Sieg der Revolution für immer verlassen hatten.

Ganz in der Nähe hatte Fernando Cardenal im Haus von Doktor Rafael Chamorro Mora Unterschlupf gefunden, des Schwagers von Alfonso González Pasos, der, wie ich schon erzählte, mit einem Teil seiner Familie in seinem Haus in Jiloá ermordet worden war. Kaum war ich zurückgekehrt, da schickte mir Fernando auf einem Zettel eine Nachricht: In der Nachbarschaft war Gustavo Argüello Hurtado verhaftet worden. Die Operation der Sicherheitsbehörden an diesem Mittag war gestartet worden, um ihn in seinem Büro bei der Zuckerfirma „Azucarera Monterrosa" festzunehmen, die der Familie seines Schwiegervaters gehörte.

Gustavo, der unter Asthma litt, starb noch am gleichen Abend im Gefängnis unter der Folter, dort, wo auch César Amador ermordet wurde, der Sohn des bekanntesten Neurochirurgen des Landes mit demselben Namen. Die beiden „Terceristas" hatten sich zu den Trupps gemeldet, die am nächsten Tag die Polizeikasernen von Managua unter Beschuss nehmen sollten, eine Aktion, die als Ablenkungsmanöver gedacht war, während die Hauptkräfte der Guerilla die Militärstützpunkte in Masaya, León, Chinandega und Estelí angriffen.

Am Samstag, dem 9. September 1978, begann bei Sonnenuntergang zwischen sechs und sieben Uhr abends in synchronisierter Form die Offensive. Doktor Cuadra Chamorro hatte im Hause von Doktor Conrado Vado Zuflucht gesucht, vor dem Erdbeben sein Nachbar an der Avenida Bolívar, und dort setzten wir uns zusammen. Als die ersten Schüsse zu hören waren, begannen die beiden Whisky zu trinken und die Flasche wurde schnell leer, denn Doktor Cuadra Chamorro wollte so schnell wie möglich betrunken werden, weil er wusste, dass sein Sohn dort draußen kämpfte. Plötzlich hörte man auf der Straße Stimmen, dann Rufe; Jungen kamen vorbei, die verletzte Compañeros trugen, andere klopften an die Türen und fragten nach Jagdmunition.

Die Reaktion Somozas auf die Offensive war brutal. Die Guerillakräfte hatten ihr Ziel erreicht, die Städte unter Kontrolle zu bringen und die Armee in den Kasernen festzuhalten, während die Menschen in den Straßen zum Aufstand übergingen. An dieser Aktion nahmen jetzt schon Kämpfer der drei Flügel der FSLN teil. Doch die Schlagkraft der Diktatur war überlegen, und Somoza wählte die Methode, alle seine Kräfte, Panzer, Flugzeuge, Infanterie zunächst auf eine einzige Stadt zu konzentrieren, angefangen mit Masaya, und wenn dort die Säuberungsaktion beendet war, die Bombardements, Brände, Massenflucht und Tausende von Opfern bedeutete, mit der folgenden weiterzumachen; León, Chinandega, zum Schluss Estelí, bis er sie alle wieder zurückerobert hatte. In jeder dieser Städte zogen die Truppen der Infanterie anschließend Straße für Straße von Haus zu Haus, und wenn sie einen Burschen erwischten, der Spuren von Schießpulver an den Händen hatte, wurde er sofort erschossen.

Somoza ließ den Belagerungszustand ausrufen, schloss die Zeitung „La Prensa" und verhängte eine Zensur über die Radiosender. Die Verfolgung machte vor niemandem mehr Halt, und viele der politischen Führer der FAO einschließlich derer aus den Parteien der Rechten waren im Gefängnis, unter der Anklage, den Generalstreik vorbereitet zu haben, der die Wirtschaft des Landes lahm legte. Die Botschaften füllten sich mit Asylsuchenden, einer davon mein Bruder Rogelio, der dem GPP-Flügel angehörte.

Als die Septemberoffensive losbrach, beschuldigte uns „Novedades", die Zeitung Somozas, zu einer „kriminellen Vereinigung" zu gehören, und eine Patrouille der OSN unter Befehl des Hauptmanns Lázaro García kam auf der Suche nach uns nach Masatepe. Sie hatten gesehen, wie Rogelio unser Elternhaus betrat, wo man auch mich vermutete, und sie bereiteten den Überfall vor, indem sie schon zuvor einen Scharfschützen auf einen der Kirchtürme gegenüber plazierten.

Mein Cousin Francisco Ramírez Beteta, der Sohn meines Onkels Alberto, des Geigers, hatte sich zu den Paramilitärs gemeldet; in den letzten Tages des Aufstands, als Masatepe schon in Händen der Volksmilizen war, die sich spontan aus der Bevölkerung gebildet hatten, wurde er mit anderen Kollaborateuren der Nationalgarde an der Friedhofsmauer erschossen unter der Anschuldigung, am Tod vieler junger Leute beteiligt gewesen zu sein, die man aus ihren Häusern heraus verhaftet hatte.

Francisco trug den Spitznamen *Mordelón*, „Beißerchen"; ein Name, der bei seinem Geschäft als Paramilitär entsetzlich klang, den ihm jedoch mein Onkel Alberto als Kind gegeben hatte. An diesem Tag überquerte er den Kirchplatz vom Stützpunkt der Nationalgarde aus unter dem Vorwand, im Kolonialwarenladen, den mein Vater im Haus unterhielt, Zigaretten zu kaufen. Dabei warnte er ihn vor dem bevorstehenden Überfall, während die Patrouille schon von Managua aus unterwegs war. So konnte Rogelio über den Hinterhof fliehen, um noch am selben Tag in der Botschaft von Panama um Asyl zu bitten, und er verdankte *Mordelón* sein Leben, während wir später nichts für das seine tun konnten.

Lázaro García stellte das ganze Haus auf den Kopf und öffnete die Türen mit Gewehrkolbenschlägen. Weil er uns nicht fand, nahm er aus Wut meinen Vater mit zur Kaffeeplantage San Luis, dem Erbe meines Großvaters mütterlicherseits, die sie gleichfalls durchsuchten, um ihn schließlich auf dem Weg zwischen den Kaffeepflanzungen niederknien zu lassen, ihm die automatische Pistole an die Schläfe zu setzen und ihm zu drohen, dass er umgebracht würde, wenn er unser Versteck nicht verriet. Mein Vater war in den fünfziger Jahren Bürgermeister für die Liberale Partei Somozas gewesen, doch half ihm das jetzt nichts mehr.

„Bringt mich ruhig um", sagte er ganz ergeben. „Ich weiß nicht, wo meine Söhne sind. Und selbst wenn ich es wüsste, meint ihr, dass ich es euch dann sagen würde?"

Sie ließen ihn schließlich gehen, und er musste zu Fuß zurück laufen. Gelassen und freundlich, wie er war, freigebig Fremden gegenüber bis zu einem Grade, der meine Mutter verzweifeln ließ, ein geborener Humorist von der Sorte, die einem einen Streich spielen und dann so tun, als sei nichts gewesen, verlor er nie die Ruhe und seine gute Laune.

„Ich hab noch nie eine so vulgäre Sprache gehört", erzählte er mir später ganz traurig, mehr gedemütigt durch die Beleidigungen als erschrocken darüber, dass man ihm eine Pistole an den Kopf gesetzt hatte.

Während der Schlussoffensive 1979, als die sandinistischen Truppen von Jinotepe nahten und die Reste der Nationalgarde, die aus allen Orten des Südens vertrieben worden waren, sich in Masatepe verschanzten, weigerte er sich, das Haus zu verlassen, obwohl der gesamte Platz mitsamt der Kirche mit Stacheldraht abgesperrt und mit Dynamitladungen vermint worden war, um einem Angriff auf den Kommandoposten der Nationalgarde abzuwehren. Die Hubschrauber, die vor der Kirche Nachschub abluden, flogen über das Haus und hielten in der Luft an, um mit ihren Scheinwerfern hineinzuleuchten und ihn und meine Mutter einzuschüchtern.

Als sie mich damals in Masatepe suchten, wohnte ich im Hause von José Ramiro Reyes am „Mirador de Santo Domingo", einem vornehmen und wenig bebauten Stadtteil. Hinter den Mauern kamen die Geräusche des Krieges von sehr weit her, und man hörte nur ganz deutlich das Glucksen des Wassers im Swimmingpool, der im Schatten der Bäume versteckt lag. José Ramiro, Aktionär der Victoria-Brauerei und der Pepsi Cola-Abfüllfabrik, war der Erbe der reichsten Familie von León und seine Frau Ruth Lacayo stammte aus einer anderen, ebenfalls sehr wohlhabenden Familie; ihr Vater besaß das größte Importgeschäft Managuas. Bis dorthin kam die Besitzerin eines Schönheitssalons, die mit uns sympathisierte, um mir eine Frisur zu machen, mit der mein Aussehen verändert werden sollte.

Das Ehepaar Reyes war sehr katholisch und sehr engagiert im politischen Kampf. In jenem so ruhigen Paradies hefteten die beiden bis spät nachts subversive Broschüren, unter ihnen Anleitungen zum Bau von Sprengsätzen und zum Auseinandernehmen und Zusammensetzen von Gewehren. In dem Zimmer, das Miguel D'Escoto und ich uns teilten, schlief auch Raúl Venerio (*Willy*), einer der Anführer der Inneren Front der „Terceristas" und späterer Chef der sandinistischen Luftwaffe. Für die Kinder von José Ramiro und Ruth waren wir Onkel, ich war der Onkel Baltazar. Auch sie gingen später aus Nicaragua fort.

Gegen alle Sicherheitsregeln teilten wir unseren Unterschlupf mit den Guerilleros, denn das Netz der Häuser, auf die wir zurückgreifen konnten, wurde wegen der Angst, die sich nach dem Beginn der Septemberoffensive verbreitete, immer begrenzter. Zum Beispiel versteckte sich im Haus von Miguel Angel und Titina Maltéz – einem fröhlichen Paar, das gern feierte und gleichzeitig sehr mutig war – im Stadtteil „Los Robles" Don Emilio Baltodano im gleichen Zimmer, in dem manchmal Joaquín Cuadra (*Rodrigo*) übernachtete; und unter dem Bett von Don Emilio lagerte ein ganzes Arsenal von Gewehren, Magazinen und Handgranaten, über das er mit nervösem Lachen seine Scherze machte. Miguel Angel wurde später verhaftet und zusammen mit seinen Söhnen im Gefängnis der OSN fürchterlich gefoltert.

Ich selbst konnte immer im Haus von Doktor Gonzalo Ramírez Zuflucht suchen, einem Radiologen, dessen ältester Sohn von der Nationalgarde ermordet worden war und der im Belmonte-Viertel wohnte, einem Stadtteil voller Ärzte. Dabei war mir nicht klar, dass er und seine Frau, die sich dem GPP-Flügel zugehörig fühlten, ökonomische Unterstützer der Frente Sandinista waren. Während ich in meinem Zimmer mit den Mitgliedern des Streikkomitees tagte, gab es vielleicht in der Praxis auch ein Treffen des GPP- oder des Proletarier-Flügels. Es gelang ihnen die ganze Zeit über, ihre eigene, kleine Verschwörung geheimzuhalten, sie gestanden sie mir erst nach dem Sieg.

Es war in diesem Monat September, dass die Carter-Regierung sich ernsthaft mit Nicaragua zu befassen begann. Gleich zu Beginn der Offensive bat Botschafter Mauricio Solaún um eine Unterredung mit der „Gruppe der Zwölf", und wir trafen uns in einem Haus im Stadtteil Bolonia in der Nähe des Verteidigungsministeriums, wo ein paar eher verängstigte als aufmerksame Soldaten hinter Sandsäcken Wache hielten. Die Unterredung war durch den Besitzer des Hauses zustande gekommen, einen ehemaligen Angestellten des nordamerikanischen Konsulats, der mit Don Emilio Baltodano verwandt war, und es nahmen der Priester Miguel D'Escoto, Don Emilio und ich daran teil.

Solaún erschien in Begleitung seines Botschaftsrates Jack Martins, der zum arroganten Image des hässlichen Amerikaners passte. Soláun hingegen wirkte wie ein Universitätsprofessor im Sabbatjahr, ein wenig gewollt lässig in seinem Tropenhemd und seinen Mokassins, geschickt im Umgang mit seiner Zigarre, doch durch seinen kubanischen Akzent ohne imperiale Ausstrahlung.

Er sagte uns, dass die Vereinigten Staaten besorgt über das Blutvergießen seien und wollte unsere Haltung gegenüber einer Feuerpause wissen. Miguel D'Escoto unterbrach ihn, um ihn zu fragen, wann die Vereinigten Staaten gemerkt hätten, dass die Nicaraguaner Blut in ihren Adern hätten. Martins runzelte die Stirn und Solaún schien eher verwirrt als verärgert.

Wie ein Professor im Sabbatjahr bemühte sich Solaún dann auch zu erklären, dass die Hegemonialpolitik der USA zu Ende war, nachdem Kissinger von der Bildfläche verschwunden war. Martins wollte sich rächen und meinte, nicht nur sie hätten Schuld daran, dass Somoza noch an der Macht sei, sondern auch die Nicaraguaner, denn anstatt ihn zu bekämpfen, klopften sie dauernd an die Tür der Botschaft und bäten darum, dass die USA eingriffen.

Diesmal, so antwortete ich ihm, waren wir wirklich einer Meinung. Wenn wir bereit gewesen wären, uns zu diesem Gespräch zu treffen, dann deshalb, um sie genau um das Gegenteil zu bitten, nämlich sich nicht einzumischen. Das bedeutete auch jede finanzielle und militärische Hilfe für Somoza einzustellen; und was seine Meinung über die Politiker betraf, die dauernd an die Tür der Botschaft klopften, so teilte ich diese. Dabei handelte es sich um eine schlechte nicaraguanische Angewohnheit, die nur schwer zu überwinden war, und nur ein wirklicher Wandel in Nicaragua würden dem ein Ende machen.

Solaún erkannte an, dass die USA die Verantwortung dafür trugen, dass Somoza noch an der Macht war, bekräftigte jedoch ihren Willen, das zu ändern; Somoza sah sie inzwischen als Feinde an, und das Klima seiner Unterredungen mit ihnen verschlechterte sich zusehends. Schließlich fragte er uns, ob wir bereit seien, einen Vorschlag des costaricanischen Präsidenten Rodrigo Carazo anzunehmen, damit eine Kommission aus lateinamerikanischen Ländern sich sofort um eine Feuerpause bemühe. Wir sagten ja, und je schneller umso besser. Es war notwendig, die Bombardements der wehrlosen Städte und den Massenmord an der Zivilbevölkerung zu beenden.

Das nächste Mal sah ich Solaún am 15. September als Mitglied der Politischen Kommission der FAO, die wie ich schon sagte aus Alfonso Robelo, Rafael Córdoba Rivas und mir bestand. Wir unterhielten uns in seinem Büro in der Botschaft. Die Lage hatte sich seit unserem letzten Zusammentreffen verändert, als die Frente Sandinista versuchte, im Departement Rivas ein Kontingent Guerilleros einzuschleusen, um Kräfte der Nationalgarde zu binden; eine Operation, die gescheitert war. Jetzt schickte sich Somoza zur

Rückeroberung von León an, nachdem er die Situation in Masaya erbarmungslos unter Kontrolle gebracht hatte. Wieder sprachen wir über die internationale Kommission und die dringende Notwendigkeit, die Bombardierungen zu beenden. Am folgenden Tag gab das State Department entgegen all unserer Skepsis eine Erklärung ab, in der es die von Somoza begangenen Gräueltaten verurteilte und zu einer Feuerpause aufrief.

Doch sollte die „Kommission der freundschaftlichen Zusammenarbeit und Anstrengungen zur Versöhnung" erst einen Monat später gebildet werden, durch die Resolution einer Konferenz der OAS, die am 23. September 1978 auf Initiative Venezuelas in Washington abgehalten wurde. Eine Verurteilung Somozas, von Mexiko vorgeschlagen, scheiterte nur an einer Stimme. Und als sei es ein Zeichen für die neue Politik, die uns Solaún angekündigt hatte, drängte der Vizeaußenminister der USA, Warren Christopher, darauf, dass die Anschuldigungen von Massenverhaftungen, Folterungen und wahllosen Erschießungen von Zivilisten als Verletzungen der Genfer Konvention genauestens untersucht würden.

Die Resolution der OAS kam ziemlich spät, als schon dreitausend Menschen ermordet worden waren. Am selben Tag, als sie veröffentlicht wurde, besetzte die Nationalgarde die Stadt Estelí, die letzte, die Widerstand geleistet hatte. Die Straßen waren von Leichen übersät, das Geschäftsviertel von den Bombardements zerstört, die Tabakfabriken mit Raketen in Brand geschossen, und die Bevölkerung floh in Richtung der honduranischen Grenze und zu den Gehöften und Dörfern in der Nähe, aus Angst vor der bevorstehenden Säuberungsaktion, die das Rollen der Schützenpanzer und die Kolbenschläge gegen die Türen ankündigten. Der Arzt Alejandro Dávila Bolaños, ein humanistisch gesinnter Mann und einer der besten Kenner der alten indianischen Sprachen der Region, wurde aus dem Operationssaal des Krankenhauses geholt, wo er gerade eines der Opfer des wahllosen Beschusses operierte, und auf offener Straße ermordet.

Der Botschafter William Jordan wurde in einem Flugzeug der Air Force vom Weißen Haus nach Nicaragua geschickt, um Somoza zu überreden, eine Vermittlung zu akzeptieren, was er erst nach mehrfachem Hin- und Herreisen erreichte. Die Aufgabe mit der politischen Kommission der FAO zu verhandeln lag in den Händen eines weiteren Sondergesandten, Malcolm Barnaby; ein Name, den ich manchmal in der Erinnerung mit dem von Barnaby Jones verwechsle, einer Person aus einer damals sehr beliebten Fernsehserie.

Als wir Barnaby zum ersten Mal trafen, hatte Somoza die Vermittlungskommission der OAS noch nicht akzeptiert, mit dem Argument, sie stelle eine Einmischung dar, einem Argument, das aus seinem Munde nur Lachen hervorrufen konnte. Ich fragte Barnaby, was geschähe, wenn Somoza sich weiterhin weigerte, die Kommission zu akzeptieren.

„Wir werden ihn mit Mitteln unter Druck setzen, von denen selbst Sie überrascht sein werden", sagte er, indem er sich seine Fliege gerade zog und unaufhörlich ein selbstbewusstes Lächeln zur Schau stellte.

Nach wenigen Tagen stoppte der US-Kongress die Auszahlung eines acht-Millionen-Dollar-Kredits an Somoza. Darüber konnte man in der Tat überrascht sein, und Präsident Carter schickte ein Kriegsschiff mit modernster Spionageelektronik vor die Pazifikküste Nicaraguas, worüber man auch überrascht sein konnte, weil es so seltsam und harmlos war, auch wenn es eine Demonstration von Macht sein sollte.

Am 25. September 1978, dem gleichen Tag, an dem der Generalstreik zu Ende ging, akzeptierte Somoza schließlich die Kommission, veröffentlichte jedoch gleichzeitig eine Liste von Ländern, die ihr angehören sollten: El Salvador, Guatemala, Argentinien, Brasilien, sie alle unter Militärdiktaturen, so als sei es so vereinbart worden. Die Politische Kommission der FAO protestierte, und bei unserem Treffen mit Barnaby am folgenden Tag gab dieser uns Recht und sagte, dass sie von jetzt ab keine weiteren Täuschungsmanöver Somozas mehr hinnehmen würden. Bei der Rückkehr von Jordan, der sich in Washington befand, würde Somoza davon in Kenntnis gesetzt werden, dass die USA beschlossen hätten, eine „aktive und vorrangige" Rolle in der Kommission zu spielen; das bedeutete, dass sie sich einschlossen, was auch als eine Benachrichtigung an uns gemeint war.

Außerdem würden sie auch keine Vorbedingungen für die Verhandlung akzeptieren. Weder konnte Somoza sein Verbleiben an der Macht bis 1981 fordern, wie er es immer wieder getan hatte, noch konnten wir die Aufhebung des Kriegsrechts und die Wiedereinführung der Pressefreiheit fordern, was wir als notwendig erachteten, um die Gespräche zu eröffnen.

Zum Schluss fragte ich Barnaby, was die Vereinigten Staaten denn mit diesen Verhandlungen beabsichtigten, wo es doch keine humanitären Ziele mehr dabei gäbe. Er antwortete mit einer akademischen Erklärung: Die USA hätten keine vorgefasste Absicht; wir Nicaraguaner seien es, die eine Lösung suchen müssten, die die Kommission nur in Gang bringen konnte. Darauf sagte ich ihm, die Lösung sei das Abtreten Somozas und die Abschaffung seines Systems. Wenn die Kommission das Gegenteil im Sinn habe, würden wir nur unsere Zeit verschwenden.

Somoza wurde von Jordan gnädig das Recht zugesprochen, selbst die Liste der Länder verkünden zu dürfen, die der Kommission angehören sollten: die USA, die Dominikanische Republik und Guatemala. Zur Belohnung für seine Flexibilität gewährte ihm der Kongress sofort den gesperrten Kredit. Als Antwort erklärte die Politische Kommission der FAO die Verhandlungen, die noch gar nicht begonnen hatten, für gescheitert und beschuldigte die USA wieder einmal ihr altes Spiel zu spielen.

Wir hatten uns in der Praxis von Doktor Gonzalo Ramírez versammelt und es war Alfonso Robelo, der zum Telefon griff und Solaún vom Abbruch der Verhandlungen unterrichtete; und er tat das mit solcher Vehemenz, dass wir applaudierten, als er aufgelegt hatte. Ein paar Tage später übergab uns Solaún ein von ihm selbst unterzeichnetes Schreiben, in dem sich die Vereinigten Staaten dazu verpflichteten, die Auszahlung der Kredite zurückzuhalten, solange nicht ein Demokratisierungsprozess in Nicaragua zu erkennen sei.

Die Kommission kam schließlich nach Managua, formell angeführt von Admiral Emilio Jiménez, dem Außenminister der Dominikanischen Republik, der ein Jahrzehnt später als Berater der Contra bei den Friedensverhandlungen fungieren sollte. Die beiden anderen Mitglieder waren Ramón Obiols, der Vizeaußenminister Guatemalas, der kein einziges Mal den Mund aufmachte, und Botschafter William Bowdler für die USA, der eigentliche

Kopf der Kommission, mit dem ich nicht nur damals verhandeln musste, sondern auch ein halbes Jahr später, kurz vor dem Sieg der Revolution.

Bowdler, hochgewachsen und schon ein wenig kahl, mit einem richtigen Babyface und einem kaum wahrnehmbaren Lächeln, war in Buenos Aires zur Welt gekommen und sprach ein ausgezeichnetes Spanisch mit argentinischem Akzent, was bei einem Yankee durchaus ein wenig belustigend wirkte. Seine wichtigste diplomatische Erfahrung hatte er in Kuba gemacht, wo er fünf Jahre lang bis zur Schließung der Botschaft 1961 gedient hatte; deshalb kannte er sich auch mit Revolutionen aus.

Seine Aufgabe war es von Anfang an, den Rücktritt Somozas herbeizuführen, doch so viel wie möglich von dessen System zu bewahren und den sandinistischen Einfluss in einer zukünftigen Regierung zu begrenzen. Die Vereinigten Staaten wussten, Somoza mochte zwar die September-Offensive überlebt haben, doch würde dies nicht die letzte sein, und sie mussten die Verhandlungen so führen, dass sein Rücktritt erleichtert wurde, während die Nationalgarde als Institution erhalten blieb. Für uns sah die Tagesordnung ähnlich aus, nur anders herum: Das System durfte Somoza nicht überleben, wir wollten soviel Einfluss wie möglich in einer zukünftigen Regierung, und die Nationalgarde musste verschwinden, um Platz für eine neue Armee zu machen.

Am 5. Oktober 1978 lehnten wir drei Mitglieder der Politischen Kommission der FAO in einem Manifest jegliche Vermittlerrolle der Kommission der OAS ab, was auf alle Fälle unmöglich zu vermeiden sein würde. In unserem Manifest erklärten wir, dass Vermittlung politische Einmischung bedeutete, genauso wie im Falle der Dominikanischen Republik nach der Besetzung durch die USA im Jahre 1964; und es darf hier daran erinnert werden, dass Somoza damals zu jener Besetzung mit einem Kontingent Nationalgardisten unter dem Befehl von Oberst Enrique Bermúdez beigetragen hatte, der später der Oberbefehlshaber der Contra werden sollte. Wir forderten auch den Stopp jeder Militärhilfe für Somoza vor Beginn der Verhandlungen, eine Forderung, die damals kein Echo fand, die Carter im folgenden Jahr jedoch bald beschließen sollte.

Wir waren auch nicht bereit, uns mit der Delegation aus drei Ministern unter Führung des Außenministers Julio Quintana, die Somoza bestimmt hatte, an einen Tisch zu setzen. Wir hielten diese Forderung aufrecht, und die Vermittlungskommission traf sich mit uns in der Erzbischöflichen Kurie in Managua, um sich anschließend im Außenministerium mit den Regierungsvertretern zu treffen.

Diese indirekten Gespräche konnten zu nichts führen, denn die eigentlichen Akteure der Auseinandersetzung versuchten nur Zeit zu gewinnen und ihre Position zu stärken. Somoza hatte angekündigt, die Zahl der Soldaten der Nationalgarde auf 15000 zu verdoppeln, um mit einer neuen Offensive fertig zu werden; und die FSLN bereitete sich auf diese allerletzte Offensive damit vor, dass sie so viele Waffen wie möglich besorgte, um die Kämpfer zu bewaffnen, die sich weiterhin scharenweise ihren Reihen anschlossen.

Die Verhandlungen würden jetzt und in der Zukunft von den Entscheidungen auf dem Schlachtfeld abhängen. Und weil sich in der FAO die Überzeugung verbreitete, die Schlagkraft der FSLN sei in der Septemberoffensive vernichtet worden, konnte Bowdler seinen Zielen näher kommen.

Er präsentierte uns einen Vier-Punkte-Plan, der den Rücktritt Somozas und seine Ausreise mit seiner gesamten Familie, die Ernennung einer provisorischen Regierungsjunta aus drei Mitgliedern, den Neuaufbau der Nationalgarde und Wahlen für eine verfassungsgebende Versammlung vorsah. Dieser Plan erschien meinen Kollegen in der Politischen Kommission der FAO so attraktiv, dass sie den Vorschlag Bowdlers akzeptierten, ihn der anderen Seite als ihre eigene Initiative vorzustellen. Somoza, der sich wieder stark fühlte, würde sich niemals einem solchen unterwerfen; doch je länger die Verhandlungen dauerten, umso mehr würde er zum Gewinner werden, weil er politisches Terrain zurück gewann.

Es wurde alles immer unannehmbarer. Am 25. Oktober beschloss die „Gruppe der Zwölf", aus der FAO auszutreten, die Verhandlungen für ungültig zu erklären und Asyl zu suchen. Der Geschäftsträger Mexikos, Gustavo Iruegas, benachrichtigte die Somoza-Regierung von unserem Asyl noch am gleichen Abend, als wir in seinem Haus in „Las Colinas" Zuflucht gesucht hatten, und Außenminister Julio Quintana reagierte darauf am Telefon mit Verwirrung und Enttäuschung, genau wie Bowdler, als er es erfuhr. Die Balance der Kräfte fiel in sich zusammen, weil ohne die „Zwölf" die FSLN nicht mehr vertreten war, und jede Vereinbarung, die zwischen FAO und Somoza unterzeichnet würde, den Krieg nicht beenden würde.

Der mexikanische Präsident López Portillo, der im darauf folgenden Jahr die diplomatischen Beziehungen zu Somoza abbrechen sollte, um seine Isolierung zu beschleunigen, hatte schon seit längerem den Botschafterposten in Managua unbesetzt gelassen. Gustavo und seine Frau Susy führten mit Hingabe ihre Übergangsfunktion aus, die so delikat war, dass sie sie leicht hätte überfordern können, so jung, wie sie noch waren; intelligent, sensibel und entschlossen identifizierten sie sich ganz mit unserer Sache, und nicht wenige Male gingen sie weit über ihre diplomatischen Funktionen hinaus.

Eines Nachts musste ich heimlich die Botschafterresidenz verlassen, weil ich mich unbedingt mit Joaquín Cuadra (*Rodrigo*) treffen musste, etwas, das nach dem Reglement des Asyls unvorstellbar war. Wenn man mich festnahm oder umbrachte, hätte Gustavo nicht erklären können, was ich draußen gemacht hatte. Im Fond eines Wagens verborgen, fuhr ich zu dem Treffen, das in der Praxis des Zahnarztes Oscar Cortés im Stadtteil „Los Robles" stattfand, der später unser Botschafter in Schweden wurde. Gegen Mitternacht kehrte ich zurück und sprang über den Gartenzaun. Ich bin sicher, dass Gustavo und Susy Bescheid wussten, obwohl sie es nie erwähnten.

Im Nachbarhaus, das auch zur Botschaft gehörte, hatten nicht weniger als zweihundert junge Leute Asyl gefunden, zu denen ich jeden Tag hinüber ging, um ihnen gruppenweise Unterricht in nicaraguanischer Geschichte zu geben. Ihr tagtägliches Frühstück, Mittagessen und Abendbrot waren Büchsensardinen, die aus Mexiko eingeflogen wurden, und nicht nur einmal hörte ich dort die Parole: „Viva el Frente Sardinista!"

Unser Asyl währte über einen Monat. Ich begann ein Buch über die Gräueltaten Somozas während der Niederschlagung des

Septemberaufstands zu schreiben, wobei ich mich auf die Mitschnitte des Funkverkehrs der Nationalgarde und die Zeugnisse stützte, die die Permanente Menschenrechtskommission gesammelt hatte. Das Buch, das im Verlag „Siglo XXI" in Mexiko erscheinen sollte, beschrieb auch den Verhandlungsprozess, an dem ich teilgenommen hatte. Aber schließlich blieb es unvollendet.

Somoza weigerte sich, uns freies Geleit für eine Ausreise nach Mexiko zu gewähren. Es war klar, dass es für ihn besser war, uns eingesperrt zu halten, abseits der Verhandlungen, die sich jetzt zu seinen Gunsten entwickeln würden. Und so machte er am 6. November 1978 den Gegenvorschlag eines von ihm unter seinem Wahlgesetz durchgeführten Volksentscheids: Wenn er gewann, blieb er; wenn er verlor, wollte er gehen. Etwas Abgefeimteres konnte man sich nicht vorstellen, doch Bowdler fand es nicht schlecht, und er brachte es auf den Verhandlungstisch.

Jetzt waren die Dinge da, wo Somoza sie haben wollte, und angesichts des Widerstands der FAO gestand er zu, dass das Plebiszit unter internationaler Überwachung abgehalten werden sollte, womit es angenommen wurde. Als Belohnung für den guten Willen der FAO hob er am 7. Dezember das Kriegsrecht auf und schaffte den schwarzen Kodex ab, wie das Gesetz zur Pressezensur genannt wurde. Bei Sonnenuntergang des 8. Dezember übergab ein Marine-Soldat aus der Wachmannschaft der US-Botschaft den Journalisten eine Erklärung der Vermittlungskommission, mit der darüber informiert wurde, dass sich an diesem Tag zum ersten Mal die Vertreter Somozas und der FAO gemeinsam an den Verhandlungstisch gesetzt hatten.

Weil Somoza uns kein freies Geleit gewährte, verließen wir unser Asyl, und am 18. Dezember gingen wir wieder auf die Straße, um gegen den Volksentscheid und gegen einen „Somozismus ohne Somoza" zu protestieren. Auf politischer Ebene war dies auch so etwas wie eine Guerillataktik. Doch kümmerte sich schließlich Somoza selbst darum, das Plebiszit vom Tisch zu schaffen; er bekam das Gefühl, dass er nichts mehr zu befürchten hatte und widerrief am 12. Januar alle Vereinbarungen. Die Antwort Carters war die Sperre der Militärhilfe und der Rückruf der Hälfte des Personals der Botschaft in Managua.

Für den Augenblick war meine Aufgabe in Managua beendet. Tulita kam aus Costa Rica, und gemeinsam verließen wir Nicaragua wieder, auf eine Art, die zeigte, wie leckgeschlagen das Schiff Somozas war. Weil es verboten war, mir ein Ausreisevisum auszustellen, zahlte ich dem Chef der Passbehörde, einem hohen Militär, der mit Sicherheit Somoza nahe stand, persönlich ein Bestechungsgeld, und ohne weitere Verzögerungen traten wir den Rückflug nach San José an.

11. Kapitel

Die Ströme von Milch und Honig

Der Doktor Emilio Alvarez Montalván, der geachtetste der konservativen Ideologen Nicaraguas, sagte einmal, als wir die Wahlen von 1990 schon verloren hatten, der Sandinismus habe zum ersten Male die Sensibilität für die Armen in die politische Kultur Nicaraguas eingeführt.

Dies ist tatsächlich eines der unauslöschlichen Vermächtnisse der Revolution, jenseits aller ideologischen Trugbilder, die uns damals blendeten, des übertriebenen Bürokratismus und der Mängel des praktizierten Marxismus, der Unerfahrenheit und der Improvisation, der Posen, Imitationen und großen Reden. Die Armen sind nach wie vor die menschliche Spur des Projektes, das sich unterwegs in seine Bestandteile auflöste, auf dem Weg von den Katakomben bis zum Verlust der Macht und der ethischen Katastrophe; ein verschüttetes oder verschobenes Gefühl, doch auf irgendeine Weise lebendig.

Indem sie sich mit den Armen identifizierte, war die Revolution im reinsten Sinne radikal, und in ihrem Streben nach Gerechtigkeit war sie der größten Naivität und Willkür fähig und verlor oft die Perspektive für das, was möglich war und das, was vielleicht nur wünschenswert war oder gerecht. Das Wünschenswerte und Gerechte musste die Wirklichkeit herausfordern; und im Bereich der Wirklichkeit lag auch die Wirtschaft als Teil der überkommenen Zustände, die wir verbannen wollten, aber dort lag auch das Netz sozialer Beziehungen, die durch Jahrhunderte kultureller Traditionen geprägt waren. Und genau dort war es, wo sich der größte Widerstand gegen die ersehnten Veränderungen formieren sollte; ein Widerstand, den wir nicht in seinem ganzen Ausmaß beachteten, weil es auszureichen schien, sich an die Abschaffung der Armut zu machen, um glauben zu können, dass damit auch die alten Irrglauben begraben würden.

Das Bild, das wir vor Augen hatten, war das der besitzlosen Verelendeten, der erbarmungswürdigen Armen, die Leonel Rugama in seinen Gedichten besang. Die Bergleute von Siuna, die von der Silikose zerfressen waren, die Kleinbauern tief in den Bergen von Jinotega, wo es nicht einmal Salz gab, oder in den einsamen Tälern von Matagalpa, wo der Vitaminmangel Nachtblindheit hervorrief, die Tagelöhner auf den Bananenplantagen von Chinandega, die in Kästen von der Größe einer Hundehütte schliefen, oder die Legionen von „Schatzsuchern" auf der Müllhalde von Acahualinca, wo die Abwässer von Managua in den Managua-See flossen, Mütter mit ihren Kindern, Enkel mit ihren Großmüttern, die sich mit den Geiern um einen Bissen Brot balgten.

Unser Arkadien der ersten Monate war von einer unermesslichen Unschuld getränkt, und die Woge gemeinsamer Euphorie wiegte das Bewusstsein in einer Art Delirium und Traum, Eifer und Hoffnung, ein Gefühl, das politisches Gewicht gewann und sich nie wiederholen sollte: zur Veränderung verpflichtet zu sein, bis zur letzten Konsequenz.

Bis zur letzten Konsequenz, das hieß: alles oder nichts. Niemand hätte ein Gewehr in die Hand genommen, um eine halbherzige Revolution zu machen. Somoza zu stürzen hatte als notwendige Konsequenz die Revolution, nicht die friedliche Veränderung, die andere Gruppen der Gesellschaft sich vorstellten. Und ein Konzept der radikalen Veränderung brauchte eine radikale Macht, die fähig war, sich zu verteidigen und mit Risiken fertig zu werden. Zudem war es eine Macht auf immer. Man siegt nicht mit der Waffe in der Hand, um die Macht nur für kurze Zeit zu erringen, wenn es darum geht, die Geschichte hinwegzufegen. Und unter solchen Umständen werden die Gemäßigten plötzlich verdächtig.

Nicht nur wurde der Arbeitstag auf dem Lande um die Hälfte gekürzt und der Mindestlohn verdoppelt, die Besitzer der Haciendas wurden auch gezwungen, das Essen der Tagelöhner um Fleisch, Milch und Eier anzureichern; eine Forderung, die die Arbeitsinspektoren niemals durchzusetzen vermochten. Die Fahrpreise der öffentlichen Verkehrsmittel blieben so lange eingefroren, bis die Subventionen sich nicht mehr finanzieren ließen; wir erhöhten die Renten, eröffneten Hunderte von Kindergärten, die Kinder wurden in breit angelegten Kampagnen gegen Kinderlähmung geimpft, die Alphabetisierungskampagne wurde in Angriff genommen, und gleich am ersten Tag setzte die Agrarreform ein.

Allerdings ließen wir, als es darum ging, die enteigneten Ländereien der Familie Somoza und ihrer Komplizen und dann die der Großgrundbesitzer zu verteilen, die Impulse außer Acht, die uns dazu aufriefen, den Campesinos, den von der Geschichte immer vernachlässigten landlosen Bauern, einzelne Besitztitel zu geben. Statt dessen setzten sich ideologisch motivierte Vorsichtsmaßnahmen durch, und es entstanden die „Staatlichen Produktionseinheiten" (UPE), wo der Theorie nach die Bauern mit guten Gehältern leben und arbeiten und Hospitäler, Schulen und Kindergärten für ihre Kinder haben sollten; doch das Land sollte, genau wie das der Kooperativen, weiter im Besitz des Staates bleiben, damit sich eine neue Klasse ländlichen Kleinbürgertums gar nicht erst entwickeln könnte.

Dies war ein Fehler, der Blut kosten sollten, denn indem die Revolution so das Heiligste ihrer Versprechen brach, schuf sie die erste ihrer großen Enttäuschungen. Die Kooperativen gerieten ins Kreuzfeuer der Contras, die entschlossen waren, sie zu zerstören, doch viele der Campesinos schlossen sich ihnen an und zogen mit ihnen in den Krieg oder sie wurden, weil sie nicht gewillt waren, in den UPE zu arbeiten, zu ihrer Unterstützungsbasis. Viele kleine oder mittlere selbstständige Bauern machten es genauso, erst verunsichert durch die Enteignungen der Großgrundbesitzer und dann selbst betroffen, weil es an die zweite Stufe ging, vor allem in den entlegenen Gebieten.

Als wir, um der Contra die Basis zu entziehen, das Verfahren änderten und beschlossen, den Campesinos Landtitel zu gewähren, war die Maßnahme auch nicht ausreichend, denn einmal mehr überwogen die ideologischen Vorstellungen, und die Titel durften nicht vererbt noch verkauft werden. Die Reihen der Contra schwollen weiter an, und inzwischen waren ihre militärischen Führer im Gelände selbst schon einfache, selbstständige Bauern, von denen viele keinerlei Bindungen an die Diktatur Somozas besaßen und die die ehemaligen Offiziere der Nationalgarde verdrängt hatten.

Im Jahre 1984 war ich in Jinotega bei einer Versammlung in einer Oberschule, als ein paar Kleinbauern aus der Gemeinde Pantasma nach mir fragten, in Begleitung des örtlichen Regierungsvertreters, Carlos Zamora, und des lokalen Zuständigen für die Agrarreform, Daniel Núñez.

Als die Versammlung beendet war, setzten wir uns in einen der Klassenräume zum Gespräch und sie legten mir eine Liste von Beschwerden über Misshandlungen und Übergriffe vor, denen sie gemeinsam mit Dutzenden anderer Familien ihrer Gemeinde ausgesetzt waren. Einer von ihnen zog sich das Hemd aus und zeigte mir die Spuren des Drahtes, mit dem man ihn mehrere Tage lang an eine Pritsche gefesselt hatte. Man beschuldigte ihn zusammen mit anderen Somoza-Anhänger zu sein, und er weinte beim bloßen Gedanken daran, denn dies schien ihm erniedrigend und ungerecht, mehr als die Folterungen selbst. Carlos Zamora unterstützte seine Klage genau wie Daniel Núñez, doch die beiden hatten nichts unternehmen können, weil die Repression vom eben in der Gemeinde entstehenden Parteiapparat ausging.

Nach Managua zurückgekehrt, gelang es mir, eine Untersuchung in Gang zu bringen und die Dinge, die dann ans Licht kamen, waren noch schlimmer. Der politische Sekretär der FSLN in Pantasma, der jung war und außerdem das Leben der Campesinos überhaupt nicht kannte, hatte nicht nur Folterungen angeordnet, sondern auch Erschießungen. Schließlich wurde er gemeinsam mit einigen seiner Untergebenen in einem der beispielhaften Verfahren jener Zeit zu einer Gefängnisstrafe verurteilt. Allerdings war es eigentlich schon zu spät, denn die Repression brachte Hunderte von Campesinos in Pantasma dazu zur Contra überzulaufen.

Es war, als sei man im Roman „Der Herr der Fliegen" von William Golding gelandet. Junge Burschen, die gerade einmal die Grundzüge des Marxismus gelernt hatten, waren von der Partei in den ländlichen Gebieten, die sie nicht kannten, weil sie aus den Städten an der Pazifikküste stammten, mit verantwortlichen Positionen betraut worden und beurteilten das Verhalten der einfachen Leute unter ideologischen Gesichtspunkten, die sie aus Handbüchern gelernt hatten. Die Begriffe „reicher Bauer", Bourgeois, Kleinbürger, Ausbeuter verwirrten und jagten Angst ein. Ausbeuter waren in den entlegenen Bergen alle geworden, die irgendetwas besaßen: einen Lastwagen, einen Laden, eine Hofstelle und sie standen auf der Liste der Feinde, die unschädlich gemacht werden mussten.

Die Botschaft der Revolution, die mit ungenügender Überzeugungskraft, unter Drohungen oder in allzu bombastischen Reden vorgetragen wurde, verkündete Versprechungen, Maßregeln politischen Verhaltens und Organisationsformen, die mit dem Alltag der Campesinos nichts zu tun hatten; sie wollten eine Verbesserung ihres Lebens: Land, Schulen, Hospitäler und gute Preise für ihre Ernten, akzeptierten jedoch nicht die Zerstörung ihrer Gewohnheiten, ihrer Lebensweise und ihrer Überzeugungen. Verelendet oder nicht, prallten die Vorstellungen vom Kollektiv mit ihrer Art zusammen, das Leben zu sehen.

Die Revolution verstand die Welt der Campesinos aus dem Kampf heraus, doch nicht mehr von der Macht aus. Ganze Familien, die in den Rückzugsgebieten der Guerilla mit den Sandinisten zusammengearbeitet hatten und deshalb von Somoza brutal unterdrückt worden waren, von Kilambé bis Iyas, von Sofana bis Dudú, von Kuskawás bis Waslala, so wie es der Priester Fernando Cardenal 1976 in seiner Anklage vor dem US-Kongress dargestellt hatte, gaben jetzt der Contra Schutz und Unterstützung. Die Propaganda der Contra, frei von theoretischen Komplikationen, war gemein, doch einfach: Sie wollen dir deine Freiheit wegnehmen, sie wollen dir deine Kinder wegnehmen, sie wollen dir deinen Glauben wegnehmen, du wirst deine Ernte nur an sie verkaufen können und das bisschen Land, das du besitzt, werden sie dir auch noch wegnehmen, und wenn du keins besitzt, dann werden sie es dir nie als deinen Besitz geben.

Ich habe schon an anderer Stelle erzählt, wie während des Wahlkampfes 1984 der Hauptprogrammpunkt einer sonntäglichen Kundgebung in San Carlos, in der Region Río San Juan, die symbolische Ablieferung eines Gewehrs war, das mir ein Campesino aus der Gemeinde Jesús María übergeben sollte, der bis vor kurzem bei der Contra gewesen war und sich dann ergeben hatte oder gefangen genommen worden war.

Man kündigte ihn an, ich sah ihn auf das Podium klettern und unter der gleißenden Sonne auf mich zukommen, barfuß und zerlumpt, das alte Gewehr an einem Strick über der Schulter anstatt eines Riemens. Da wurde mir klar, dass sich zwischen uns ein Abgrund auftat, der nur schwer zu überbrücken war. Die Gründe, aus denen er sich gegen die Revolution erhoben hatte, wobei er seine Familie noch schutzloser zurückließ, waren weit entfernt und ganz verschieden von denen, die mich dazu gebracht hatten, mich eben dieser Revolution anzuschließen, die es sich vorgenommen hatte, die Probleme seines Lebens zu lösen.

Nicht nur weil ich Romane schrieb war ich ein Intellektueller, genau wie alle die anderen, die die Uniform eines Comandante trugen und genau wie ich Reden hielten und Theorien verkündeten. Alle dachten wir uns von oben herab die Revolution in theoretischen, idealistischen Begriffen, und diese geistige Konzeption versuchten wir auf die Gesellschaft anzuwenden oder durchzusetzen, auf Menschen aus Fleisch und Blut wie diesen einfachen, verschüchterten Campesino, der mir hier sein Gewehr übergab. Wir schlugen ihm die unbegreifliche Reise von der Rückständigkeit in die Moderne vor, doch er weigerte sich und hatte zur Waffe gegriffen, um sich zu wehren.

Eine weitere Kluft tat sich gegenüber den Miskito-, Sumo- und Rama-Indianern an der Karibikküste auf, die für uns, die wir an der Pazifikküste Nicaraguas leben, so fremd ist, dass wir sie nicht „Karibikküste" nennen, wie es richtig ist, sondern „Atlantikküste". Wir hatten uns vorgenommen, sie von einem Tag auf den anderen in die Revolution und ihre Werte zu integrieren, das moderne Leben, ein Sozialwesen. Das war ideologischer Paternalismus, anders als der Somozas, der niemals gut gemeinte Experimente unternommen hatte, doch kannten wir ihre Kultur und ihre Sprachen nicht, bis dahin, dass wir uns mit ihnen durch Dolmetscher verständigen mussten, und wir wussten nichts von ihren religiösen Ansichten und ihrer Art der sozialen Organisation, genauso wie wir auch sehr wenig über die schwarze Bevölkerung wussten, die an der Karibikküste lebte.

Später wurde ein Autonomiegesetz verabschiedet, das endlich das Recht der Ethnien bestätigte, Nutznießer ihrer eigenen Naturschätze zu sein und ihren Unterricht in ihren eigenen Sprachen zu empfangen, und das ihre kulturelle Identität und ihre Formen gemeinschaftlichen Eigentums anerkannte. Doch ist dieses Gesetz bis heute nicht in konkrete Verordnungen umgesetzt worden, und die Karibikregion ist wieder in ihren alten Zustand der Vernachlässigung gefallen, dem Drogenhandel ausgesetzt und den chronischen bewaffneten Erhebungen.

Unser Gefühl sagte uns, dass die größten Stücke vom Kuchen für die sein mussten, die immer nur die Krumen abbekommen hatten, und dafür besaßen wir die rächende Macht der Enteignung. In dem Maße, wie der öffentliche Sektor wüchse, wüchsen auch die Gewinne, die in Wohnungen, Schulen und Gesundheitszentren verwandelt werden konnten. Dann auch die Wirtschaft insgesamt: Damit das Bruttoinlandsprodukt im Jahre 1981 um zwanzig Prozent zunehmen konnte, reichte es aus, zwanzig Prozent der Privatunternehmen zu enteignen, so erklärte uns der Jesuitenpater Javier Gorostiaga, Berater des Planungsministeriums, in einer jener endlosen Sitzungen. Also stellten wir in jenen ersten Jahren vor jedem Jahrestag der Revolution eine Liste von Unternehmen auf, deren Enteignung dann auf dem Platz öffentlich gemacht wurde.

Doch aus Gründen der Klugheit oder der nach wie vor schlummernden, doch nie erwiderten Hoffnung auf Bündnisse mussten einige der mächtigsten Familien nicht unter die Guillotine der Enteignungen. Im Juli 1979 hatten wir bis zum Morgengrauen im Regierungssitz die Enteignung der riesigen Zuckermühle San Antonio diskutiert, des Paradeunternehmens des Landes, Eigentum der Familie Pellas, während draußen der Guerilla-Comandante auf Anweisungen wartete, der in der Gemeinde Chichigalpa, dem Sitz des Betriebes, die Regierungsgewalt ausübte. Schließlich entschieden wir uns gegen die Konfiszierung, weil wir den Schritt trotz der hochgehenden Emotionen des Augenblicks für allzu kühn hielten, und erst 1988 sollte er dann wirklich vollzogen werden. Aus den gleichen Gründen wurde eine Fabrik für Speiseöl, die der Familie Chamorro gehörte und in Granada lag, in letzter Minute auf einer dieser Listen durch eine Fabrik der Familie Prego ersetzt, die nicht ganz so hoch angesehen und deshalb verletzlicher war.

Mit dem Sieg der Revolution fielen dem Staat eine Reihe Unternehmen ganz unterschiedlicher Art und Größe in die Hände, die denen weggenommen wurden, die unter das Dekret Nr. 3 fielen, das die Enteignung der Familie Somoza und ihrer Komplizen und Günstlinge verfügte, unter der Annahme, es handele sich um unrechtmäßig erworbenen Besitz. Auf diese Weise verwaltete eine Treuhandgesellschaft und später der Wirtschaftssektor „Volkseigentum" von A bis Z alles, was die Liste Somoza enthielt, und mehr noch: von Rinder-Haciendas, Zucker- und Kaffeeplantagen, Salzsiedereien, Schuh-, Textil- und Zementfabriken und einer Fluggesellschaft bis hin zu Kinos, Baumärkten, Brotfabriken, Reiseagenturen, Bestattungsunternehmen, Stundenhotels und Taxiunternehmen und sogar einem Friseursalon, der einem Spitzel der Diktatur im Viertel „Monseñor Lezcano" in Managua abgenommen wurde.

Die Enteignungen jenes Moments waren politische Enteignungen, und weil es auf der Liste der Komplizen und Günstlinge Somoza-Anhänger jeder Größe gab, wurden auch Besitztümer jeder Größe konfisziert, womit ein Widerspruch entstand zwischen dem ideologischen Profil der Revolution, die den Armen dienen und die Reichen von der Macht vertreiben wollte, und der Gerechtigkeit, die sie gegen das gesamte System Somozas übte, von oben bis unten, auch wenn es am unteren Ende Leute gab, die nicht mehr besaßen als ein kleines Stück Land, einen Omnibus, einen Laden, ein Grundstück oder ein Haus.

Später wurden auf die Liste derjenigen, die enteignet werden konnten, nicht mehr nur die Anhänger Somozas, sondern auch die Vertreter des Bürgertums gesetzt, jetzt sehr wohl unter einem Blickwinkel der Klassenzugehörigkeit, der allerdings nicht immer besonders deutlich war, und es wurde das Gesetz gegen die Abwesenden erlassen für die, die länger als sechs Monate außer Landes gingen; oder es wurden selektive Schläge unternommen, die zu jedem Jahrestag der Revolution angekündigt wurden.

Doch genauso, wie es bei den Campesinos geschah, schufen diese Maßnahmen Ungewissheit, riefen neue Konflikte hervor und behinderten die Produktion. Und nicht immer waren sie gerecht. Unternehmer, die sich auf betrügerische Weise Devisen aneigneten, die sie für den Kauf von Rohstoffen erhielten, oder die die Transportkosten für diese Rohstoffe zu hoch ansetzten um den Überschuss für sich zu behalten, wurden nie vor Gericht gestellt noch enteignet, aus Angst vor den politischen Konsequenzen, die wir aber auf der anderen Seite provozierten, indem wir diejenigen konfiszierten, die weniger Glück hatten. Außerdem gab es noch die internationalen Unternehmen. Am 13. Oktober 1979 wurde die Nationalisierung der Minen verfügt und die Versammlung, auf der dies offiziell verkündet wurde und an der Daniel und ich teilnahmen, fand in Siuna statt, einer der ältesten Enklaven der nordamerikanischen Bergwerksgesellschaften. Ich lud Julio Cortázar und Karol Dunlop ein, uns zu begleiten und so flogen wir gemeinsam in einer alten DC-3 der Sandinistischen Luftwaffe nach Siuna; auf dem Rückflug schrieb mir Julio auf einer der Tüten gegen Luftkrankheit mit Bleistift eine Notiz, die eingerahmt in meinem Arbeitszimmer hängt: „Sergio: Ich werde nie aufhören, Dir für die Gelegenheit zu danken, mit einem Besen in einem Flugzeug zu fliegen. Wenn Du mir nicht glaubst: Der Besen steht nur ein paar Schritte von dort, wo Karol sitzt."

Nicht alles war surrealistisch. „Minen", das hieß immer Tuberkulose, wie in dem vergessenen Roman „Wolfram" von César Vallejo. Die Miskitos und Sumos und die Arbeiter von der Pazifikküste hatten über viele Jahre hinweg ihre Lungen in den Flözen gelassen für Löhne, die man ihnen mit Gutscheinen bezahlte, die nur in den bergwerkseigenen Läden galten, und man entließ sie, wenn sie nicht mehr arbeiten konnten, und auch, obwohl es gespenstisch klingt, wenn sie starben. „Entlassungsgrund: Tod des Arbeiters", so stand es auf dem Schein, mit dem die Personalakte schloss. Und die Bergwerksgesellschaft zahlte der Somoza-Familie einen Zoll von zehn Dollar für jedes exportierte Kilo Gold.

Drei Tage nach meiner Rückkehr aus Siuna empfing ich in meinem Büro den Vertreter der „Rosario Mining Company", einer der enteigneten Gesellschaften. Er war an diesem Tag aus New York eingetroffen und betrat mein Büro mit forschem Schritt und unwilligem Gesichtsausdruck wie jemand, der gegen seinen Willen in seiner Beschäftigung gestört wurde. Sein Gesicht besaß katzenhafte Züge und sein Haar war von einem farblosen Blond. Hinter ihm lauerten seine Anwälte, die eher wie Bodyguards aussahen.

„Sie machen einen Fehler", meinte er. „Ohne uns werden Sie die Minen niemals ausbeuten können."

Was sie uns zum Ausbeuten übrig gelassen hatten, waren herunter gekommene Anlagen aus dem 19. Jahrhundert, museumsreife Maschinen und Flöze, in denen es so heiß war wie im Krematorium, die wir uns zu modernisieren anschickten. Auf dem Höhepunkt des Contra-Krieges kamen Dutzende von Jungen aus Polen und Bulgarien zurück, wo sie zu Mineningenieuren ausgebildet worden waren, als die Pläne zur verstärkten Ausbeutung der Bodenschätze schon längst zu den Akten gelegt worden waren, und sie endeten als Händler auf dem Ostmarkt von Managua oder als Taxifahrer, ohne in ihrem Beruf arbeiten zu können, genau wie die Piloten der MIG-Düsenjäger, die nie geliefert wurden.

Das Wirtschaftswachstum war ein dauernder Traum, der sich nur schwer Normen unterwerfen ließ, die ihm Logik hätten verleihen können, und der Krieg schaffte es immer, alles zu unterbrechen oder alles aufzuschieben. Die Pläne veralteten, noch ehe sie in die Praxis umgesetzt werden konnten, und das Konzept der zentralisierten Wirtschaft wurde zu einem Luftschloss.

Denn zwischen Unordnung und Überraschungen, Possen und Verweigerungen war die sozialistische Planung im staatlichen Bereich und den staatlichen Betrieben niemals möglich und viel weniger noch in den privaten Unternehmen. Man blieb dem Dogma verhaftet, nicht aber der Realität. Angesichts der Misserfolge kamen wir auch dahin, an eine nicht weniger irreale Mischung aus Planwirtschaft und Marktwirtschaft zu denken, entsprechend den Thesen des berühmten polnischen Professors Kalecki, die uns im Regierungssitz einer seiner Schüler empfahl, der britische Wirtschaftswissenschaftler Valpy Fitzgerald, entsandt vom „Institut für Sozialwissenschaften" aus Den Haag mit Unterstützung der holländischen Regierung.

Die Reform des Staatsapparates vom Dezember 1979 beendete die Bündnisse, die zum Sieg geführt hatten, und schuf eine gewichtige Bürokratie, mit der wir die Planwirtschaft in Angriff nehmen wollten. Doch das wichtigste Ergebnis war, dass die Verfügungsgewalt über die Wirtschaft auf die Mitglieder der Nationalen Leitung der FSLN verteilt wurde, die an der Spitze von Schlüsselministerien standen, unter denen andere zusammen gefasst wurden.

Es waren dies private Machtbereiche, die auf Kosten der anderen verteidigt wurden und schlimmer noch auch auf Kosten der gesamten Regierung; hier befand sich jeder in einem verdeckten Krieg um Zuständigkeiten, finanzielle Mittel und politische Geltung; ein Krieg, an dem auch die teilnahmen, die nichts anderes taten, als Geld auszugeben: das Innen- und das Verteidigungsministerium. Nach den Wahlen von 1984 konnte die Präsidentschaft die institutionelle Macht ein wenig konsolidieren; seltsamerweise wurde sie aus der Sicht der Nationalen Leitung der FSLN durch ihre verfassungsmäßige Gültigkeit zu einer De-Facto-Macht. Immerhin waren wir im Regierungssitz auch im Besitz der Staatssiegel, konnten Dekrete erlassen und Gesetze in Kraft setzen, und wir steuerten die Staatsausgaben.

In den letzten Jahren dann bemühte sich der neue Planungsminister, Alejandro Martínez Cuenca, der an der McGill Universität studiert hatte, uns die Vorteile monetarischer Disziplin und die Notwendigkeit beizubringen, die Inflation zu bekämpfen; doch immer reichten der Krieg, die politischen Gründe und die Improvisation aus, um jeden Plan aus dem Lot zu bringen. So geschah es auch 1987 mit der Währungsreform; ein ungeheures, des Guiness-Buch der Weltrekorde würdiges Unternehmen, das heimlich vorbereitet und an einem einzigen Tag durchgeführt wurde, obwohl Tausende daran beteiligt waren, und das den ursprünglichen Plänen entsprechend von einer energischen Finanzpolitik, der Sanierung des Kreditwesens und einer strengen Sparpolitik des Staatshaushalts begleitet sein sollte. Das waren jedoch Ziele, die nie erreicht wurden.

Inzwischen beriet uns Doktor Lance Taylor, ein nordamerikanischer Wirtschaftswissenschaftler des MIT – Massachussetts Institute of Technology –, und wie man sieht, waren wir überzeugt von den Segnungen dieser Anpassungspolitik, die uns auf einen ähnlichen Weg wie den des IWF führte, für den wir wegen unserer Zahlungsunfähigkeit als Empfänger von Krediten nicht in Frage kamen, der uns jedoch genau beobachtete und ermutigte. Zu diesem fortgeschrittenen Zeitpunkt war jedoch kein Anpassungsplan mehr möglich, nicht etwa aus ideologischen Gründen wegen der Härte der Maßnahmen, sondern weil diese Maßnahmen mit der Wirklichkeit des Krieges kollidierten.

Die Parole, die der Wirtschaft das Rückgrat brach, war „Alles für die Kriegsfront". Jene Volksarmee, die, ohne den logistischen Apparat zu rechnen, auf einhundertzwanzigtausend Mann anschwoll, musste versorgt, bewegt und ernährt werden; und es mussten Straßen und militärische Einrichtungen gebaut und in Stand gehalten werden, die teuerste davon der Flugplatz für die MIGs. Die Verteidigung verschlang die Hälfte des Staatshaushaltes, und außerdem wurden vollständig die Löhne der Mobilisierten gezahlt samt derer, die sie ersetzten, in beiden Fällen auf Kosten der öffentlichen Institutionen oder Unternehmen, die sie beschäftigten.

Die Steine aus der Schleuder Davids prallten wirkungslos vom Kopf Goliaths ab und wir begannen, Geld ohne Rückhalt in immer größeren Mengen zu drucken, um die gleichen Scheine dann gleich wieder mit höheren Werten zu überdrucken, die in den Händen der Menschen schnell schmutzig und abgenutzt aussahen und „Schweinegeld" genannt wurden. Nach der Währungsreform ersetzten wir diese durch andere, die in der DDR gedruckt wurden, die jedoch bald dasselbe Schicksal ereilte. Auch hier eine Zahl für das Guiness-Buch der Rekorde: Am Ende des Jahrzehnts besaß Nicaragua die höchste Inflationsrate der Welt.

Derjenige von uns, der die überschäumendste Phantasie besaß, war Jaime Wheelock, Minister für Landwirtschaft und Landreform, der auch für die Forstwirtschaft und die Fischerei zuständig war und der Sparsamkeit und methodischen Vorsicht des Planungsministers Henry Ruiz (*Modesto*) völlig widersprach; beide waren sie Mitglieder der Nationalen Leitung der FSLN. Jaime hatte die radikale Modernisierung im Blick unter diesem Syndrom der sofortigen Veränderung, unter dem wir alle litten, und seine Projekte waren immer sehr ehrgeizig und ohne Berücksichtigung von Kosten und Rentabilitäten.

Kanadische Kühe in Pferchen mit automatischen Melkanlagen, von denen jede zwanzig Liter Milch am Tag geben sollte; dreißigtausend Hektar Burley-Tabak, die ganze Wälder kosteten, um die Trockenschuppen zu bauen; viertausend sowjetische Traktoren für die Kooperativen und staatlichen Produktionszentren; einen Stausee in Malacatoya, um das Wasser über mehrere Kilometer zum Zuckerbetrieb „Victoria de Julio" zu bringen, den die

Kubaner gebaut hatten, plus komplizierter rotierender Bewässerungssysteme, die mit Krediten aus Brasilien und Österreich gekauft wurden. Außerdem einen riesigen Holzverarbeitungsbetrieb, der halbfertig im Urwald stehenblieb, für dessen Bau Hunderte von Kisten mit italienischen Maschinen im Kugelhagel der Contras über den Río Prinzapolka zur Baustelle transportiert wurden, weil diese im Kriegsgebiet lag, und der nach der Wahlniederlage unter Axthieben geplündert wurde, wobei die Motoren in ihre Einzelteile zerlegt und als Schrott auf dem Schwarzmarkt von Managua verkauft wurden.

Kathedralen im Urwald, genau wie die von Fitzcarraldo im Film von Werner Herzog, der in Iquitos am Amazonas ein Opernhaus errichten wollte. Eine Liste der Maßlosigkeiten, von der ich mein eigenes Projekt einer Breitspureisenbahn von der Pazifik- zur Karibikküste nicht ausschließen darf, das mit großem Pomp angekündigt wurde und von dem nur sieben Kilometer entstanden, weil es keinerlei Finanzierung dafür gab. Doch überlebte andererseits der Verlag „Nueva Nicaragua", den ich gegen alle Angriffe verteidigte und der mehr als dreihundert produzierte Titel hinterließ.

Die Revolution konnte einfach nicht Schritt für Schritt, Etappe für Etappe voran gehen, sie musste alle Etappen überspringen und ihren Anspruch auf Modernität erfüllen. Jede Meinung, dass dreißigtausend Hektar Tabak eine unkontrollierbare Zahl darstellten, dass viertausend Traktoren ein Wartungsnetz erforderten, das unsere Fähigkeiten überstieg, oder dass jeder Liter Milch der Hochleistungskühe zehnmal teurer war als einer, den die einheimischen Kühe gaben, bedeutete eine Gotteslästerung. Niemand durfte behaupten, dass unser Land erst einmal vom Pflanzen mit dem Stock – dem vorkolumbinischen System, bei dem der Mais Korn für Korn in die Erde gelegt wird – zum Pflügen mit dem Ochsengespann übergehen musste, und dass dies allein schon die doppelte Ernte bringen würde, oder dass die Kosten für die rotierenden Bewässerungssysteme unbezahlbar waren. Diese Systeme wurden nach der Wahlniederlage gratis denen übergeben, die ihr konfisziertes Land zurückforderten; Bewässerungssysteme, Maschinen, Zäune, Lagerhäuser, Traktoren, Lastwagen, die ganze Investition all der Jahre der Revolution unter die aufgeteilt, die schon früher da waren, und unter anderen, die genauso gierig waren wie sie.

Angesichts der Wirtschaftsblockade der USA mit Devisenreserven, die kaum für eine Woche Importe reichten, ohne sichere Öl- und Rohstofflieferungen und die Möglichkeit, unsere Auslandschuld zu bezahlen, musste die Überlebensfrage jeden Tag neu beantwortet werden. Die Devisen wurden so knapp, dass die Planung ihrer Ausgabe zur Staatsangelegenheit wurde, und jede Woche ging ich mit dem Präsidenten der Zentralbank die Liste derer durch, die genehmigt werden sollten, auch die über medizinische Versorgung und den Unterhalt unserer Studenten im Ausland und für das Ausleihen von Filmen. So lernte ich Alvaro Mutis kennen.

Er pflegte im Namen der „Columbia Pictures" nach Nicaragua zu kommen, um die Honorare zu kassieren, die das Sandinistische Fernsehen nur in entwerteten Córdobas bezahlen konnte, und die alten Rechnungen der Kinos, die inzwischen auch aus Devisenmangel nur noch vorsintflutliche Filme zeigten. Irgendjemand sagte ihm, nur ich könne die Zahlungen anordnen, und jedes Mal, wenn er kam, verbrachten wir in meinem Büro im Regierungssitz lange Nachmittage bei Unterhaltungen unter schallendem Gelächter, das im ganzen Umkreis zu hören gewesen sein muss. Nie erreichte er bei mir die Zahlung auch nur eines einzigen Dollars, doch wurde er statt dessen seinem eigenen Geständnis nach zum einzigen monarchistischen Sandinisten dieser Erde.

Die ausländische Hilfe wurde entscheidend für unser Überleben. Wir erhielten immer die Unterstützung der Europäischen Gemeinschaft, der meisten westeuropäischen Länder und von Kanada, Mexiko, Argentinien, Brasilien und Venezuela in weichen Krediten und Warenlieferungen; und natürlich auch von Kuba. Die Hauptlast jedoch: Erdöl, Schmierstoffe, Kunstdünger, Rohstoffe, Fahrzeuge, Landmaschinen, Ersatzteile, Büchsennahrung, Getreide, vor allem Weizen, trugen die Sowjetunion, die DDR und Bulgarien; und wenn wir um Reis baten, den sie nicht produzierten, dann kauften sie den für uns auf dem internationalen Markt. Doch eine Hilfe diesen Ausmaßes war unter den neuen Umständen nicht mehr möglich, die nach dem Amtsantritt Gorbatschows im Jahre 1985 entstanden.

Im Jahre 1987, bevor Kasimirow mit der Nachricht der Aufkündigung der Hilfe erschien, kam an der Spitze einer Gruppe von Wirtschaftsexperten ein hoher Funktionär des GOSPLAN, des sowjetischen Planungsministeriums, nach Managua, um ein Konzept zu entwerfen, das uns helfen sollte, mit den Folgen fertig zu werden. Getreu dem Bild des umsichtigen und diskreten Bürokraten aus den Erzählungen von Tschechow wollte er nichts sagen, solange die Arbeit nicht beendet war. In seiner abschließenden Sitzung mit dem Nationalen Planungsrat unter Vorsitz von Daniel machte er nur zwei Dinge deutlich: erstens, dass es notwendig war, die Wirtschaft zu liberalisieren und die Staatsausgaben mit einer strengen Kostenrechnung in den Griff zu bekommen; und zweitens, dass die Comandantes sofort ihre Regierungsämter aufgeben und sie in die Hände kompetenter Spezialisten geben sollten.

„Verlangen Sie etwa, dass wir ab jetzt nur noch eine protokollarische Rolle spielen sollen?", fragte Daniel überrascht. „Dazu tauge ich nicht."

Immer wenn man auf hypothetische Fragen antwortet, läuft man unvermeidlich Gefahr, hypothetische Antworten zu geben. Hätten wir ohne den Krieg gegen uns Wohlstand schaffen können? Der Krieg zerstörte den Reichtum des Landes und seine Entwicklungsmöglichkeiten in einem Wert von nicht weniger als achtzehn Milliarden Dollar den Berechnungen zufolge, die wir dem Internationalen Gerichtshof als Entschädigungsforderung vorlegten. Doch ich glaube, dass auch ohne den Krieg die grundlegende Philosophie des Modells, das wir umsetzen wollten, zu einem wirtschaftlichen Kollaps geführt hätte, außer es hätte eine friedliche Entwicklung zu einer wirklichen gemischten Wirtschaft gegeben, was seinerseits eine größere politische Öffnung erfordert hätte. Gegen Ende kam diese Entwicklung unter dem Druck der Verhältnisse tatsächlich zu Stande und die Summe der Zugeständnisse, zu denen uns der Krieg zwang, brachte die Öffnung mit sich und machte vieles vom Projekt der ersten Jahre zu reinem Wunschdenken.

Da hatten wir die strategischen Instrumente der Wirtschaft in unserer Hand, die Kontrolle über den bebaubaren Boden des Landes, die Schlüsselbetriebe der Industrie und der Agroindustrie, den Bergbau, die Kommunikationsmittel, die Energiewirtschaft und einen Gutteil der öffentlichen Transportmittel; doch das Akkumulationsmodell, das auf der Idee des Staates als Unternehmer beruhte, war von Anfang an nicht möglich.

Nur sehr wenige der Unternehmen in der großen Gruppe des öffentlichen Sektors wurden je rentabel und die Investitionen in Anlagen und Maschinen, die sich auf Hunderte von Millionen Dollar aus externen Krediten beliefen, erreichten nach produktiven Kategorien gemessen nie eine wirkliche Entsprechung. Sie schafften es auch nicht, nach Kategorien der Konkurrenz zu funktionieren. Ein Kartonagenbetrieb, den die Franzosen uns schlüsselfertig in León hingestellt hatten, schaffte es nie, die Kartons zur Verpackung von Bananen, Fisch und Fleisch zum Preis der salvadoreanischen Konkurrenz herzustellen, obwohl andere staatliche Unternehmen seine obligatorischen Kunden waren.

Die Unternehmer des Privatsektors, der nie aufhörte, staatlich zu sein, wurden immer mit Drohungen konfrontiert, so dass sie niemals sicher sein konnten, und gleichzeitig paternalistisch behandelt, so dass sie nie effizient wirtschaften konnten. Ihre überfälligen Kreditrückzahlungen wurden regelmäßig erlassen, nicht aus wirtschaftlichen, sondern aus politischen Gründen, um ihre Unterstützung zu erlangen, die nie erreicht wurde, und so wurden die Banken in den Ruin getrieben. Weil die traditionellen Spielregeln abgeschafft waren und es kein vertrauenswürdiges Angebot für sie gab, war die Mehrheit der Unternehmer nicht an einem loyalen Spiel interessiert, sondern daran, ihr Kapital lieber im Ausland zu sichern, größtmögliche Vorteile für sich herauszuschinden; zum Beispiel die, die ihnen der Wechselkurs gab, um Maschinen und Rohstoffe zu lächerlichen Preisen zu kaufen; und daran, möglichst viele Kredite der Banken zu erhalten, wobei sie im voraus wussten, dass sie sie nie würden zurückzahlen müssen.

Die größte Unsicherheit entstand jedoch im Bereich des Eigentums. Der nationale Konsens über die Enteignung des Besitzes der Familie Somoza reichte im Fall aller späteren Enteignungen nicht mehr aus; und dieser Prozess verlief unter solch schwachen rechtlichen Voraussetzungen, dass noch heute in den Katasterunterlagen Haciendas und Grundstücke auf den Namen der Familie Somoza auftauchen.

Diese Rechtsunsicherheit schlug nach dem Machtwechsel 1990 erst richtig durch. Die Gesetze Nr. 85 und 86, die während der Übergangsperiode verabschiedet wurden und Tausenden von Nutznießern Häuser, Grundstücke und landwirtschaftliche Parzellen rechtlich überschrieb, wurden von der neuen Regierung lange nicht anerkannt, so dass um die Besitztitel ein jahrelanger Konflikt entstand. Dann die betrügerische Inbesitznahme von Haciendas, Unternehmen in Landwirtschaft, Handel und Industrie während der sogenannten „Piñata", die Rückgaben an Konfiszierte, die oft schon parzellierte Landflächen betrafen, die zweite „Piñata" der Privatisierung der Unternehmen in öffentlicher Hand, die zu Aufständen der Arbeiter gegen die Gewerkschaftsclique führte, die sich die Beute teilte, und die Forderungen der alten Besitzer auf Herausgabe der landwirtschaftlichen Betriebe, die den Demobilisierten aus Sandinistischer Armee und Contra übergeben worden waren, und die sie jetzt gemeinsam verteidigten; all dies waren Faktoren, die in ihrer Gesamtheit ein Konfliktfeld eröffneten, mit dem niemand gerechnet hatte.

Nach 1990 haben Tausende von Campesinos die Landtitel erhalten, die die Revolution ihnen endlich ohne Beschränkungen über Vererbbarkeit oder Verkaufbarkeit zugestanden hatte; doch wird ihre Lage in einer wirtschaftlichen Situation, die wieder auf eine Konzentration des Bodens hinaus läuft, immer schwieriger, denn ohne eine staatliche Politik, die ihnen Kredite und Märkte sichert, sehen sie sich gezwungen, ihre Besitztitel zu lächerlichen Preisen an alte und neue Großgrundbesitzer zu verkaufen. Mehr als die Hälfte der Höfe ist schon wieder in der Hand ihrer ehemaligen Besitzer, und die landwirtschaftlichen Kooperativen halten nur noch 2% des bebaubaren Bodens.

Der älteste Traum der Revolution, die Agrarreform, wird zerstört; ein untrügliches Zeichen, dass sich die Verteilung des Reichtums strukturell wieder der Wirklichkeit der Jahre vor 1979 annähert, mit dem Unterschied, dass viele derjenigen, die damals diesen Traum nährten, heute Teil dieser Annäherung sind.

So kleiden sie sich in die Kostüme der Figuren aus Balzacs „Menschlicher Komödie". Einige hatten das Volk auf die Barrikaden geführt, um dann zu reichen Weinhändlern zu werden, und andere, die Küfer gewesen waren, wurden zu Herren über Forsten für den Holzeinschlag und große Güter.

12. Kapitel

Endlich am Ziel!

Die Einheit der drei sandinistischen Flügel wurde am 7. März 1979 in Panama unterzeichnet, in der Wohnung von William und Mercedes Graham im Stadtteil „El Cangrejo", nachdem in Havanna eine allgemeine Vereinbarung gefunden worden war. Die Umstände unseres Kampfes verlangten die Einheit. Doch allein die Gegenwart von Fidel Castro als Schirmherr der Übereinkunft machte sie unwiderstehlich; und das Gewicht seines Einflusses war auch entscheidend dafür, dass die „Terceristas" die Bildung einer paritätisch besetzten Nationalen Leitung der FSLN akzeptierten, drei Mitglieder für jeden einzelnen der Flügel, unabhängig von seiner eigentlichen Stärke.

Wir „Terceristas" hatten im Januar des gleichen Jahres schon unsere eigene interne Einheit aushandeln müssen, bei einem Treffen, das unter uns „kleiner Kongress" genannt wurde und auf der Militärbasis von Río Hacha in Panama unter den wachsamen Augen von Torrijos abgehalten wurde. Es kamen Delegierte von allen Kriegsfronten, die Nicaragua heimlich auf Schleichwegen verlassen hatten, und zwei Tage lang wurden vor allem die Meinungsverschiedenheiten zwischen der Südfront von Edén Pastora und der Inneren Front des Gordo Pín verhandelt. Auf Druck der Regierung von Costa Rica war Edén zum Chef der Sandinistischen Armee ernannt worden. Das war ein Posten, den es eigentlich gar nicht gab, den die Anführer der Inneren Front jedoch nicht einmal auf dem Papier akzeptierten.

Am Tag, als die Vereinbarung zwischen den drei Flügeln unterzeichnet wurde, bat mich Humberto, ein Gespräch mit Henry Ruiz (*Modesto*) zu führen, den ich bis dahin nicht kannte, und wir trafen uns in der Wohnung von William und Mercedes. Es ging darum, dass ich Henrys Misstrauen gegenüber der „Gruppe der Zwölf" und vor allem in Bezug auf mich überwinden sollte, doch tatsächlich entdeckte ich gar kein solches. Von jenem ersten Zusammentreffen an lernte ich ihn als rätselhaft und zurückhaltend kennen, mit einer Fassade, durch die seine große Offenheit nicht immer leicht zu verstehen ist. Damals sagte er einen Satz zu mir, von dem ich nicht weiß, ob er ihm gerade einfiel oder ob er ihn sich schon vorher zurechtgelegt hatte:

„Das Problem an den Bündnissen ist nicht, mit wem sie geschlossen werden, sondern hinter wessen Rücken sie geschlossen werden."

Jahre später sollte er genau wie ich auf die Liste der Bösewichter kommen, als er es wagte, beim außerordentlichen Kongress der FSLN 1994 Daniel in den Wahlen zum Generalsekretär herauszufordern; das war der gleiche Kongress, bei dem ich geschasst wurde, unter anderem, weil ich seine Kandidatur unterstützt hatte.

Manchmal besuche ich ihn heute in seinem Haus im Stadtteil „Los Robles", das immer dunkler und vernachlässigter wirkt, ohne Wachen an der Tür und in Händen einer einzigen Hausangestellten und ich frage mich, wie er es anstellt zu überleben, so weit weg von den Geschäften, denen viele seiner alten Waffenbrüder nachgehen. Wie niemand anders ist er ein Symbol der Revolution, die nicht stattfand.

Ein paar Tage nachdem wir die Vereinbarung zur Einheit erreicht hatten, reisten die Mitglieder der Nationalen Leitung der FSLN nach San José, wo wir im Büro von „Istmo Films" eine Unterschriftenzeremonie nachstellten. Das Foto, auf dem Humberto Ortega, Daniel Ortega, Víctor Tirado, Tomás Borge, Jaime Wheelock und Henry Ruiz mit vereinten, erhobenen Händen zu sehen sind, ist dort entstanden. Jeder trägt seine damalige Verkleidung: Schnauzbart, Baskenmütze, Sonnenbrille.

Mit einer Gruppe von Freunden, Schriftstellern und Filmemachern, unter ihnen Carmen Naranjo, Antonio Iglesias, Samuel Rovinski und Óscar Castillo, hatten wir mit einem Kredit der „Banco de Costa Rica" die Firma „Istmo Films" gegründet. Der einzige Film, der je entstand, war „Viva Sandino!", ein langer Dokumentarfilm über die Südfront, der beim Schneiden oft korrigiert werden musste, weil Edén Pastora nach Meinung von Humberto und Daniel zu oft auftauchte.

Auch als die Einheit besiegelt war, gingen die Konflikte weiter. Nachdem die Nationale Leitung der FSLN gebildet worden war, mussten die Mitglieder der Regierungsjunta ausgewählt werden. Ich besitze heute noch die Mitschrift eines Funkgesprächs zwischen Jaime Wheelock, der sich in Tegucigalpa, Honduras (Trópico) befand, und Humberto Ortega (Palo Alto), der in meiner Gegenwart sprach. Jaime warf ihm vor, die Aufnahme Daniels in die Junta nicht vorher abgesprochen zu haben, denn die eigentliche Vereinbarung zwischen ihnen besagte, dass alle Mitglieder der Nationalen Leitung sich aus der Regierung heraushalten sollten und die FSLN in ihrer Gesamtheit durch mich (*Baltazar*) vertreten sein sollte. Die Beteiligung von Daniel bevorteilte die „Terceristas" und würde „die antikommunistische Wut" der Feinde der FSLN wecken, so meinte er; und so, wie die Junta jetzt aussähe, wirke sie eher wie das Bündnis eines Flügels der FSLN mit einem neuen Sektor der Bourgeoisie. Der Vorwurf kam zu spät und konnte nicht mehr allzu viele Konsequenzen haben, das wusste Humberto; und er wusste außerdem, dass die Kräfteverhältnisse immer noch eine Rolle spielten. So sagte er schließlich er sei einverstanden, doch nur wie jemand, der angesichts eines Missgeschicks Verständnis zeigt.

Als der Monat Mai kam und die Regenzeit begann, konnte der Aufstand nicht mehr zurückgehalten werden. Jetzt kam der endgültige Zoff, wie die jungen Leute aus den Armenvierteln sagten. Somoza brachte immer noch Jugendliche nur deshalb um, weil sie jung waren, und die Leichen tauchten jeden Morgen bei Tagesanbruch an der „Cuesta del Plomo" auf, der Steigung in der Nähe des Seeufers; oder die Patrouillen drangen schießend in die Kirchen ein, um die protestierenden Stundenten zu emorden, die dort Schutz gesucht hatten, wie es in der Kirche „El Calvario" in León geschehen war. Für die Jugendlichen war es inzwischen eine Frage des Überlebens sich zu bewaffnen.

Im April kamen die Kräfte, die sich im September unter dem Kommando von El Zorro aus Estelí zurück gezogen und in den Bergen der Umgebung versteckt hatten, in der Karwoche in die Stadt hinunter, um ein paar Stunden bewaffnete Propaganda abzuhalten, doch die Leute waren so ermutigt von ihrer Anwesenheit, dass sie sie nicht wieder gehen ließen und begeistert begannen, Barrikaden zu bauen, wodurch es wieder zu harten Kämpfen kam. Jetzt würden sie sicher bald wiederkommen. Jede Nacht kam es in allen Städten zu Schießereien; Paramilitärs, Sicherheitsagenten und Spitzel wurden in ihren Häusern exekutiert, und am helllichten Tag überfielen Guerillatrupps die Patrouillen der BECAT und versorgten sich mit den Gewehren und der Ausrüstung der toten Soldaten.

Jetzt war die Zahl der mehr als sechstausend Kämpfer tatsächlich keine Täuschung mehr, und die Sportflugzeuge landeten von Petroleumfackeln geleitet auch nachts auf den Landstraßen, um Nachschub abzuladen. An der Landstraße, die an der Stadt Masaya vorbei führt, gibt es heute noch eine Kneipe, die „Flugplatz 79" heißt, zur Erinnerung an die mutigen Taten der Piloten, die im Feuer der Maschinengewehre von der Festung „El Coyotepe" aus landeten, ausluden und ungerührt wieder abflogen. Einer dieser Piloten, der Edén Pastoras Organisation ARDE beitrat, sollte 1983 beim Absturz seiner Maschine umkommen, die von der Flugabwehr abgeschossen wurde, als er den Sandino-Flughafen in Managua bombardieren wollte.

Das Funknetz, das die Kommandozentrale von Palo Alto mit allen Fronten und sogar mit den beweglichen Truppenteilen verband, und auch die Fronten untereinander, war das Meisterwerk eines Technikers, den wir unter dem Namen „Maulwurf" kannten. Das Netz erlaubte die strategische Führung dieser gesamten Endphase des Krieges Schritt für Schritt und gestattete es auch, die Fortschritte auf militärischem Gebiet mit den politischen Verhandlungen zu verknüpfen. Die Stimmen der Guerillaführer, die aus weiter Ferne durch den Lautsprecher kamen, gaben ihre Berichte und baten um Nachschub oder machten, wenn Zeit war, Witze und unterhielten sich untereinander, in meiner Erinnerung höre ich sie immer noch zwischen dem Rauschen der Radiowellen: Büro ruft Werkstatt, Tau ruft Palo Alto. „Büro", das war Managua, „Werkstatt": León; „Miramar": Estelí; „Rocío": Matagalpa; „Buenavista": Jinotega; „Trópico": Tegucigalpa. Über dieses Netz stimmten auch alle ab und bestätigten die endgültige Zusammensetzung der Regierungsjunta.

Als Radio Sandino am 29. Mai 1979 mit einer Erklärung, die Jaime Wheelock geschrieben hatte, zum endgültigen Aufstand aufrief, glaubte das Weiße Haus nicht an eine so große Offensive, viel weniger noch daran, dass es die letzte sein würde. Carter war mit wichtigeren Dingen beschäftigt, wie sein damaliger Berater Bob Pastor gesteht: den Auswirkungen des Sturzes des Schahs und der Machtübernahme durch die Ajatollahs; dem Gipfeltreffen mit Breschnjew in Wien, wo Nicaragua nicht auf der Tagesordnung stand; mit der Annäherung an China und der Ölkrise in den USA, mit langen Schlangen an den Tankstellen. Außerdem hatten die Berichte der CIA versichert, dass Somoza auch diesmal Stand halten würde.

Doch die ganze Welt blickte schon nach Nicaragua, und alles Mögliche konnte geschehen. Eines Tages tauchten in San José ein paar geheimnisvolle, sehr gut gekleidete Araber auf und boten uns an, ein ganzes Flugzeug voller Waffen zu schicken, die wir ohne allzu viel Zutrauen aus einem Katalog voller Fotos auswählten, den sie uns vorlegten. Da gab es Vierlings-Flaks, Mehrfachraketenwerfer (die berühmten Stalinorgeln), Sturmmaschinenpistolen, Bazukas, automatische Gewehre. Für jede Waffenart vereinbarten wir ein Kodewort: Seide, Taft, Leinen, Brokat, Opalin, als handle es sich um eine Bestellung von Stoffen für einen Basar. Wir hatten das Ganze praktisch schon vergessen, als in der Propagandazentrale, die im Büro von Istmo Films Platz gefunden hatte, ein Telex einging, das die Ankunft der Ware mit einer Boing 707 ankündigte, die im Nahen Osten gechartert worden war und drei Tage später aus Beirut kommend auf dem Flughafen Santa María landen sollte.

Wir besorgten die Landeerlaubnis und bereiteten das Entladen vor, mussten jedoch gleich darauf in den Meldungen der Nachrichtenagenturen lesen, dass die Maschine gezwungen worden war in Kairo zu landen, wo die Ladung beschlagnahmt wurde. Es ließ sich unschwer schließen, dass die CIA die Operation verhindert hatte. Später erfuhren wir, dass die Raketenwerfer und die Artilleriegeschütze zum Verteidigungssystem der PLO-Lager im Libanon gehörten, die damit zu einem beträchtlichen Teil ihres Schutzes beraubt wurden.

Wir hätten das Flugzeug gut entladen können, denn Costa Rica war die Operationsbasis für unsere politischen und konspirativen Aktionen, für Nachschub und Propaganda und das Rückzugsgebiet der Südfront geworden. Auf dem Flughafen Santa María und auf dem von Llano Grande in der Grenzregion Guanacaste landeten die Versorgungsflüge mit militärischem Nachschub, die über Panama aus Kuba und Venezuela kamen; es gab ein Flugzeug von Torrijos, das wegen seiner seltsam eckigen Form „der Schokoladenriegel" hieß, das dauernd zu diesem Geschäft unterwegs war. Dieses internationale Bündnis ganz unterschiedlicher Regierungen, die sich entschlossen hatten, den Sturz Somozas zu unterstützen, wird sich wahrscheinlich niemals wiederholen.

Bei der Hektik, den Improvisationen und konspirativen Treffen den ganzen Tag lang überraschten ungewöhnliche Dinge niemanden mehr. Von Spanien aus erbot sich ein Armbrustschütze für den Kampf und überzeugte Ernesto Cardenal davon, dass seine Waffe die lautloseste von allen und deshalb unvergleichlich gut für überfallartige Angriffe sei. Aus der ganzen Welt kamen von überall her wie in den Jahren des Spanischen Bürgerkriegs Freiwillige, die sich der Südfront anschließen wollten, in der Deutsche, Spanier, Mexikaner, Costaricaner, Panamesen, Kolumbianer, Chilenen, Argentinier, Peruaner, Uruguayer, Venezolaner und Kubaner kämpften.

Es kamen auch Ärzte, um sich den Sanitätsbrigaden anzuschließen, wie Doktor Ernst Fuchs, ein bekannter Neurochirurg, der für den Kampf in Nicaragua seine Praxis am Berliner Kurfürstendamm aufgab und den wir bei uns zu Hause in Los Yoses aufnahmen, bevor er zur Südfront ging. So entstand die Legende mit Sacco und Vanzetti. Sein Pseudonym wurde Vanzetti, weil er hörte, wie der Guerillakommandant Richard Lugo „Saco" genannt wurde, doch nur deshalb, weil er vor jedem Gefecht zu einem echten *saco de nervios,* einem Nervenbündel wurde. Vanzetti, der von da an nur noch so heißen sollte, lebt heute noch in Managua und operiert die armen Patienten im Lenín-Fonseca-Krankenhaus ohne genügend Instrumente und oft auch ohne chirurgischen Faden.

In unserem Haus in Los Yoses bewahrte ich oben auf einem Schrank in einem alten Koffer, den niemand beachtete, den Schatz der Revolution auf. Davon bezahlten wir alle möglichen dringenden Ausgaben; günstig angebotene Waffen, Medikamente und Nahrungsmittel, Benzin und Flugtickets; ich vermute, dass in jenem Koffer irgendwann einmal fast eine Million Dollar lagen.

Am 18. Juni 1979 wurde die Bildung der Regierungsjunta verkündet, als die Offensive sich schon wie ein Lauffeuer verbreitete und die Guerillatruppen voran kamen und Gebiete und Ortschaften eroberten. Wir wurden von aller Welt in Nicaragua anerkannt, den traditionellen Parteien der FAO, denen von UDEL, der Privatwirtschaft, den linken Gruppierungen innerhalb des MPU und den bewaffneten Kämpfern der drei inzwischen geeinten Flügel der FSLN. Es war das erste Mal in der Geschichte des Landes, dass eine Regierung entstand, die auf den Konsens aller zählte und nicht auf die Zustimmung der USA.

Da erschien wieder William Bowdler auf der Bildfläche, so gelassen wie immer und als sei bis dahin nichts geschehen, was uns hätte auseinander bringen können. Er nahm in San José Quartier, wo die Regierungsjunta war und wo, wie die Carter-Regierung wusste, sich auch der größte Teil der Nationalen Leitung der FSLN und das Hauptquartier für die Kriegsführung befanden. Um Somoza würde sich in Managua der eben ernannte Botschafter Lawrence Pezzullo kümmern.

Noch einmal konnten wir uns wie zwei alte Schachspieler an einen Tisch setzen, die die Figuren der Verhandlung in der gleichen Position auf dem Schachbrett vorfanden, wie sie im November 1978 zurück geblieben waren: Sie wussten, dass Somozas Tage gezählt waren, beharrten jedoch darauf, die Nationalgarde zu retten und vom System zu bewahren, was sie eben konnten. Wir dagegen wollten, dass das System verschwände, und das bedeutete, dass die Nationalgarde nicht überleben durfte und dass der Besitz der Familie Somoza und aller ihrer Komplizen konfisziert werden musste. Diese Punkte hatten seit jeher im Programm der FSLN gestanden, und trotz der Spaltung waren sie von allen Flügeln unverändert beibehalten worden; sie waren auch Bestandteil der Erklärungen der „Gruppe der Zwölf" und standen jetzt im Programm der Regierungsjunta, das von San José aus verbreitet wurde.

Als wir uns jetzt wieder an den Tisch setzten, hatten sich die Umstände jedoch radikal geändert, demnach mussten auch die

Züge auf dem Schachbrett anders sein. Die Nationalgarde befand sich jetzt in der Defensive, auf einem allzu großen und vielfältigen Kriegsschauplatz und Somoza konnte jetzt nicht mehr zu dem Mittel greifen, die aufständischen Städte eine nach der anderen wieder zu unterwerfen. Sein entscheidendes Problem war der Nachschub, genau wie für uns, und davon würde die Dauer des Krieges abhängen. Die Carter-Regierung konnte sich nicht gegen die Gesamtheit der lateinamerikanischen Regierungen stellen, die den sandinistischen Kräften Waffen und Munition lieferten, so sehr auch Kuba mit daran beteiligt sein mochte. Und sie konnte es auch nicht wagen, die Militärhilfe für Somoza wieder aufzunehmen, der sie sich deshalb in Guatemala und weit entlegenen Ländern wie dem damals von Militärs regierten Argentinien oder aus Israel besorgen musste. (Israel hatte nicht vergessen, dass der alte Somoza Ben Gurion in der Zeit der Gründung des jüdischen Staates mit Waffen geholfen hatte; doch am 14. Juni 1979 musste ein israelisches Schiff, das mit Kriegsmaterial nach Nicaragua unterwegs war, auf Druck der USA auf offener See umkehren.)

Zum ersten Mal war es den Vereinigten Staaten nicht möglich, seine nationalen Sicherheitsinteressen geltend zu machen, ohne dass das ganze Gebäude der Menschenrechtspolitik Carters zusammenbrach. Sie hatten alle Macht der Welt, konnten sie jedoch nicht gebrauchen und mussten jeden Tag ihre Strategie improvisieren. So lag es an uns, Raum zu gewinnen.

Die neue Beratungsrunde der OAS begann am 21. Juni 1979 in Washington, einen Tag, nachdem der nordamerikanische Reporter Bill Stewart von der Nationalgarde in Managua umgebracht worden war. Alle zehn Minuten erschien die Szene der Exekution auf den Bildschirmen, und das Gefühl der Abscheu gegen Somoza war in den USA stark angewachsen.

Dennoch schlug Außenminister Cyrus Vance, der als Erster bei der Konferenz sprach, die Entsendung einer interamerikanischen Friedenstruppe nach Nicaragua vor, die die Machtübergabe überwachen sollte. So lautete ein Abschnitt seiner Rede, den Carter persönlich mit eigener Hand hinzugefügt hatte und der nichts weiter vermochte, als die Erinnerung an die früheren militärischen Interventionen der USA zu wecken. Wir waren inzwischen schon im Konferenzsaal vertreten, um Einspruch zu erheben. der Außenminister unserer Regierungsjunta, Pater Miguel D'Escoto, war als Mitglied der Delegation Panamas angemeldet worden.

Dieser Vorschlag war also von vornherein zum Scheitern verurteilt und kam nicht einmal zur Abstimmung. Mexiko und Ecuador hatten schon die diplomatischen Beziehungen zu Somoza abgebrochen, und die Länder des Anden-Paktes erkannten die FSLN als kriegführende Partei an. Die Resolution, die allein gegen die Stimmen der Außenminister von Paraguay und Nicaragua verabschiedet wurde, bekräftigte, dass das Regime Somoza, nicht nur seine Person, die eigentliche Ursache der Krise war, so wie wir selbst es auch immer betonten; und sie rief zur sofortigen Bildung einer demokratischen Regierung auf, die sobald wie möglich Wahlen ausschreiben sollte.

Vor den Zusammenkünften mit Bowdler, die normalerweise im Hause von Claudia Chamorro statt fanden, wo Violeta wohnte, traf ich mich mit Humberto Ortega im Hauptquartier von Palo Alto, um die militärische Lage zu besprechen. Von dieser genauen Kenntnis der Entwicklung des Krieges hing meine Verhandlungsstrategie ab: Sie konnte flexibel sein wenn wir fest saßen, oder härter werden wenn wir vorrückten oder eine neue Position eingenommen hatten. Auf eine Seite meines Notizbuches hatte ich eine Karte von Nicaragua gemalt, auf der ich von Mal zu Mal den Fortschritt unserer Positionen verzeichnete.

Am 28. Juni 1979 hatten wir bei einem offiziellen Besuch der Regierungsjunta in Panama auf Einladung von Präsident Arístides Royo ein weiteres Gespräch mit Bowdler im Hause von Gabriel Lewis, einem engen Freund von Torrijos und dessen Botschafter in Washington, an der auch der Botschafter der USA in Panama, Ambler Moss, teilnahm. Am folgenden Tag verkündete ein Sprecher des State Department, man habe uns einen Vier-Phasen-Plan vorgelegt, der in Washington erarbeitet worden sei. Das stimmte nicht, und wir dementierten es sofort. Der Plan, den später die „New York Times" abdruckte, enthielt die wichtigsten Elemente der Strategie der Carter-Regierung:

– Rücktritt Somozas (den sie schon in der Tasche hatten);

- Bildung einer Regierung der Nationalen Versöhnung (die nicht die unsere war);
- Ernennung eines breiten Regierungskabinetts (mit nicht-sandinistischer Mehrheit);
- Dialog zwischen der neuen Regierung und der Regierung der FSLN (also der unseren).

„Den Rücktritt Somozas habe ich hier", sagte uns Bowdler, wobei er sich auf die Jackentasche klopfte. „Sie brauchen nur noch den Zeitpunkt zu bestimmen."

Es stimmte: Sie hatten ihn wirklich. Pezzulo, bis dahin Botschafter in Uruguay, war hastig nach Managua entsandt worden, und vom Flughafen begab er sich unter dem Begleitschutz eines Schützenpanzers direkt zum Bunker Somozas. Es war nicht die Zeit für große Zeremonien und die Übergabe von Beglaubigungsschreiben, und er erinnert sich, dass ihm seine Mission mehr als ungewöhnlich vorkam, in ein unbekanntes Land zu kommen mit der Aufgabe, den Rücktritt eines Diktators zu erzwingen, der sich bis zur letzten Patrone verteidigte; dazu an der Spitze einer diplomatischen Mannschaft, die ihm kaum etwas raten konnte, weil sie sich hinter den Mauern der Botschaft verschanzt hatte.

Zu seiner Überraschung erklärte ihm Somoza bei der nächsten Zusammenkunft er sei zum Rücktritt bereit und zwar sofort, denn er fürchte, von den Offizieren seiner eigenen Nationalgarde ermordet zu werden. Pezzulo bat ihn um eine gewisse Frist mit dem Argument, es sei notwendig, den Übergang geordnet Schritt für Schritt zu vollziehen.

„Haben Sie ein bisschen Geduld", sagte er ihm. „Und was Ihr Leben angeht, so weiß ich wohl, dass Sie sich zu schützen wissen."

In Wahrheit hatte Pezzulo jedoch keine Ahnung, welches die nächsten Schritte sein würden, weil sie zwangsläufig von den Verhandlungen mit uns in San José abhingen.

Bowdler bestand auf der Erweiterung der Regierungsjunta. Doch er wollte außerdem, dass wir einen „sauberen" Offizier als Chef einer gesäuberten Nationalgarde akzeptierten oder zumindest als Verhandlungspartner für die Bildung einer neuen Armee. Einmal, als wir beide allein im Hause von Claudia geblieben waren, fragte er mich, ob ich nicht interessiert sei, den Oberst Inocente

Mojica kennen zu lernen, der zu der Zeit als Direktor von COCESNA, der zentralamerikanischen Flugaufsichtsbehörde, in Guatemala lebte. Ich sagte Ja, ohne dem Vorschlag allzu viel Bedeutung beizumessen, doch abends brachte er ihn schon zu mir nach Hause. Sie hatten ihn eilig im Flugzeug herbeigeholt. Oberst Mojica schien mir jedoch nicht besonders aufgeweckt zu sein, und eher ängstlich gegenüber der Rolle, die man ihm anvertrauen wollte.

Schließlich gelangten wir zu der Vereinbarung, dass es einen gemeinsamen Generalstab geben sollte, bestehend aus „sauberen" Offizieren der Nationalgarde und einer ebensolchen Zahl von Guerillaführern. Verteidigungsminister sollte Oberst Bernardino Larios werden, der aus der Armee Somozas desertiert war. Pezzulo legte darauf hin Somoza eine Liste hoher Offiziere vor, unter denen er den neuen Chef der Nationalgarde auswählen sollte, der dann mit uns über die Zusammensetzung des neuen Generalstabs verhandeln würde. Somoza wählte den Oberst Federico Mejía und beförderte ihn zum General.

Bowdler schlug vor, die Mitgliederzahl der Regierungsjunta von fünf auf sieben zu erhöhen, um den sandinistischen Einfluss zurückzudrängen. In Washington war man so schlecht informiert, dass sich unter den neu vorgeschlagenen Namen auch der von Doktor Mariano Fiallos Oyanguren befand, des damaligen Rektors der Nationalen Universität und heimlich einem der Flügel der FSLN zugehörig. Später sollte er für viele Jahre Präsident des Nationalen Wahlrats werden.

Die Zahl der Regierungsmitglieder stellte für uns eigentlich kein Problem dar, solange wir bei einer Erweiterung ein günstiges Kräfteverhältnis beibehalten konnten; und so akzeptierten wir schließlich eine Kandidatenliste, auf der außer Mariano auch Don Emilio Baltodano aus der „Gruppe der Zwölf" und der Präsident des Nationalen Roten Kreuzes, Don Ismael Reyes, standen. Doch Violeta protestierte energisch und drohte zurückzutreten, mit dem wunderbaren Argument, sie akzeptiere keine ausländische Einmischung.

Weil Bowdler mit seinen Bemühungen vor dem Scheitern stand, lud Carter General Torrijos zu einem geheimen Treffen nach

Washington ein, das am 3. Juli 1979 stattfand, und bat ihn die Erweiterung der Regierungsjunta mit von den USA, Panama und Costa Rica gemeinsam vorgeschlagenen Namen zu unterstützen. Die Gespräche schlossen auch das Thema der neuen Armee ein. Chuchú Martínez erinnert sich, dass Torrijos sich in einer Gesprächspause in das Büro von Bob Pastor zurückgezogen hatte um auszuruhen, als aus San José kommend Mercel Salamín auftauchte, einer seiner engsten Mitarbeiter. Marcel berichtete ihm, dass er sich mit mir getroffen hatte und wir geschlossen Violetas Haltung unterstützten; es gab keine Bereitschaft, die Regierungsjunta zu erweitern.

So reiste Torrijos mit der Verpflichtung nach Panama zurück Carters Vorschlag zu unterstützen, doch gleichzeitig vorgewarnt, dass wir nicht einverstanden sein würden; ich habe den Eindruck, er brachte nicht viel Hoffnung noch Begeisterung für eine Mission auf, die ihm selbst nicht besonders gefiel. Dennoch hielt er Wort und schickte seinen Starunterhändler aus der Zeit der Verhandlungen um den Panamakanal, Rómulo Escobar Betancourt, nach San José mit dem Auftrag uns zu überzeugen.

Rómulo stammte aus den Reihen der Kommunistischen Partei – war also ein *ñángara*, wie die Panamesen die Kommunisten nennen, so wie sie zu den reichen Aristokraten *rabiblancos* sagen. Ich kannte ihn seit seiner Zeit als Rektor der Universität von Panama, und bei einem der fröhlichen Abende bei ihm zu Hause erzählte er mir die Geschichte seiner Jugendfreundschaft mit Che Guevara. Der Che, der auf seiner legendären Reise durch ganz Lateinamerika von Argentinien bis nach Mexiko unterwegs war und von dort mit der „Granma" und den Männern Fidel Castros nach Kuba, wusste nicht, wo er in Panama übernachten sollte, und Rómulo nahm ihn mit zu sich nach Hause. Seine Mutter, die den Che sofort freundlich aufnahm, warnte ihn jeden Morgen hinter Rómulos Rücken:

„Seien Sie bloß vorsichtig mit meinem Sohn, der ist nämlich Kommunist!"

Am Tag, als der Che nach Costa Rica weiter reisen wollte, brachte in Rómulo früh am Morgen zum Busbahnhof. Die ganze Stadt war für den Besuch von Königin Elisabeth II von England mit Fähnchen geschmückt. Am Nachmittag, als er aus der Universität kam, fand er den Che zu seiner Überraschung wieder bei sich zu Hause:

„Eine Königin sieht man nur einmal im Leben, das konnte ich mir doch nicht entgehen lassen", sagte er nur.

Sehr früh am Morgen des 8. Juli 1979 begann die Diskussion mit Rómulo in dem Haus im Stadtteil „La Nunciatura", wo Don Emilio Baltodano mit seiner Familie wohnte. Wir Mitglieder der Regierungsjunta nahmen daran teil, plus die „Gruppe der Zwölf", und die Schlacht zog sich bis in den späten Abend hin. Angesichts der lückenlosen Unbeugsamkeit, die wir alle nach Violetas Ablehnung jetzt zeigten, kämpfte Rómulo verzweifelt, aber auf verlorenem Posten.

„Dann muss ich General Torrijos berichten, dass ihr so undankbar seid und ihm, der euch so sehr geholfen hat, nicht einmal dieses kleine Zugeständnis machen wollt", sagte er und verschoss damit seine letzte Patrone.

Er bekam keine Antwort darauf, und so verabschiedete er sich, enttäuscht über sein Scheitern als Unterhändler, doch offensichtlich erleichtert darüber, dass er diese Mission hinter sich hatte, die für ihn genau so undankbar war wie für Torrijos.

Doch es fehlte noch der letzte Sturmversuch. Am 11. Juli rief mich frühmorgens Präsident Carazo an und sagte, er müsse uns dringend noch am gleichen Morgen in seinem Haus im Badeort Punta Arenas an der Pazifikküste sehen; aus verschiedenen Quellen erfuhren wir, dass dort auch Torrijos, Don Pepe Figueres und Carlos Andrés Pérez sein würden.

Zu dem Gespräch kamen wir Mitglieder der Regierungsjunta, Humberto Ortega und Tomás Borge. Die Stühle waren in einem großen Kreis auf der Veranda zum Meer aufgestellt worden, und zusammen mit Carazo erwarteten uns sein Vizepräsident José Miguel Alfaro und der Innenminister, Johnny Echeverría, der eine Schlüsselposition bei den Waffenlieferungen einnahm. Außerdem waren tatsächlich Don Pepe Figueres und Carlos Andrés Pérez gekommen, nicht jedoch Torrijos, der seinen Berater Jorge Ritter geschickt hatte. Und Bowdler.

Carazo sprach als Erster über die Erweiterung der Junta, obwohl er nicht mehr als formale Argumente vorbrachte; Carlos

Andrés riet zu Pragmatismus, stieß jedoch bald auf den Widerstand von Violeta und verlor an Schwung. Schließlich stellten wir unseren Friedensplan vor:

- Rücktritt Somozas;
- Bildung der Regierung des Nationalen Wiederaufbaus unter Beteiligung aller Sektoren der Opposition;
- die Mitgliedsstaaten der OAS erkennen die neue Regierung an;
- die neue Regierung setzt die Verfassung außer Kraft und führt ein neues Grundgesetz ein;
- die neue Regierung befiehlt der Nationalgarde die sofortige Einstellung der Kriegshandlungen und den Rückzug in die Kasernen;
- die Sandinistische Armee stellt gleichfalls das Feuer ein und hält ihre Positionen;
- Vertreter der beiden Armeen werden dazu bestimmt, den Waffenstillstand zu überwachen;
- die Offiziere und Soldaten, die es wünschen, können der neuen nationalen Armee beitreten oder ins Privatleben zurückkehren; oder sie verlassen das Land, wenn sie nicht im Verdacht stehen, kriminelle Handlungen begangen zu haben.

Carazo gab zu, dass sich der Plan im Einklang mit der Resolution der OAS befand und schlug vor, ihn dem Generalsekretär Alejandro Orfila zu schicken mit einem von allen Mitgliedern der neuen Regierung unterzeichneten Begleitbrief. Am Thresen der Hausbar stehend schrieb ich auf der Grundlage der Notizen Carazos den Entwurf des Briefes, las ihn dann den Anwesenden vor und damit war das Ganze beendet. Am nächsten Tag erschien Bowdler mit einer Flasche Wein und einem Geschenk für Fadrique, den Sohn von Claudia. Zum ersten Mal erkannte er uns als den Kopf der neuen Regierung an:

„Meine Dame und meine Herren der Junta", meinte er lächelnd, während er uns die Hand schüttelte.

Im Gegenzug für seine Höflichkeit riss ich die Seite aus meinem Notizbuch, auf die ich die Liste der Minister geschrieben hatte und gab sie ihm. Dort standen schon Oberst Bernardino Larios als Verteidigungsminister und Tomás Borge als Innenminister;

der einzige Name, der beim Sieg geändert wurde, war der von Pablo Antonio Cuadra als Kulturminister gegen den von Ernesto Cardenal. Bowdler rief mich am gleichen Nachmittag noch einmal an, um mir zu sagen, dass ihnen das Kabinett zusagte. Tatsächlich hat es in der gesamten Geschichte Nicaraguas kein pluralistischeres gegeben, auch wenn es nur bis zum Jahresende hielt, als die Nationale Leitung der FSLN beschloss, sich selbst viel stärker um die Regierungsgeschäfte zu kümmern und die Bündnisse über Bord geworfen wurden.

Nach dem Treffen in Puntarenas arbeitete ich mit Bowdler am Plan der Machtübergabe, der am 17. Juli 1979, als Somoza Nicaragua verließ, schon fertig und von beiden Seiten angenommen war. Er wirkte wie das minutiöse Drehbuch einer Inszenierung:

– Der General Federico Mejía für die Nationalgarde und der Comandante Humberto Ortega für die FSLN kommen in Puntarenas zusammen, um den Plan zur militärischen Machtübergabe zu vereinbaren und eine gemeinsame Befehlsstruktur zu organisieren;
– Somoza dankt vor dem Nationalkongress ab und verlässt Nicaragua;
– der Nationalkongress ernennt einen Übergangspräsidenten, der nur so lange im Amt ist, bis die neue Regierung in Managua eintrifft, in Begleitung der Botschafter der Andenpaktländer bei der OAS;
– der Übergangspräsident wartet am Flughafen von Managua und übergibt, sobald die Maschine der Regierungsjunta landet, die Präsidentenschärpe an Monsignore Obando y Bravo;
– der Übergangspräsident verlässt das Land mit einer anderen Maschine, und Monsignore Obando y Bravo übergibt die Präsidentenschärpe an die Regierungsjunta;
– die Regierungsjunta verfügt den Waffenstillstand und bildet eine gemeinsame militärische Führung;
– die Regierungsjunta macht sich daran, den restlichen Plan in die Tat umzusetzen, den sie in ihrem Brief an die OAS präsentiert hat.

Niemand hatte daran gedacht, Obando über die Rolle zu informieren, die er spielen sollte, und als man ihn aufsuchte, stellte sich heraus, dass er sich in Caracas aufhielt, wohin er am 15. Juli mit einer Gruppe Politiker aus den Parteien der FAO gereist war, mit einer Militärmaschine, die Präsident Luis Herrera Campins nach Managua geschickt hatte. Diese Reise galt dem inzwischen verspäteten Versuch, eine politische Kraft zu Stande zu bringen, die in der zukünftigen Regierung ein Gegengewicht zur FSLN darstellen konnte, ein Überbleibsel der nordamerikanischen Pläne, die bei den Verhandlungen auf der Strecke geblieben waren; die christlich-soziale Regierung Venezuelas versuchte, sie wieder zum Leben zu erwecken, ob mit Ermutigung aus Washington, weiß ich nicht.

Obando war eben in Caracas angekommen, als ihn Präsident Herrera Campins, der über die Entwicklung informiert worden war, dringend bat, sofort nach Costa Rica zu reisen, wo wir ihn brauchten, um das Programm der Regierungsübergabe ausführen zu können. Am Abend des folgenden Tages kam er in San José an, wenige Stunden, bevor die Rücktrittserklärung Somozas vor dem Kongress verlesen wurde, der sich beinahe unter Zwang im Hotel Intercontinental versammelt hatte, weil die Abgeordneten fürchteten, keine Reisemöglichkeit nach Miami mehr zu bekommen.

Anstatt sich zur venezolanischen Botschaft zu begeben, wo wir Mitglieder der Regierungsjunta und die Botschafter des Andenpaktes ihn erwarteten, blieb Obando im Hotel Cariari und schickte an seiner Stelle Pater Bismark Carballo und seinen Assistenten Roberto Rivas mit der Auskunft, er sei nach so viel Fliegerei zu müde um zu kommen.

Inzwischen war es das Morgengrauen des 17. Juli 1979 geworden. Wir waren fast damit fertig, den Vertretern Obandos die Einzelheiten seiner Rolle zu erklären, da hörten wir in der Ferne die Sirene von Radio Monumental, die nur im Fall großer Ereignisse ertönte. Somoza war dabei, Nicaragua zu verlassen. Unser Gastgeber, der Botschafter Venezuelas, ließ Champagner entkorken und unter Prostrufen und Umarmungen wirkte dies alles plötzlich wie ein Sylvesterabend.

Die Abschiedszeremonie für die Regierungsjunta auf dem Flughafen Juan Santa María war für zehn Uhr morgens angesetzt. Ich packte bei mir zu Hause den Koffer, als mich Präsident Carazo anrief um mir eine dringende Nachricht mitzuteilen. Urcuyo, der Übergangspräsident, weigerte sich zurückzutreten. Und er riet mir vehement auf jeden Fall nach Managua zu fliegen, und zwar sofort.

Ich bat ihn, mir ein wenig Zeit zu geben, um die anderen Mitglieder der Junta zu konsultieren, und Violeta und Robelo kamen zu mir nach Hause. Daniel war zwei Tage zuvor nach León geflogen. Wir nahmen telefonisch Kontakt mit Bowdler auf, der sich überrascht zeigte vom Verhalten Urcuyos. Ich sagte ihm, alles sähe nach einem von den USA ausgeheckten Plan aus, und der beste Beweis dafür sei, dass er so täte, als wisse er von nichts. Er verneinte entschieden und bat mich zu warten, bis Pezzulo in Managua Urcuyo um eine Erklärung gebeten habe. Humberto Ortega andererseits wusste schon, dass der General Mejía nicht zu dem verabredeten Treffen nach Puntarenas kommen würde und vielmehr die Nationalgarde dazu aufgerufen hatte, bis zum Ende weiterzukämpfen.

Im Verlauf des Tages wuchs die Ungewissheit, und früh am Nachmittag erschien Präsident Carazo bei mir zu Hause, um uns noch einmal zur Abreise zu drängen. Da beschlossen Violeta, Robelo und ich angesichts der Unmöglichkeit nach Managua zu fliegen, uns noch in der gleichen Nacht nach León zu begeben.

Carazo war damals der Ansicht – und wir haben nach so vielen Jahren darüber gesprochen –, dass die neue Regierung jedes Risiko auf sich nehmen musste, um so schnell wie möglich nach Managua zu gelangen, um die politische Gewalt in ihrer Umgebung zu konsolidieren und dem Land eine zivile Entwicklung zu sichern. Die Tatsache, dass wir nach León fliegen wollten, war seiner Ansicht nach zwar nicht ausreichend, kam seinen Sorgen jedoch ein wenig entgegen. Genauso dachten, wenn auch aus anderen Beweggründen, die Mitglieder der Nationalen Leitung, die sich alle beeilt hatten, so schnell wie möglich nach Nicaragua hinein zu kommen, außer Humberto Ortega, der von San José aus die militärischen Bewegungen leitete.

Am späten Nachmittag rief Bowdler noch einmal an und bat um ein wenig Zeit, bis der Druck, den sie auf Urcuyo ausübten, Wirkung zeigte; doch wir hörten schon nicht mehr auf ihn. Ich sagte ihm, dass wir das Abkommen über die Machtübergabe für gebrochen hielten. Und in dieser Nacht flogen wir nach León.

Am Morgen des 18. Juli 1979 wurde die neue Regierung offiziell im Auditorium Maximum der Universität ausgerufen, in Gegenwart des Rektors Mariano Fiallos Oyaguren und des Bischofs Monsignore Manuel Salazar, und von dort aus erklärten wir León zur Hauptstadt Nicaraguas. Wir saßen in den schön geschnitzten Sesseln mit den hohen Lehnen, die den akademischen Würdenträgern vorbehalten waren, und Tomás Borge stellte uns mit Gönnermiene einen nach dem anderen einem Publikum vor, das in seiner Mehrheit aus Korrespondenten der ausländischen Presse bestand, die von unserer Anwesenheit in León gehört hatten und von Managua aus durch die Kampfhandlungen hierhergekommen waren.

Das Audimax der ehrwürdigen Universität von León mit seinen großen Fenstern und seinem Balkon aus Schmiedeeisen war seit jeher Teil meines Lebens. Von dort aus waren wir am 23. Juli 1959 als Studenten mit wehenden Fahnen losgezogen, als wir von der Nationalgarde zusammengeschossen wurden; dort hatten wir im folgenden Monat unser Hauptquartier eingerichtet, als wir die Universität besetzt hielten, um den Ausschluss der dort studierenden Militärs zu erzwingen, während Manolo Morales seine dreihundert Pfund Gewicht in einem Hungerstreik auf die Probe stellte, gemeinsam mit Francico Buitrago, der 1963 bei der Guerilla von Bocay fallen sollte; von dort aus übertrugen wir unsere Hörspiele, bei denen Jorge Navarro zu seinem Akkordeon sang, der, der niemals sein Armutsgelübde brach und auch in Bocay fiel; und dort hielt ich im Oktober 1967 eine Vorlesung über den *Boom*, den Erfolg des lateinamerikanischen Romans, als von der Straße verbreitet durch die Radiosender die Nachricht vom Tod des Che in Bolivien hereindrang. Dort hatte ich 1964 meine Anwaltsurkunde erhalten, an der Seite meiner Mutter und in einem geliehenen Talar.

Jetzt wimmelten die Straßen vor Menschen, die herbeikamen um uns zu begrüßen, und alles war voller Freude; doch es gab auch Trauer: Im Hörsaal „Ruiz Ayestas", in den Universitätsgebäuden auf der anderen Seite der Straße, lag Fanor Urroz aufgebahrt, einer der Stellvertreter von Dora María, der am Tag zuvor bei den Kämpfen zur Befreiung der Ortschaft Nagarote auf dem Weg nach Managua gefallen war. Man sagte mir, dass er der Schwiegersohn von Raúl Elvir sei, eines Dichters, mit dem ich als Student lange Nächte in den Kneipen von León verbracht hatte, und der über die nicaraguanische Vogelwelt Bescheid wusste wie kein Zweiter. Ich entdeckte ihn unter der Trauergemeinde, wie immer weiß gekleidet, und ging hin, um ihn zu umarmen.

Am Nachmittag fuhren wir nach Chichigalpa, um an der ersten offenen Kundgebung teilzunehmen. Daniel hatte schon vor unserer Ankunft auf der Hacienda „La Máquina" in der Nähe von León den Campesinos einer eben gegründeten Kooperative einen Landtitel überreicht. In Chichigalpa glich das Baseballstadion, in dem die Kundgebung abgehalten wurde, einem Ameisenhaufen. Alle sprachen wir damals einer nach dem anderen; eine lange Kundgebung mit vielen Musikeinlagen, die erst bei Sonnenuntergang zu Ende ging, als die anderen nach León zurückkehrten und ich mit Jaime Wheelock nach Chinandega fuhr, um einen Guerillatrupp zu empfangen, der von Somotillo kam.

Der Trupp aus Bauernburschen nahm auf dem Parkplatz des Hotels „Cosigüina" Aufstellung, das wegen des Krieges geschlossen war, und wir hielten ihnen eine flammende Rede, wobei wir ihre Gesichter in der Dunkelheit erraten mussten. Dann schickten wir nach dem Hotelmanager, damit er uns die Schlüssel gab und wir in vernünftigen Betten schlafen konnten, in Zimmern mit Klimaanlage. Fürs Erste war die Macht, die uns noch ganz unwirklich vorkam, gut für solche kleinen Dinge.

Am Morgen des 19. Juli 1979 frühstückten wir in der Hotelküche, als jemand rief, wir sollten zum Fernsehgerät kommen. Auf dem Bildschirm erschien der General Sandino, wie er sich den Hut abnahm und wieder aufsetzte, die einzigen Filmaufnahmen von ihm, die aus einer alten Wochenschau stammten, während im Hintergrund das Lied „La tumba del guerillero" – Das Grab des Guerillero – von Carlos Mejía Godoy zu hören war; dann kamen Bilder von den Lastwagen, die von Masaya aus nach Managua hinein fuhren, voller olivgrün gekleideter junger Leute, die Fahnen schwenkten und ihre Gewehre hoch hielten, während die Menschen sie fröhlich lärmend begrüßten, man hörte die Rufe, das Hupen, und wie in die Luft geschossen wurde.

Mitten in diesem Trubel rief uns Henry Ruiz über Funk vom Flughafen in Managua, wo er schon mit seinen Leuten der Nordfront sein Lager aufgeschlagen hatte; Bowdler, der auch schon angekommen war, wollte seine Übergabezeremonie. Ich musste lachen, weil es so absurd war, da war ja nichts mehr, was übergeben werden konnte, doch weil Henry darauf beharrte, gaben wir schließlich nach, Daniel als Erster. Kürzlich haben wir noch einmal darüber gelacht, dass ausgerechnet Henry so bedacht darauf war, die Vereinbarung mit den Yankees einzuhalten.

Mit diesem Auftrag flogen Violeta und ich noch am gleichen Nachmittag nach Managua, an Bord einer Sportmaschine, die von Modesto Rojas gesteuert wurde, der viele der nächtlichen Versorgungsflüge von San José aus unternommen hatte. In der untergehenden Sonne änderten sich die Farbtöne der Luft von Violett bis Safran und verschwammen schließlich in dieser milchigen Klarheit, die Rubén Darío das „Schlafzimmerlampenlicht" nannte. Der Vulkan Momotombo erhob sich über die grauen Wasser des Sees, während am nebligen Horizont die Lichter von Managua nach und nach angingen und nach Süden hin die Silhouette der Bergkette sich zu verwischen begann. Auch all dies wirkte unwirklich.

Die „Quetzalcóatl II", das Flugzeug, das der mexikanische Präsident López Portillo geschickt hatte, um das Kabinett aus San José herüberzuholen, war schon gelandet, und ich traf meine Frau, die in der Maschine mitgeflogen war, in der Lobby des Hotels „Camino Real". Es herrschte eine Atmosphäre wie vor einem Tanzvergnügen.

Von Bowdler war nichts zu sehen, und auch nicht von Obando, obwohl er schon am Vorabend zurückgekehrt war. Auf jeden Fall verabredeten wir in Übereinkunft mit Henry die Zeremonie nach der großen Kundgebung auf der Plaza abzuhalten, und am Morgen des 20. Juli 1979 flogen Violeta und ich zusammen mit Moisés Hassan nach León zurück, damit wir Regierungsmitglieder alle fünf gemeinsam nach Managua einfahren konnten. Die Autokarawane, mit der wir den Triumphzug über die Landstraße machen wollten, wartete schon abfahrbereit am Jerez-Park, und der Bischof, Monsignore Salazar, war auch dabei.

Damals war es, dass ich nach der Siegesfeier auf der Plaza im Nationalpalast Régis Debray traf, im Safarilook. Dann ging ich die Treppe hinauf und betrat den Saal, wo uns Monsignore Obando zur Übergabezeremonie erwartete, die nun doch noch, wenn auch hastig, durchgeführt wurde. Und da kam Bowdler auf mich zu, tadellos gekleidet und lächelnd wie immer, und meinte mit seinem argentinischen Akzent, der mir immer so lustig vorkam:

„Endlich am Ziel!"

13. Kapitel

Im Schlund des Saturns

Der Augenblick, sich mit der Führung der Contra zum Dialog an einen Tisch zu setzen, musste früher oder später kommen. Wenn vorher die politische Strategie in der Unnachgiebigkeit bestand und darin, einen militärischen Sieg zu erreichen, so steuerte jetzt alles auf die Suche nach einer Verhandlungslösung zu, denn nach einem Jahrzehnt der bewaffneten Auseinandersetzung waren wir erschöpft.

Die Wirtschaft war wie im Morast steckengeblieben. Bei dauernd steigender Inflation besaßen wir immer weniger Devisen für die Importe; die Landwirtschaft lag darnieder, weil es keine Mittel für Kredite, Saatgut und Düngemittel gab, und die Grundnahrungsmittel, die durch Lebensmittelkarten bezogen werden konnten, wurden immer knapper. Die innenpolitische Situation war permanent kritisch, und wir näherten uns neuen Wahlen, die 1990 stattfinden sollten, und die wieder einmal eine relative Glaubwürdigkeit genießen würden. Doch vor allem waren die Reserven für den Militärdienst praktisch erschöpft, und es war kaum möglich diejenigen, die ihre obligatorischen zwei Jahre vollendeten, durch neue Rekruten zu ersetzen; außerdem machte sich inzwischen bemerkbar, dass laufend Rekruten desertierten.

Der Patriotische Militärdienst (SMP) wurde zum traumatischsten Element dieses Jahrzehnts und bestimmte schließlich die Wahlniederlage der FSLN im Jahre 1990. Zu viele Tote gab es zu beklagen. Während des Wahlkampfs vor eben diesen Wahlen nahm ich im Ort Malpaisillo auf dem Platz vor der Kirche an einer Kundgebung teil, als man mir einen Zettel zusteckte mit der Bitte, in meiner Rede einen jungen Mann aus dem Ort zu erwähnen, der am Tag zuvor im Kampf gegen die Contra gefallen war. Als ich sprach, bat ich dann um eine Schweigeminute, und nachdem ich vom Podium herabgestiegen war, sagte ich den örtlichen Aktivisten, ich wolle die Mutter des Jungen besuchen. Überrascht rieten sie mir ab, doch ich beharrte darauf.

Die naive Vorstellung, dass alle Mütter den Tod ihrer Söhne im Krieg als ein notwendiges Opfer ansähen, war längst verschwunden, und die Aktivisten wussten das nur zu gut. Sie mussten rekrutieren, und wenn es Gefallene gab, mussten sie sich um die Auswirkungen auf die Hinterbliebenen kümmern. Außerdem sollten sie auch noch um Stimmen werben; das waren Extreme, die notwendigerweise nicht zu versöhnen waren, wie der Wahlausgang schließlich beweisen sollte.

Das bescheidene Häuschen, in das man durch den umzäunten Hof trat, war voller Nachbarn, die schwiegen, als sie mich auftauchen sahen. Ich traf die Mutter in der Küche an. Sie war keine alte Frau, weil die Armut und das harte Leben sie gebeugt hatten, wirkte sie jedoch so. Sie empfing mich mit einer harten, verbitterten Feindseligkeit. Ihr anderer Sohn studierte in Kuba Landwirtschaft, und ohne ihr Tun zu unterbrechen, sagte sie mir, während sie das Feuer schürte und Essgeschirr forträumte, man müsse ihn zum Begräbnis herholen. Ich versuchte ihr zu erklären, dass dies in so kurzer Zeit nicht leicht sei, doch sie blieb unerbittlich:

„Ihr könnt alles", meinte sie nur.

Ich versprach es ihr also, und ich hielt es auch. Der junge Mann kam zum Begräbnis, und bevor er wieder nach Kuba reiste, kam er in meinem Büro in Managua vorbei, um sich zu bedanken. Dies war nur ein Fall von Tausenden. Der Krieg an sich, der aus Abwesenheiten, Trennungen, Leid und Tod bestand, ohne die Perspektive eines Endes für die Menschen, die unter seiner vernichtenden Gewalt litten, war unser großer Gegner bei diesen Wahlen, und ihn konnten wir nicht besiegen.

Die ersten Bemühungen um einen Dialog mit der Führung der Contra ergaben sich im Dezember 1987 in der Dominikanischen Republik und dann Anfang 1988 in Costa Rica und Guatemala, immer unter Vermittlung von Kardinal Obando, der als Botschafter zwischen den beiden Vertretungen hin und her eilte, weil wir noch nicht zu einem direkten Treffen bereit waren. Die Führung der Contra, die in Miami saß, war andererseits kein leichtes Gegenüber, denn trotz des entscheidenden Einflusses, den die CIA auf ihre Mitglieder ausübte, verhinderten die internen Auseinandersetzungen eine Klarheit der Positionen; zudem hatten sie keinen wirklichen Einfluss auf die militärischen Kräfte im Gelände.

Anfang März 1988 führte die Sandinistische Armee eine massive Operation durch, die „Danto 88" hieß und in deren Verlauf das Hauptquartier der Contra auf honduranischem Gebiet zerstört werden sollte. Die Spannungen nahmen zu, und die USA mobilisierten die 82. Luftlandedivision, worauf wir den Sicherheitsrat der Vereinten Nationen anriefen. Genau in diesem spannungsgeladenen Klima wurde am 22. März, in Sapoá an der Grenze zu Costa Rica die erste Runde direkter Verhandlungen mit der Führung der Contra eröffnet, bei der Kardinal Obando und der Generalsekretär der OAS, João Baena Soares, als Zeugen fungierten.

Die Verhandlungen endeten mit einer in letzter Minute erreichten Vereinbarung, die eine sechzigtägige Waffenruhe, eine Amnestie für die Aufständischen und Garantien der Regierung für ihre Rückkehr ins zivile und politische Leben des Landes einschloss. Die Contra-Führung ihrerseits verpflichtete sich dazu, während des gesamten Prozesses, der zur endgültigen Entwaffnung der Contra führen sollte, nur noch humanitäre Hilfe von den USA anzunehmen.

Die Gespräche wurden im April im Hotel „Camino Real" in Managua weitergeführt, wobei es nun darum ging, die Sammlungsgebiete der Contra-Kräfte zu definieren, damit sie entwaffnet werden konnten; nach vielen Widerständen und Unterbrechungen scheiterten sie jedoch. Humberto Ortega vertrat bei ihnen allen die Regierung in seiner Eigenschaft als Verteidigungsminister und besaß alle notwendigen Verhandlungsvollmachten; der militärische Chef der Contra jedoch, Oberst Enrique Bermúdez, nahm nie daran teil und erkannte später auf Zureden der Vereinigten Staaten die Ergebnisse nicht an.

Wir verhandelten in der Überzeugung, dass wir einen militärischen Sieg nicht erringen konnten. Doch die Contras konnten den Krieg genau so wenig gewinnen, und ihre Situation war schwieriger denn je. Der US-Kongress hatte ihnen die militärische und finanzielle Unterstützung entzogen, die bis dahin massiv gewesen war, und das von den zentralamerikanischen Präsidenten unterzeichnete Abkommen von Esquipulas drohte ihnen jegliche politische Legitimität zu nehmen. Für die Regierungen von El Salvador und Guatemala, die Guerillabewegungen gegenüber standen, stellte die Entwaffnung der Contra einen positiven Präzedenzfall dar. Und wir gewannen außerdem die Schlacht um die öffentliche Meinung in den USA, während die Reagan-Ära zu Ende ging.

In der Situation der Erschöpfung, die wir erreicht hatten, und durch die Ankündigungen des Sowjetblocks in Bezug auf die Zukunft der Wirtschaftshilfe wurden die Wahlen von 1990 noch einmal zum Schlüsselelement bei dem Versuch, eine Beendigung des Krieges durch Verhandlungen zu erzielen. Auch wenn wir auf politischem Sektor zu immer größeren Zugeständnissen bereit waren, bedeutete der Frieden für uns vor allem die Entwaffnung der Contra und die Einstellung der Feindseligkeiten von Seiten der USA.

In diesem Sinne sahen wir die Wahlen als das beste Mittel, einen Zustand zu erreichen, der uns endlich den Wiederaufbau des Landes erlauben würde. Die Anzeichen der Unzufriedenheit, den wachsenden Widerstand gegen den Militärdienst, die wirtschaftlichen Schwierigkeiten, all das hielten wir für vorübergehende Situationen, die sich mit dem Ende des Krieges verbessern würden.

Von Anfang 1989 an dachten wir viel über die Bedeutung der Wahlen nach, und eines Nachmittags im Januar, während wir zu einer Versammlung in einem der Stadtteile von Managua fuhren – Daniel lenkte seinen Jeep, während ich neben ihm auf dem Beifahrersitz saß –, kamen wir gemeinsam zu der Ansicht, dass wir sie auf den Februar 1990 vorziehen sollten, auch wenn wir dafür die Verfassung ändern mussten, die sie erst für November vorsah.

Die beste Bühne für diese Ankündigung war der zentralamerikanische Präsidentengipfel in San Salvador im Februar 1989. Die Forderung nach repräsentativer Demokratie war zu einem immer wiederkehrenden Element der Erklärungen dieser Gipfeltreffen geworden; wie eine Standarte, die die Präsidenten der anderen Länder der sandinistischen Regierung immer wieder einrammen konnten; doch auch deshalb, weil sie in ihrer Mehrzahl nach vielen Jahren der Militärdiktaturen das Ergebnis noch recht unsicherer Wahlsysteme waren und deshalb meinten vorbeugen zu müssen. Und wenn man noch ein Paradoxon mehr haben will: Mit den Wahlen, durch die in Guatemala, El Salvador und Honduras Zivilregierungen an die Macht gekommen waren, hatte man gerade verhindern wollen, dass Revolutionen wie die nicaraguanische stattfinden könnten.

Inzwischen hatte der Friedensprozess seine eigene Dynamik entwickelt, die nicht dieselbe war wie jene, die die USA ihm aufzwingen wollten. Die Präsidenten diskutierten von Angesicht zu Angesicht hinter verschlossenen Türen und ohne Protokoll, und sie sahen sich gezwungen, offen zu sein, um wirkliche Auswege aus einem Konflikt zu finden, der alle Länder gleich betraf. Bei einem dieser offenen Gespräche hatte Daniel, als es schon etwas hitziger geworden war gegenüber dem salvadoreanischen Präsidenten Duarte zugegeben, dass die FMLN, die Befreiungsbewegung El Salvadors, tatsächlich von Nicaragua aus mit Waffen versorgt wurde; und gerade weil dies so war, meinte er, müsse es als ein Faktor in die Gesamtverhandlungen einbezogen werden.

Verhandlungen zwischen fünf Ländern verlangten notwendigerweise gegenseitige Konzessionen, die jedes einzelne und alle Länder zusammen betrafen. In diesem Kontext blieb es nicht aus, dass das ursprüngliche Projekt der Revolution modifiziert wurde, wie es auch durch andere Faktoren geschah. Teil der Region zu sein drückte unserer Realität unvermeidlich einen Stempel auf; Zentralamerika blieb auch jetzt noch ein System kommunizierender Röhren, wie schon seine gesamte Geschichte hindurch, und Nicaragua war mit diesem System verbunden.

In diesem Sinne konsolidierte sich der Frieden nur in der Region als ganzer, und Nicaragua war hierbei ein entscheidendes Element, obwohl der ursprüngliche Vorschlag des costaricanischen Präsidenten Oscar Arias, der zum Abkommen von Esquipulas führte und ihm den Friedensnobelpreis einbrachte, ausgerechnet Nicaragua ausgeschlossen hatte, das beim ersten von ihm nach San José einberufenen Treffen gefehlt hatte. Es war der guatemaltekische Präsident Vinicio Cerezo, der dafür sorgte, dass dieser Fehler korrigiert wurde.

Am 3. August 1989 unterzeichneten wir bei einem Treffen mit den Führern aller Oppositionsparteien im Tagungszentrum „Olof Palme", das bis zum Morgengrauen dauerte, eine Vereinbarung, durch die sie eine umfangreiche Liste von Garantien erhielten, um an den Wahlen von 1990 teilzunehmen und wir im Gegenzug ihren geschlossenen Rückhalt für die Entwaffung der Contra. Mit dieser Vereinbarung in der Tasche begab sich Daniel zum zentralamerikanischen Präsidentengipfel in Tela, Honduras, und dort wurde der Plan zur Auflösung der Contra verabschiedet, dessen Durchführung von der OAS überwacht werden sollte und in Washington nicht sehr freundlich aufgenommen wurde.

Die Führung der FMLN sah ihrerseits den Plan als ein schlechtes Zeichen und befürchtete, dass Nicaragua einen ähnlichen für El Salvador unterstützen könnte. Im Gegensatz dazu und trotz der Risiken für die Glaubwürdigkeit der sandinistischen Regierung erhielten sie jedoch massive Unterstützung für ihre Offensive Ende 1989, die wieder einmal die endgültige sein sollte und bei der sie immerhin wichtige Teile der Hauptstadt San Salvador unter Kontrolle brachten.

Die zentralamerikanischen Regierungen akzeptierten mit einer gewählten und von der Opposition anerkannten sandinistischen Regierung zu leben; die Bush-Regierung jedoch, die im Januar 1989 die Arbeit aufgenommen hatte und wusste, dass ein militärischer Sieg der Contra unmöglich war, lehnte eine solche Koexistenz ab. Die Parteien des Oppositionsbündnisses UNO zu finanzieren und gleichzeitig die militärische Bedrohung durch die Contras am Leben zu erhalten, sollte die Art und Weise der Vereinigten Staaten darstellen, auf das Resultat der Wahlen von 1990 Einfluss zu nehmen.

Ob die Bush-Regierung eine Verständigung mit der sandinistischen Regierung zugelassen hätte, wenn wir aus den Wahlen als Sieger hervor gegangen wären, muss hypothetisch bleiben. Doch unterdessen unternahm sie alles, was in ihrer Macht stand, damit wir sie nicht gewannen, in einer Situation extremer Spannung, in der auch die Kraftakte der USA aus anderen Gründen ihre Konsequenzen für Nicaragua haben mussten. So geschah es Ende Dezember mit der Invasion in Panama, ein allzu nah gelegenes Land.

Die Sandinistische Armee umstellte die Botschaft der USA mit sowjetischen Panzern, weil unsere Botschaft in Panama ihrerseits von nordamerikanischen Panzern umringt worden war, und so gab eine Provokation die andere. Krisen zuzuspitzen, um mit Vorteil am Rande der Katastrophe zu verhandeln, war eine goldene Regel der sandinistischen Diplomatie gewesen; doch jetzt befanden wir uns mitten im Wahlkampf, und das, was die Wähler wahrnahmen, wurde entscheidend.

Bei der Umfrage, die zwei Wochen später Mitte Januar 1990 durchgeführt wurde, hatten wir zehn Punkte verloren, was die Absicht der Stimmabgabe anging, und die Zahl der Unentschlossenen wuchs. Die schlimmste Wahlbotschaft war die eines bevorstehenden Krieges mit den USA, die die Invasion in Panama schon von sich aus vermittelte. Doch weil wir uns bei der nächsten Umfrage wieder ein wenig erholten, nahmen wir das Signal nicht sonderlich ernst.

Unser größtes politisches Problem war nach wie vor die Unverhältnismäßigkeit. Die offene Konfrontation passte nicht in den Rahmen von Wahlen, viel weniger noch zu unserer wichtigsten Botschaft, die auf unserer Friedensbereitschaft beruhte. Die Umfragen zeigten uns, dass es der Frieden war, den die Menschen am meisten wollten, und das war es auch, was wir ihnen anboten; doch die FSLN war eine antiimperialistische Partei, die ihre Verletzlichkeit im Konflikt mit den Vereinigten Staaten nicht verbergen konnte und unvermeidlich auf diesen Konflikt reagierte.

Außerdem wurde trotz unseres grundsätzlichen Friedensangebots ein aggressives Bild von Daniel Ortega vermittelt, der überall mit dem Kampfgesang „El gallo ennavajado" – Der messerbewehrte Hahn – empfangen wurde, der dann zur Wahlkampfhymne werden sollte. Ein schlechteres Symbol konnte es nicht geben. Die Umfragen nach den Wahlen zeigten sehr deutlich, welche Stimmung an den Urnen geherrscht hatte: 96% der Wähler waren sicher gewesen, dass wir niemals den Krieg hätten beenden können, und dasselbe dachten sogar 56% der FSLN-Wähler.

Durch die Umfragen wussten wir, wie wichtig das Friedensthema für die Wahlen war, doch siegte schließlich das alte messianische Machtkonzept, das die Vorstellung von der Volksrevolution mit all ihrem ideologischen Balast mit der bedingungslosen Unterstützung durch das Volk verband. Schließlich und endlich wären die Armen doch wohl nicht in der Lage, sich selbst das Messer ins Herz zu stoßen. Als die Umfragen das Gegenteil ergaben, nämlich dass wir auch unter den ärmsten Schichten an Unterstützung verloren, versuchten wir die Umfragen zu korrigieren.

Stan Greenberg, der später der wichtigste Meinungsforscher der Wahlkampagnen Clintons werden sollte, kam nach Nicaragua, um in den letzten Wochen mit uns zusammenzuarbeiten. Die Umfragen zeigten weiterhin eine wenig sichere Mehrheit für uns, und der wachsende Anteil der Unentschiedenen wurde immer mysteriöser. Also machten wir uns daran, die Meinung der Unentschlossenen in Bezug auf die Fähigkeiten der Kandidaten zu untersuchen: Welcher der beiden, Daniel oder Violeta, war besser geeignet, welcher der beiden besaß mehr Erfahrung, Kenntnisse über Wirtschaft und internationale Zusammenhänge? Wir baten Greenberg, die positiven Urteile über Daniel, die immer die Mehrheit waren, zu extrapolieren und der Wahlaussage zu seinen Gunsten hinzuzurechnen, wodurch er doch noch in Führung lag.

In Wahrheit stimmten alle Unentschlossenen schließlich gegen uns, nicht auf der Grundlage von Werturteilen über die Kandidaten, sondern nach ihrer Einschätzung, wer von den beiden in der Lage sein würde, den Krieg zu beenden: die ganz in Weiß gekleidete Violeta oder Daniel im Gewand eines Kampfhahns.

Ende Januar 1990 diskutierten wir die Umfragen mit den politischen Sekretären der FSLN auf Departmentebene, die gleichzeitig in ihrem Gebiet die Wahlkampfleiter waren. In Managua zum Beispiel lagen wir demnach zurück, genau wie in Diriamba und Matagalpa, bekannten sandinistischen Bastionen. Keiner von ihnen nahm die Umfragen ernst, und jeder verteidigte seine Arbeit mit dem Argument, er kenne alle Wähler persönlich.

Am 21. Februar 1990, dem Jahrestag der Ermordung Sandinos, hielten wir auf dem großen Platz am Managua-See unsere Abschlusskundgebung. Nie zuvor war in unserem Land eine ähnlich große Menschenmenge versammelt worden, und diese Kraftprobe überzeugte uns schließlich endgültig von unserem Sieg. So wie es im Ablaufplan vorgesehen war, gingen Daniel und ich nebeneinander über den Laufsteg, der von der Bühne aus in die Menge reichte, und unter Rufen und Beifallklatschen, das sich in der Ferne verlor, schlugen wir dort die Hände zusammen als untrügliches Zeichen, dass uns der Sieg sicher war. Die Führer der UNO, die die Bilder der Kundgebung im Fernsehen sahen, hatten auch keine Zweifel mehr, dass sie verlieren würden.

Unter dem Strich war es das Gewicht des Krieges, das die Niederlage von 1990 bestimmte. Sicher begannen wir diese Wahlen schon zu verlieren, als wir sie ansetzten. Oft ist später gesagt worden, Daniel habe an jenem Tag vorgehabt, in seiner Rede die Abschaffung des Militärdienstes zu verkünden, habe es sich jedoch angesichts der riesigen Menge auf der Plaza im letzten Augenblick anders überlegt. Das stimmt nicht. In der Strategie des Krieges war der Militärdienst keine politische, sondern eine militärische Variable, und bei der Diskussion dieses Themas war die Meinung von Humberto Ortega gewesen, dass eine solche Ankündigung ein Desertieren in Massen nach sich ziehen und die Contra gleichzeitig ermutigen könne, Gebietseroberungen zu versuchen.

Das war wieder einmal widersprüchlich, denn in einer Wahlsituation wurde der Militärdienst unausweichlich zu einer politischen Variablen, und so sahen die Menschen es auch. Sie erwarteten die Ankündigung als Beweis dafür, dass man auf den Friedenswillen der FSLN vertrauen konnte, und sie gingen mit dem Gefühl nach Hause, dass der Krieg weitergehen würde. Die US-Regierung ließ durch ihre Sprecher sehr deutlich machen, dass er tatsächlich weiter ging, wenn die FSLN siegte.

Genau so wie der Sieg der Revolution 1979 eine irreale Atmosphäre schuf, in die wir ungläubig vor Überraschung und gespannter Erwartung gegenüber der Zukunft eintauchten, schuf auch die Niederlage von 1990 eine ähnlich unwirkliche Atmosphäre. Damals wollten wir nicht glauben, dass wir gesiegt hatten und waren voller Angst aufzuwachen. Jetzt mochten wir nicht glauben, dass wir verloren hatten und wollten aufwachen.

In der Wahlnacht begann sich diese unwirkliche Atmosphäre auf unser Wahlkampfbüro auszubreiten. Wir hatten ein Auszählungssystem vorbereitet, das uns auf der Grundlage der Berichte unserer Vertreter in den Wahlbezirken eine Hochrechnung geben sollte, und kurz nach acht Uhr abends bat ich Paul Oquist, der das System entworfen hatte, um eine erste Information. Er wollte diese jedoch erst auf der Grundlage von 5% der abgegebenen Stimmen machen, und noch gab es nicht genügend Daten.

Unterdessen trafen Expräsident Carter und seine Frau Rosalyn mit dem Wahlbeobachterteam des Carter Centres in unserer Zentrale ein; sie hatten die Auszählung in verschiedenen Stadtvierteln Managuas verfolgt, und ihre Gesichter zeigten Betroffenheit. Jennifer McCoy sagte mir, im Stadtteil Monseñor Lezcano hätten wir haushoch verloren. Carter selbst beschränkte sich darauf, ein paar Fragen zu stellen, die mit dem Wahlergebnis nichts zu tun hatten, dann verabschiedeten sie sich.

Ich hatte keine Ruhe mehr. Die Berichte unserer Wahlhelfer trafen immer noch nicht zahlreicher ein, und gegen neun Uhr drängte ich Paul, er möge eine Hochrechnung auf der Grundlage von wenigstens 3% versuchen. Bald war sie fertig. Als ich auf dem Bildschirm des Monitors dieses erste Resultat las, dem zufolge die UNO mit 53% führte, fragte ich ihn, ob man dieses Ergebnis als unumkehrbar ansehen könne. Er nickte ernst. Daraufhin rief ich Daniel in seinem Büro an.

„Sie hören sich besorgt an, Doktor", meinte er scherzend.

„Es ist besser, wenn du sofort rüberkommst", erwiderte ich ihm.

Als uns beiden die Sache klar war, riefen wir die Nationale Leitung der FSLN zu einer dringenden Besprechung in das „L-Haus" am Tiscapa-Hügel, der Villa, in der Somoza bis zum letzten Tag mit seiner Geliebten Dinorah Sampson gelebt hatte und die jetzt Humberto Ortega als Büro diente. Die Stimmung war verwirrt, bei einigen ungläubig.

„Es sind noch zu wenige Stimmen, wir sollten abwarten", meinte skeptisch Carlos Núñez, der Präsident der Nationalversammlung.

„Wir müssen akzeptieren, dass wir verloren haben", antwortete ich. „Diese Tendenz lässt sich nicht umkehren."

Dennoch rief ich in unserem Wahlkampfzentrum an. Paul hatte jetzt schon die Hochrechnung bei 5%, und die Ergebnisse waren die gleichen.

Soviel der Gebrauch der Macht uns auch gelehrt hatte, Wahlbetrug war nicht unter den gelernten Lektionen. Niemandem fiel ein, die Resultate zu manipulieren oder nicht anzuerkennen. Einstimmig wurde beschlossen, die Niederlage zu akzeptieren und noch vom gleichen Moment an eine geordnete Regierungsübergabe vorzubereiten. Das taktische Spiel wurde zu einem ehrlichen Spiel.

Carter war unser bester Botschafter gegenüber Violeta und den Vertretern der UNO angesichts der Tatsache, dass es nach einem außerordentlich ruppigen und polarisierten Wahlkampf keinerlei Verbindung zwischen den beiden Lagern gab. Wir baten ihn um eine dringende Unterredung, und vorläufig wurden die Armeestützpunkte mit Anhängern der FSLN verstärkt, an die Waffen ausgegeben wurden als Vorsichtsmaßnahme für den Fall, dass die Contra von den Wahlergebnissen ermutigt versuchen würde, in den Kriegsgebieten die Provinzhauptstädte unter Kontrolle zu bringen.

Das Gespräch fand gegen elf Uhr abends in unserem Wahlkampfzentrum statt. Wieder einmal saßen Daniel und ich wie im September 1979, als wir nach dem Sieg der Revolution das Weiße Haus besuchten, Carter gegenüber, der uns jetzt zu trösten versuchte:

„Als ich die Wahlen verlor", sagte er zu Daniel, „da dachte ich, die Welt geht unter. Dabei ging sie gar nicht unter."

Draußen, auf einem Gelände, wo wir Scheinwerfer und Lautsprecher für die Siegesfeier aufgebaut hatten, strömten weiter die Leute zusammen und der „Gallo Ennavajado", das Lied vom kampfbereiten Hahn, erklang mit voller Lautstärke. Der Oberste Wahlrat sollte bald mit der Bekanntgabe der ersten Teilresultate beginnen, die mit unseren Hochrechnungen und denen der UNO überein stimmten.

Vor Mitternacht war Carter wieder zurück. Er hatte Violeta unsere Botschaft in ihrem Haus überbracht, und von diesem Augenblick an begann der Übergabeprozess, der unter seiner Schirmherrschaft ausgehandelt werden sollte. Auf dem Gelände für die Siegesfeier wurden die Scheinwerfer abgeschaltet und unsere Anhänger in ihren Wahlkampf-T-Shirts und -mützen gingen voller Ungewissheit nach Hause.

Ein paar Wochen später wurde das Übergabeprotokoll unterzeichnet, das die Grundlage für Stabilität in einer Phase voller Zündstoff in Nicaragua legte. Es regelte die geordnete Übergabe der Regierungsgeschäfte, die Institutionalisierung der Armee und der Sicherheitskräfte und die geordnete Entwaffnung der Contra; und es regelte die Übergabe von Eigentum, wie sich später herausstellen sollte, die größte Konfliktquelle.

Das Protokoll spaltete jedoch die UNO, und die Radikaleren innerhalb des siegreichen Bündnisses beschuldigten Antonio Lacayo, Schwiegersohn Violetas und ihr Präsidentschaftsminister, der FSLN nachgegeben zu haben. Eine Verständigung dieser Art war angesichts der herrschenden Spannungen schwierig zu erreichen und unvereinbar mit den Absichten derjenigen, die den Sandinismus insgesamt verschwinden sehen wollten. Doch wenn der Sandinismus die Wahlen nicht gewonnen hatte, so hatte die Contra den Krieg nicht gewonnen; es wurde nun eine Koexistenz notwendig.

Bei meinen langen Unterhaltungen mit Daniel in jenem Klima der Verlassenheit, das sich in den Büros im Regierungssitz ausbreitete, sprachen wir über das Thema des Eigentums, wie ich schon erwähnt habe, und über die Macht selbst. Eines Nachmittags trat er ganz verstört in mein Büro:

„Wir sind dabei, die Macht zu verlieren", meinte er, „und merken es nicht einmal."

Es war, als würden ihm die Konsequenzen der Niederlage überhaupt zum ersten Mal klar. Doch ich glaube, dies war nur ein kurzer Augenblick des Zweifels innerhalb seiner wie besessenen Entschlossenheit, die Macht zu behalten, die er im Grunde einem alten Konzept zufolge nicht als verloren ansah.

Der sandinistische Machtapparat war so, wie er sich entwickelt hatte, aus verschiedenen Elementen zusammengesetzt, die sich zu einem Ganzen fügten: die Regierung, die Partei, die Armee, die Sicherheitskräfte, die Massenorganisationen. Es war ein Hegemoniekonzept, das der Krieg zu konsolidieren geholfen hatte und in dem die Partei die Spitze einnahm.

Vielleicht um mit seinem Standpunkt Recht zu behalten, beharrte Daniel darauf, dass die Wahlniederlage nur den Verlust eines der Elemente der Macht bedeutete, der Regierung, während die übrigen weiter um die Partei kreisen konnten. Folglich musste ab sofort nur von unten regiert, der Druck der Straße erhöht werden, egal, wie gewalttätig auch immer, um unsere Interessen durchzusetzen. So kam es, dass wenige Wochen nach der Amtseinführung der Regierung von Violeta zu Streiks aufgerufen wurde, Barrikaden gebaut wurden und die Straßenschlachten begannen, mit denen Gewerkschaftsforderungen durchgesetzt wurden. Doch war dies eine Methode, die nie den Rückhalt der Bevölkerung bekam und bald an Wirkung verlor.

Daniel handelte außerdem in der Überzeugung, dass jede Arbeiterforderung an sich schon berechtigt war, ohne dass es notwendig sei, ihre Durchsetzbarkeit und die politischen Konsequenzen abzuschätzen. Diese Methode gründete auf den alten revolutionären Radikalismen aus der Zeit, als gegen Somoza alles erlaubt war; doch die Regierung von Violeta besaß nicht einmal eine dieser Situation angemessene Ordnungskraft, und diese Schwäche sollte sich im Nachhinein in ihre Stärke verwandeln.

Ich vertrat dagegen die Ansicht, dass die Regierung das Schlüsselelement der Macht war, weil sie ihre Rechtmäßigkeit verkörperte, und dass ohne dieses Element alle anderen auseinanderfallen müssten; und wer zuerst die Konsequenzen spüren würde, war die Partei selbst, die finanziell von der Regierung unterstützt wurde und die ihre Bürokratie nicht mehr würde aufrechterhalten können, nachdem sie in der Opposition nutzlos geworden war.

Abgesehen davon gelang es Humberto Ortega nach dramatischen Auseinandersetzungen, die die UNO endgültig spalteten, auf seinem Posten zu bleiben; doch war er der Erste, der die Notwendigkeit begriff, die Armee unter das Dach der Institutionalität zu stellen, die einzige Möglichkeit ihres Überlebens. Er verließ die Nationale Leitung der FSLN, denn niemand hätte unter diesen neuen Bedingungen verstanden, dass er gleichzeitig Chef der Armee und politischer Kopf einer Partei wäre, viel weniger noch der sandinistischen Partei. Eifrig bemüht, seine Unabhängigkeit zu beweisen, geriet er oft in Widerspruch zu Daniel und verfeindete sich mit den Kadern der FSLN, die er Terroristen nannte, weil sie die Straßenschlachten schürten.

Tomás Borge hatte als Innenminister nicht so viel Glück; an seiner Stelle wurde der Zivilist Carlos Hurtado ernannt, der Antonio Lacayo sehr nahe stand. Der Sandinistischen Polizei, die genau wie die Armee ein Kind der Revolution war, wurde die schwere Rolle zuteil, die Institutionalität gegen die Sturmtrupps der FSLN zu verteidigen. In diesen Auseinandersetzungen kamen Polizisten zu Tode, die Guerillaführer gewesen waren; der Größte aller Widersprüche jenes Dramas, das sich hinter den gleichen Barrikaden, doch jetzt ohne Heldentum abspielte.

Die Massenorganisationen, die auch als Kinder dieser Revolution entstanden waren, Gewerkschafts-, Berufs- und Bauernverbände, Landarbeiter-, Frauen- und Jugendorganisationen, drangen auch auf ihre Unabhängigkeit, um anerkannt zu werden, und gingen dazu über, ihre Vertreter zu wählen, statt hinzunehmen, dass sie per Fingerzeig von oben bestimmt wurden.

Die ersten Wochen nach dem Machtwechsel waren entscheidend, um zu erkennen, welche Zukunft uns erwartete. Die FSLN war als ganze nicht darauf vorbereitet, ihre Rolle als Oppitionspartei innerhalb eines demokratischen Systems einzunehmen, weil sie dafür nicht geschaffen war. Ihre vertikale Struktur entstammte den Schulungsheften des Leninismus, den Zwängen des Krieges und dem „Caudillismo", unserem ältesten kulturellen Erbe.

Um jene Zeit wurde in „El Crucero", auf dem Höhenzug im Süden von Managua, eine Kaderversammlung abgehalten, bei der eben diese Zukunft der FSLN als Partei diskutiert werden sollte. Henry Ruiz (*Modesto*) und Luis Carrión, beides Mitglieder der Nationalen Leitung, Dora María Téllez und ich vertraten mit vielen anderen eine Position, die damals breite Zustimmung erhielt: Wir wollten uns von der „Piñata" lösen und die Verantwortlichen für Veruntreuungen zur Rechenschaft ziehen; wollten das Funktionieren der FSLN als demokratische Partei anstreben; und jeden Gebrauch von Gewalt aufgeben. Diese Resolutionen wurden jedoch nie in die Praxis umgesetzt.

Das Festhalten an der Gewalt brachte tiefgreifende Konsequenzen für die FSLN mit sich. Das Ende des Krieges hatte eine neue Geisteshaltung in der Gesellschaft zum Leben erweckt, und sie gab sich dem Bemühen um Versöhnung hin. Wie ich schon sagte, hatte der Krieg das Land von oben nach unten tief gespalten, quer durch alle sozialen Schichten und die Familie, die in Nicaragua nach wie vor eine besonders wichtige Institution darstellt.

Tausende von Flüchtlingen kehrten über die Grenzen aus Honduras und Costa Rica zurück; aus Miami kamen die Ausgewanderten zurück, die Kriegsheimkehrer beider Seiten kamen in ihre Familien zurück, und in den Landgemeinden und Städten setzten sich die militärischen Führer aus Contra und Armee an einen Tisch. Von den beiden Schwestern Rosa und Marta Pasos, den Töchtern von Doktor Luis Pasos Argüello, eines der angesehensten Rechtsanwälte des Landes, war die eine Sprecherin der Sandinistischen Armee in Managua und die andere Sprecherin der Contraführung in Miami gewesen. Auch sie trafen sich jetzt wieder. Toleranz und die Zurückgewinnung gegenseitiger Zuneigung waren etwas, das das Land genoss, und in dieser Atmosphäre wirkten die Aufrufe zur Gewalt auf der Straße seltsam, außer bei den ganz Orthodoxen.

Nachdem ich das Trauma der Niederlage verarbeitet hatte, begann ich mich erleichtert zu fühlen. Ich verließ die Regierung ohne Parteiämter, also machte ich Pläne, um mein Leben als Schriftsteller wieder aufzunehmen und nahm erst einmal eine Einladung der Universität von Oviedo an, dort an einer Vorlesungsreihe über literarisches Schaffen teilzunehmen.

Doch der Verfassung zufolge war ich als unterlegener Kandidat für die Vizepräsidentschaft zum Vertreter, zum „Nachrücker" Daniels in der Nationalversammlung gewählt worden, der als unterlegener Präsidentschaftskandidat eigentlicher Inhaber des Sitzes war. Die Nationale Leitung der FSLN entschied jedoch, dass Daniel die Partei weiter führen und ich den Sitz wahrnehmen und damit Vorsitzender der sandinistischen Fraktion werden sollte. Die Rollen, die wir beide dadurch annehmen mussten, trugen dazu bei, dass sich unsere Sichtweisen und später auch unsere Positionen immer mehr voneinander unterschieden.

Für mich war es eine neue und komplexe Erfahrung. Unter den gewählten Abgeordneten gab es Guerillaführer und alte sandinistische Kader von denen, die „historisch" genannt wurden; viele von ihnen waren nur schwer zu führen. Andere hatten wichtige Funktionen in der Regierung ausgefüllt und vor der Niederlage nicht im Sinn gehabt, ihren Sitz wahrzunehmen. Wie ich selbst hatten auch sie keinerlei parlamentarische Erfahrung. Wieder andere hatten dem vorigen Parlament angehört und fühlten sich Carlos Núñez treu verbunden, dem Mitglied der Nationalen Leitung der FSLN und bisherigen Präsidenten der Nationalversammlung, der plötzlich in der Hierarchie unter mir war. Zum Glück war unter den Gewählten auch mein Bruder Rogelio, ein besserer Politiker als ich, der mit allen zurecht kam.

Als Erstes stellten wir demokratische Regeln für die Entscheidungsfindung auf – angefangen bei meinem eigenen Posten, der zur Abstimmung gestellt wurde – und wählten einen Vorstand mit Dora María als zweiter Vorsitzenden. Wir diskutierten die im Parlament behandelten Themen bis zur Erschöpfung, bevor wir über die Position abstimmten, die wir dann im Plenum vertreten wollten, und über alle Sondierungen, Vereinbarungen und Bündnisse wurde auch erst diskutiert und abgestimmt.

Das war eine neue Verfahrensweise innerhalb der FSLN, die nur ein vertikales Reglement kannte. Die Tatsache, dass zum ersten Mal in der Geschichte des Landes die Nationalversammlung das politische Gravitationszentrum wurde, gab der Fraktion und ihrem Verhalten ein eigenes Gewicht und entfernte sie von der Partei, die unter Führung von Daniel auf die Straße ging, um ein System herauszufordern, das wir unterdessen vom Parlament aus zu fördern versuchten.

Plötzlich sahen wir uns im Sitzungssaal den aus Miami zurückgekehrten Führern der Contra auf der anderen Seite des Gangs gegenüber, die jetzt Abgeordnete waren, und den antisandinistischen Hardlinern, die nichts anderes wollten, als dass wir von der Bildfläche verschwanden. Doch wir eröffneten den Dialog, und außer dieser Koexistenz entstand ein neues, anderes politisches Klima in Nicaragua.

Die Regierung sah sich vom ersten Tag an ohne parlamentarische Mehrheit. Violeta Chamorro gehörte keiner Partei an, und ihre Kandidatur war Gegenstand heftigen Streits innerhalb der Koalition der UNO gewesen, wo sich wieder einmal die alten Kommunisten mit den Konservativen der Vergangenheit versammelt fanden. Diese Koalition, an sich schon zerbrechlich genug, scheiterte nach der Unterzeichnung des Übergangsprotokolls und vom ersten Tag an bildete sich ein Mehrheitsbündnis aus den Abgeordneten, die die Regierung weiter unterstützten, und uns.

Nach der Hälfte der Legislaturperiode mussten wir jedoch mit dem anderen Teil der UNO ein anderes Bündnis eingehen, um die Verfassungsreform verabschiedet zu bekommen, inzwischen schon gegen den Willen der Regierung und der FSLN selbst; und das mitten in einer schweren institutionellen Krise, die alle Gewalten des Staates in Mitleidenschaft zog.

Die Verfassungsreform, die Ende 1995 verabschiedet wurde, setzte das Verbot der Wiederwahl durch, der Wahl eines engen Verwandten des Präsidenten als dessen Nachfolger und der Führung der Armee durch einen Verwandten des Präsidenten. Damit wurde die autoritäre Tradition des Landes abgeschafft, die sich auf die Regierungen von Familien stützte, und die die Verfassung von 1987 intakt ließ, die wir mit unserer Mehrheit eingeführt hatten.

Der Streit um die Verfassungsreform beendete das Bündnis, das sich zwischen Antonio Lacayo, Humberto Ortega und mir gebildet hatte, von der Regierung, der Armee und der Nationalversammlung aus. Dieses Bündnis, das den Rahmen der FSLN sprengte und nicht wenige Male gegen die Vorstellungen der Nationalen Leitung handelte, war fruchtbar, solange wir drei uns um die Suche nach Demokratie, Stabilität und Stärkung der Institutionen sammelten. Es ermöglichte die Entwaffnung der Contra und die Umwandlung der Armee, die einen nationalen Charakter erhielt, ohne parteipolitische Beinamen, und es gab der Nationalen Polizei einen institutionellen Rahmen. Und schließlich diente es auch dazu, eine Lösung für die Probleme in Bezug auf das Eigentum zu suchen, die nach wie vor vielfältig waren, und um den Prozess der Privatisierung zu ordnen, trotz allen Missbrauchs, der in beiden Fällen begangen wurde.

Das Bündnis brach nicht nur wegen des massiven Widerstandes von Antonio Lacayo gegen die Verfassungsreform, die ihm, weil er Violetas Schwiegersohn war, die eigene Präsidentschaftskandidatur verwehrte. Es hatte damit auch der beharrliche Versuch von Humberto Ortega zu tun, auf unbestimmte Zeit Armeechef zu bleiben, bis er mit Violeta aneinander geriet, die ihn endlich zum Rücktritt zwang; und es spielte auch der Bruch in der FSLN eine Rolle, bei dem ich einer der Akteure war.

Ich war beim ersten Kongress der FSLN, der im Juli 1991 abgehalten wurde, Mitglied der Nationalen Leitung geworden. Damals ergab sich eine heftige Debatte über die Form der Wahl, in der wir, die wir schon zu jener Zeit eine interne Erneuerung wollten, vorschlugen, dass sie einzeln vorgenommen würde, und nicht als Plattform. „Plattform", das bedeutete, dass die alte Nationale Leitung der FSLN als Block wiedergewählt werden konnte, ohne dass sich jedes einzelne ihrer Mitglieder der Wahl stellen musste; diese Methode war es jedoch, die sich durchsetzte.

Schließlich kandidierte ich nach vielem Hin und Her auch auf dieser Plattform, gemeinsam mit René Núñez, dem langjährigen Sekretär der Nationalen Leitung, der der alten Garde immer treu gewesen war und der seinen Bruder Carlos ersetzte, der kurz zuvor gestorben war; gemeinsam vervollständigten wir wieder die geheiligte Zahl neun, denn Humberto Ortega trat nicht mehr zur Wahl an.

Die stärkste Opposition gegen meine Aufnahme kam von der Seite Daniels, nicht nur, weil wir schon in gegnerischen Lagern standen, sondern auch, weil er an dem ideologischen Kriterium festhielt, dass die Nationale Leitung nur aus Überlebenden der Katakomben bestehen dürfe, zu denen ich nicht gehörte.

Die alte Garde war auch weiterhin von der ideologischen Treue gegenüber einer Welt besessen, die nicht mehr existierte. So entstand innerhalb der FSLN der Flügel der Erneuerer, an dessen Spitze ich stand, und auf der anderen Seite der orthodoxe Flügel, den Daniel anführte. Er drang auf die Einberufung eines außerordentlichen Parteitags, um den Streit zu klären; und auf diesem Parteitag, der im Mai 1994 stattfand, wurden wir von der Parteimaschine überrollt und ich selbst schließlich aus der Nationalen Leitung ausgeschlossen.

Es dauerte nicht lange, da verlor ich auch meinen Posten als Chef der sandinistischen Fraktion, den Daniel jetzt für sich reklamierte, und bald sah ich mich in einem Kreuzfeuer, das die Partei nur für ihre schlimmsten Feinde reserviert hatte. Pater Miguel D'Escoto, inzwischen ein flammender Orthodoxer, meldete sich fünf Tage lang im Sender „Radio Ya" zu Wort, um mich mit Schmähungen zu überhäufen. Später begann man im selben Sender meine Tochter María mit Gemeinheiten anzugreifen, wie ich zu Beginn erzählte. Es war eine Verschwörung, die meine eigenen Kampfgefährten gegen mich aus der Deckung unternahmen.

Der Augenblick war gekommen, „Adiós" zu sagen. Am selben Tag, als „Radio Ya" pausenlos María beleidigte, lud ich in meinem Büro im Stadtteil „Las Palmas" zu einer Pressekonferenz ein, und im Beisein von Tulita und meiner drei Kinder, die einmal mehr gekommen waren, um mich zu unterstützen, erklärte ich meinen Austritt aus der FSLN.

Auch dies schien alles irreal. Vor einer Unzahl Mikrofone an dem Versammlungstisch sitzend, wo die sandinistische Fraktion all ihre Debatten geführt hatte, hing hinter mir das Portrait Sandinos, das Arnoldo Guillén gemalt hatte.

Das scharf geschnittene Gesicht unter dem breitkrempigen Stetson leicht zur Seite geneigt, hält Sandino auf diesem Bild eine Reitgerte mit silbernem Knauf umfasst, und unter dem Aufschlag seines Sakkos lugt die Spitze eines Füllhalters hervor. Es war, als sei er dort um mich zu verabschieden. Oder mich in Empfang zu nehmen.

Ich kann nicht sagen, dass ich nicht gerührt gewesen wäre. Wegen der Erinnerungen an die Vergangenheit, wegen all dessen, was jetzt hinter mir lag. Und wegen der Ungerechtigkeiten, jetzt, wo Saturn mich in die Höhe hob, um mich in seinen Schlund zu schieben.

Nachwort

In diesen Tagen bin ich nach Indianapolis gereist, um in der But-ler-Universität eine Vorlesung über literarisches Schaffen zu halten, doch zuvor machte die Journalistin Diana Penner vom „Indiana-polis Star" ein Telefoninterview mit mir und fragte mich gleich zu Anfang, wie ich mich dabei fühle, jetzt Gastprofessor an der Universität von Maryland in College Park zu sein, während Oliver North gleich nebenan in Virginia sein Radioprogramm macht, wir, die wir Gegenspieler in ein- und derselben Geschichte waren, jetzt also Nachbarn sind. „Sie", meinte sie zu mir, „der die Präsident-schaftswahlen 1996 verlor, und North, der 1994 als Kandidat für einen Senatorsitz unterlag."

Sie fragte mich das lachend, und ich antwortete ihr im gleichen Ton. Das Leben, so sagte ich ihr, ist wie eine Bühne auf dem Thea-ter. Die Schauspieler treten auf und wieder ab, manchmal in an-deren Kostümen. Und in der Politik ist es das Publikum, das die Rollen verteilt. Mir gab es bei den letzten Wahlen gar keine mehr. Und ich hoffe, dass es für immer so bleibt.

Dann fragte sie mich, ob ich auch heute noch glaube, dass die Revolution sich gelohnt habe, und ich antwortete ihr mit den glei-chen Gedanken wie zu Beginn dieses Buches: Allein der Gedanke, ein wenig eher oder ein wenig später geboren worden zu sein und sie deshalb verpasst zu haben, macht mich unruhig. Denn trotz aller Enttäuschungen fühle ich mich immer noch durch sie belohnt.

Ich erinnere wie ich eines Juniabends im Jahre 1998 in der Buchhandlung „Cálamo" in Zaragoza meinen Roman „Margarita, wie schön ist das Meer" signieren sollte, als Teil einer Lesereise durch Spanien. Meine Schriftstellerkollegen wissen, dass diese Ze-remonien immer ein unsicheres Geschäft sind, und es gibt keine schlimmere Folter, als sich an den Tisch zu setzen, den der Buch-händler einem vorbereitet hat, und auf die Leser zu warten, die nicht immer so zahlreich erscheinen, wie man es sich wünscht.

Diesmal kamen jedoch viele, wie bei einer Prozession. Zum Klang der Glocke öffnete sich andauernd die Eingangstür, und da kamen sie, die meisten von ihnen Paare, die sich in der Buchhandlung verabredet hatten, ein jeder von beiden kam aus unterschiedlicher Richtung, von der Arbeit oder von zu Hause, und sie näherten sich mit Kindern an der Hand, Kinder mit einer Hautfarbe und einem Lächeln, die ich sehr gut kannte, braun, mit mandelförmigen Augen, ein kraushaariger Junge, ein Mädchen mit Zöpfen, woher sonst, wenn nicht aus Nicaragua, Kriegswaisen, oder im Stich gelassen, aus León, Estelí, Matagalpa. Sie schauten mich an und lächelten.

Ihre Adoptiveltern waren auf den Ruf der Revolution hin nach Nicaragua gekommen, um zu impfen, zu unterrichten, Schulen zu bauen, Ernten einzubringen, und sie sind auch nach unserer Wahlniederlage weiter gekommen, andere, jüngere, in neuen Wellen von Helfern, eine Kultur der Solidarität, die sich in vielen Jahren entwickelt hat, Wurzeln schlug und allen Stürmen stand hielt, über den Sandinismus an der Macht hinaus, und die nicht viel braucht, um wieder durchzugrünen, in Spanien und anderswo, wenn Hurrikane und andere Katastrophen losbrechen.

In diesen letzten Wintertagen in Washington habe ich mich endlich auch mit Claudia getroffen, der Tochter, die Idania Fernández mit vier Jahren zurückließ, als sie nach Nicaragua in den Untergrund ging, aus dem sie nicht mehr lebend zurückkehrte. Claudia ist gekommen, um ein paar Freunde zu besuchen, und morgen muss sie wieder nach Managua zurück, weil das Semester an der Nationaluniversität los geht, wo sie studiert. Wir treffen uns zum Mittagessen im „Wall Street Deli" am Wilson Boulevard, ganz in der Nähe meiner Wohnung in Arlington, einem dieser makellos kalten Restaurants, wo schnelle, nach nichts schmeckende Mahlzeiten serviert werden, für Verkäuferinnen, Sekretärinnen und Büroangestellte, die in Schwärmen um diese Zeit aus allen Aufzügen der Gebäude aus Glas und Chrom herausströmen.

Jetzt wollen wir aber wirklich über deine Mutter sprechen, sage ich ihr, während wir unsere Tabletts zum Tisch tragen. Und als sich das Restaurant schon wieder von den Gästen leert, die in ihre Büros zurückkehren, habe ich ihr alles erzählt, was ich von Idania weiß, wie sie bei der Südfront an der Hand verletzt wurde, wie wir uns in Panama trafen, unser gemeinsames Abendessen im Panama Hilton, ihren Tod in León. Und sie beginnt mit ihren Erinnerungen, die nicht sehr zahlreich sind.

Ende 1978 lebte Claudia schon bei ihren Großeltern mütterlicherseits in Dallas, wohin der Großvater von seiner Firma von Quito aus versetzt worden war; und sie weiß noch, wie die Großeltern sie einmal nach Costa Rica mitnahmen, zu einem Wiedersehen mit Idania, an das sie nur noch eine verschwommene Erinnerung hat, eine Stimme, die zu ihr spricht und ein Paar Hände, die sie berühren, doch ohne Gesicht oder Figur. Und nach diesem Wiedersehen hatte sie einen Traum, so erzählt sie mir, in dem sie Blut sah, überall Blut.

Im Haus der Großeltern in Managua, bei denen sie immer noch wohnt, gibt es keine Fotos von Idania, außer einem, das der Großvater in einer Mappe versteckt hält, das Foto der toten Idania, die in einer Blutlache liegt, aus der Zeitung „Novedades" ausgeschnitten. Und dann fragt sie mich, wie ihre Mutter aussah, und ich beschreibe sie ihr. Und ich sage ihr auch, dass sie sich ähneln, so braun wie sie beide sind, und mit den gleichen wachen Augen, demselben Lächeln.

Claudia hat noch die Kassetten, die Idania ihr immer mit ihren Botschaften schickte (es war damals Sitte, erkläre ich ihr, sich per Kassette zu verständigen), und auf diesen Kassetten sandte sie ihr auch Lieder, die sie selbst sang, wobei sie sich auf der Gitarre begleitete. Und Claudia hat auch noch ein paar Briefe, sagte sie mir, die sie mir von Nicaragua aus schicken will.

Mein Sohn Sergio hat mir, als er letzte Woche herkam, diese Briefe mitgebracht, sie stammen beide aus dem Jahre 1979. Der erste stammt vom 8. März und sie schickte ihn Claudia von Panama aus, vor ihrer Abreise nach Nicaragua; der Letzte trägt das Datum des 18. März, kaum einen Monat, bevor sie ermordet wurde, und sie hat ihn sicher von León aus abgeschickt. Die geheimen Briefe erwähnten natürlich nie den Ort, wo sie geschrieben worden waren, und manchmal nicht einmal das Datum.

Im Ersten dieser Briefe versucht Idania ihrer Tochter zu erklären, weshalb sie sich entschlossen hat, in den Untergrund zu gehen, um schließlich, am Ende, hinzuzufügen: „Ich sag Dir das alles für den Fall, dass man es Dir nicht erzählt, oder dass ich es Dir nicht mehr erzählen kann, und das ist möglich, weil ich und wir alle uns bewusst sind, in was wir uns da begeben, und wie der Feind ist; ich will Dir keine Worte hinterlassen, keine Versprechungen und keine Moralpredigten. Ich hinterlasse Dir eine Lebensweise, sonst nichts."

Im letzten Brief, den sie schreibt, als sie schon im Untergrund ist und weiß, dass sie alle Gefahren eingeht, weil sie weiß, wer und wie der Feind ist, spricht Idania merkwürdigerweise nicht mehr vom Tod. Ihre Botschaft ist voller Hoffnung, und mit Ausdrücken mütterlicher Zärtlichkeit versucht sie, sich dem Ohr der Tochter zu nähern: „Wenn alles vorüber ist und wir wieder Frieden haben, dann lasse ich Dich holen, damit wir zusammen sind und zusammen spielen können. Wir wollen eine Stoffpuppe aus Masaya kaufen und sie im Park spazieren fahren. Wir wollen uns in Monimbó oder in Subtiava mit anderen Kindern auf die Straße setzen und Gitarre spielen und schöne Kinderlieder singen und nicaraguanische Lieder und Lieder von der Revolution. Wenn wir wieder zusammen sind, wird in Nicaragua alles anders sein, und wir werden glücklich sein, und du wirst zur Schule gehen, um viele neue Sachen zu lernen."

Bei diesem Treffen mit Claudia fragte ich sie, als wir schon auf der Straße standen und uns voneinander verabschieden wollten, ein wenig befangen, ob sie glaube, dass das Opfer ihrer Mutter sich gelohnt habe.

„Ich hätte dasselbe getan", antwortete sie ohne zu zögern, die Hände in den Taschen ihres Wollmantels vergraben.

Und hier schreibe ich die Worte auf, die sie weiter sagte, und die ich nach der Rückkehr in meine Wohnung notierte: Sie hat ihr Leben nicht umsonst gegeben. Sie gab es, weil ihr Herz es ihr befahl, aus uneigennütziger Liebe, und sie stellte das Wohl der anderen über ihr eigenes Leben. Und die Ergebnisse und Folgen zählen nicht, was zählt, das ist ihr Ideal.

„Vor allem", fügte sie noch hinzu, „in dieser Zeit ohne Ideale." Und dann lächelte sie sanft und gelassen.

Sie ging zum Eingang der U-Bahn davon und wandte sich noch einmal um, um mir noch einmal zuzuwinken, wobei sie wieder lächelte. Und da musste ich denken: Welch ein Glück, dass die Revolution immer noch ein Kind ist, das an der Hand durch den Gang einer Buchhandlung kommt, auf dich zugeht und dich mit dem Lächeln von Claudia anlächelt, das das gleiche Lächeln ist wie das von Idania.

Ende.

Chronologie der Ereignisse

1979

Schlussoffensive der FSLN gegen das Regime von Anastasio Somoza Debayle (24.5.); die FSLN ruft zum revolutionären Generalstreik und zum Streik der Unternehmer auf (4.6.); es wird die Bildung der Regierung des Nationalen Wiederaufbaus verkündet, die aus Violeta Chamorro, Moisés Hassan, Daniel Ortega, Sergio Ramírez und Alfonso Robelo besteht (16.6.); Somoza tritt als Präsident Nicaraguas zurück und flieht in die USA (17.7.); die Guerillatruppen der FSLN ziehen siegreich in Managua ein und besetzen die Hauptstadt (19.7.); die neue Regierung erreicht Managua von León aus; ein „Grundgesetz" setzt die Verfassung außer Kraft, löst die Nationalgarde und die Sicherheitsorgane auf und definiert die Staatsgewalten; durch die Verabschiedung des Dekrets Nr. 3 werden alle Güter der Familie Somoza konfisziert (20.7.); Gesetz des Nationalen Notstands (22.7.); die Sandinistische Gewerkschaftszentrale CST wird gegründet; Nationalisierung des Bankwesens (26.7.); Nationalisierung des Außenhandels (6.8.); das Dekret Nr. 3 wird auf Familienangehörige und zivile und militärische Komplizen der Familie Somoza ausgedehnt (8.8.); Statut über Grundrechte und Garantien der Nicaraguaner und Abschaffung der Todesstrafe (21.8.), die Sandinistische Armee (EPS) wird ins Leben gerufen (22.8.); staatliche Kontrolle über die Natur- und Bodenschätze (25.8.); das Universitätsstudium wird kostenfrei (30.9.); Schaffung des Nationalen Finanzsystems (31.10.); Einrichtung des Nationalen Fonds zur Bekämpfung der Arbeitslosigkeit (29.10.); das Gesetz über das Mietrecht senkt die Mieten und definiert die Rechte der Mieter (20.12.).

1980

Eine Liste mit Höchstpreisen für elf Grundbedarfsgüter wird verabschiedet (5.2.); Gesetz zum Schutze des Verbrauchers (22.2.); Beginn der Alphabetisierungskampagne (22.3.); Violeta Chamorro und Alfonso Robelo verlassen die Regierung des Nationalen Wiederaufbaus (18.4. bzw. 22.4.); die Regierung der USA macht einen 70-Millionen-Dollar-Kredit von der Wiederherstellung der Regierungsjunta abhängig (13.5.); die FSLN ernennt die Konservativen Rafael Córdoba Rivas und Arturo Cruz zu neuen Mitgliedern der Regierung (18.5.); Ende der Alphabetisierungskampagne mit mehr als 400.000 Alphabetisierten, die Analphabetenrate wird von 50% auf 12% gesenkt (18.8.); es werden für 1985 Wahlen angekündigt (18.8.); US-Präsident Carter stimmt 75 Millionen Dollar Wirtschaftshilfe für Nicaragua zu (12.9.); Anastasio Somoza Debayle wird in Asunción, Paraguay, umgebracht (17.9.); Ronald Reagan wird zum Präsidenten der Vereinigten Staaten gewählt (4.11.); der Unternehmerverband COSEP verkündet, die Regierung habe aufgehört, pluralistisch zu sein und sei zur Regierung einer Partei geworden, der FSLN, und zieht sich aus dem Staatsrat zurück (11. und 12.11.).

1981

Amtseinführung von Ronald Reagan als Präsident der USA (20.1.); Reagan suspendiert die Auszahlung der letzten 15-Millionen-Dollar-Tranche des von der Carter-Regierung genehmigten 75-Millionen-Dollar-Kredits (21.1.); das us-amerikanische Außenministerium veröffentlicht ein „Weißbuch El Salvador", in dem Nicaragua der Beteiligung an den Waffenlieferungen für die salvadorenische Guerilla bezichtigt wird (23.2.); die Regierung des Nationalen Wiederaufbaus wird auf drei Mitglieder vermindert, Daniel Ortega, Sergio Ramírez und Rafael Córdoba Rivas (4.3.); die USA erklären, dass ein 9,6-Mio-Dollar-Kredit für den Ankauf von Weizen nicht ausgezahlt wird (8.3.); die nordamerikanische Presse informiert über die Existenz von Ausbildungslagern der Contra in Florida (19.3.); die Vereinigung kleinerer und mittelgroßer Bauern UNAG wird gegründet (25.4.); die erste Weizenlieferung aus der UDSSR trifft in Nicaragua ein (26.5.); die revolutionäre Regierung verfügt die öffentliche Übernahme verlassenen Besitzes (Gesetz über Abwesenheit); es wird ein Agrarreformgesetz verabschiedet, das den nicht oder gering genutzten und verlassenen Grundbesitz einschränkt (19.8.); für ein Jahr wird der soziale und wirtschaftliche Notstand ausgerufen (9.9.); Gesetz über die landwirtschaftlichen Genossenschaften (12.9.); Druck der USA zur

Sperrung der Interamerikanischen Entwicklungsbank für Nicaragua (6.11.).

1982

Die USA legen gegen einen Kredit der Interamerikanischen Entwicklungsbank für Nicaragua in Höhe von 500.000 US-Dollar ihr Veto ein (19.1.); 70.000 Gesundheitsbrigadisten nehmen an einer breiten Kampagne gegen die Kinderlähmung teil (7.2.); Sozialversicherungsgesetz (11.2.); US-Medien enthüllen, dass Präsident Reagan einem Plan geheimer Operationen gegen Nicaragua zugestimmt hat, der 19 Mio Dollar einschließt, die von der CIA verwaltet werden sollen (14.2.); Ende der Umsiedlung von 8000 Mískito-Indianern vom Ufer des Río Coco, des Grenzflusses zu Honduras, ins Landesinnere (14.2.); die nicaraguanische Bischofskonferenz spricht sich gegen die Umsiedlung der Mískitos aus (18.2.); Reagan verkündet einen „Mini-Marschallplan" für Mittelamerika und die Karibik, der Nicaragua ausschließt (25.5.); das „Gesetz zur Regelung des Handels und zum Verbraucherschutz" gibt dem Binnenhandelsministerium die Möglichkeit, den gesamten Binnenhandel Nicaraguas zu kontrollieren, einschließlich der importierten Produkte. (7.6.); Nicaragua ruft die USA zu direkten Verhandlungen auf (28.7.); die Regierung des Nationalen Wiederaufbaus verkündet eine Reihe Maßnahmen zur Rationalisierung aus Erdöl hergestellter Produkte (31.7.); die Interamerikanische Entwicklungsbank beschließt einen 34,4-Mio-Dollar-Kredit für Nicaragua, den die USA jedoch durch ihr Veto verhindern (16.9.); gegen den Willen der USA wird Nicaragua in den Sicherheitsrat der Vereinten Nationen gewählt (19.10.); das Repräsentantenhaus untersagt es dem Pentagon und der CIA einstimmig, die Anti-Sandinisten auszubilden oder zu bewaffnen (8.12.).

1983

Mexiko, Kolumbien, Venezuela und Panama rufen die Contadora-Gruppe ins Leben (9.1.); Papst Johannes Paul II. besucht Nicaragua (4.3.); die Weltgesundheitsorganisation (WHO) und UNICEF erklären Nicaragua zum „Gesundheitsmodellland" (6.4.); die Reagan-Regierung senkt die Importquote von Zucker aus Nicaragua um 90% (9.5.); der Sicherheitsrat der Vereinten Nationen verabschiedet eine Resolution, die ein Ende der Intervention in Mittelamerika fordert und die Contadora-Gruppe unterstützt (19.5.); die Regierung des Nationalen Wiederaufbaus ergreift Maßnahmen zur Verhinderung der Destabilisierung der Währung und Neutralisierung der Quellen zur Finanzierung der Contra (29.5.); drei der Spionage beschuldigte nordamerikanische Diplomaten werden aus Nicaragua ausgewiesen, zur Vergeltung schließen die USA sechs nicaraguanische Konsulate (5.6.); die USA legen ihr Veto gegen einen 1,7-Mio-Dollar-Kredit der Interamerikanischen Entwicklungsbank für Nicaragua ein (29.6.); der Staatsrat verabschiedet das Parteiengesetz (17.7.); die Bischöfe sprechen sich gegen den Gesetzesentwurf über den Militärdienst aus, den die Regierungsjunta im Staatsrat einbringt (29.8.); der Geheimdienstausschuss des US-Senats genehmigt den 19-Mio-Dollar-Plan Reagans zur weiteren Unterstützung der Contra (22.9.); General Paul Gorman, Oberbefehlshaber des *Southern Command* der US-Streitkräfte, beruft die Oberkommandierenden der Armeen von Guatemala, Honduras und El Salvador zu Gesprächen ein, um die Möglichkeiten einer Wiederbelebung des „Zentralamerikanischen Verteidigungsrates (CONDECA)" zu diskutieren (1.10.); das Gesetz über die „Patriotischen Militärdienst" wird verabschiedet (6.10.); von der CIA ausgebildete Terroristen greifen den Hafen von Corinto an der Pazifikküste Nicaraguas an und zerstören die Erdöltanks (10.10.); die Regierung des Nationalen Wiederaufbaus kündigt strenge militärische, wirtschaftliche und politische Maßnahmen an, um die Zunahme der Contraangriffe zu stoppen (14.10.); der US-Kongress genehmigt zusätzliche 24 Millionen Dollar zur Unterstützung der Contra (17.11.); die Oppositionsparteien kündigen an, dass sie nicht an den Wahlen von 1984 teilnehmen werden, wenn ihre Bedingungen nicht angenommen werden, darunter das Verbot der Stimmabgabe für Angehörige des Militärs und das Stimmrecht für Nicaraguaner, die im Ausland leben (24.12.).

1984

Die Regierung des Nationalen Wiederaufbaus verkündet die Vorverlegung der Wahlen auf den 4. November 1984 (21.2.); CIA-

Kommandos verminen die nicaraguanischen Häfen (24.2.); die USA beschließen, Kriegsschiffe an die Karibikküste Nicaraguas zu entsenden (12.3.); der Staatsrat verabschiedet das Wahlgesetz (15.3.); die USA legen im Sicherheitsrat der UNO ihr Veto gegen die Resolution ein, mit der die Verminung der Häfen Nicaraguas verurteilt werden soll (4.4.); Nicaragua erhebt Anklage vor dem Internationalen Gerichtshof in Den Haag wegen der Verminung der Häfen und der Unterstützung der Contra (9.4.); die USA und Nicaragua beginnen in Manzanillo, Mexiko, Gespräche, die am 18. Januar des folgenden Jahres mit dem Abbruch durch die USA beendet werden (25.6.); offizieller Beginn des Wahlkampfes in Nicaragua (1.8.); Nicaragua erklärt, dass es das Contadora-Dokument voll unterzeichnen werde (21.9.); der US-Senat genehmigt die Auszahlung von 28 Millionen Dollar, die Reagan zur Unterstützung der Contra beantragt hat (4.10.); Daniel Ortega und Sergio Ramírez gewinnen bei den allgemeinen Wahlen, an denen auch sechs Oppositionsparteien teilnehmen; das Oppositionsbündnis UNO und sein Kandidat Arturo Cruz hatten sich allerdings vorzeitig zurückgezogen (4.11.); Ronald Reagan wird als US-Präsident wiedergewählt und bedroht noch am selben Tag Nicaragua mit der direkten militärischen Intervention (6.11.); das Spionageflugzeug SR-71 realisiert Flüge über Nicaragua (12.11.); die politischen Parteien und Organisationen der Opposition beschließen, sich aus dem Nationalen Dialog zurückzuziehen, der von der FSLN einberufen worden war (30.11.); Honduras verkündet eine Vereinbarung mit den USA über die Einrichtung dauernder militärischer Basen auf seinem Territorium (13.12.).

1985

Daniel Ortega und Sergio Ramírez treten die Präsidentschaft und Vizepräsidentschaft Nicaraguas an; die Nationalversammlung tritt zur konstituierenden Sitzung zusammen (10.1.); drastische Maßnahmen zur Sanierung der Wirtschaft werden verkündet, darunter die Abwertung der Währung, die Abschaffung der Zuschüsse für Grundbedarfsgüter, Senkung der öffentlichen Ausgaben, Freigabe der Devisenmärkte und Lohnerhöhungen zum Ausgleich für die Abwertung (8.2.); die Sozialistische Internationale verurteilt den

Friedensplan, den Präsident Reagan Anfang April verkündet hatte (18.4.); der US-Kongress stimmt gegen den Friedensplan Reagans; Monsignore Miguel Obando wird von Papst Johannes Paul II. zum Kardinal erhoben (24.4.); die Reagan-Regierung verkündet ein Handelsembargo gegen Nicaragua (1.5.); neue Maßnahmen werden angekündigt, die die drei Monate zuvor begonnene Wirtschaftssanierung vertiefen sollen (10.5.); Nicaragua schlägt den USA vor, die Gespräche von Manzanillo wieder aufzunehmen (17.5.); Honduras, El Salvador und Costa Rica lassen die Contadora-Konferenz scheitern, als sie sich weigern, die Blockade und militärische Aggression der USA gegen Nicaragua vordringlich zu diskutieren (19.6.); der US-Kongress bestätigt die Verabschiedung von 20 Millionen Dollar für die Contra (25.7.); diplomatische Offensive der USA in Lateinamerika, um den Boykott der nächsten Contadora-Konferenz zu erreichen (9.9.); die Contadora-Konferenz scheitert, als sich die zentralamerikanischen Außenminister weigern, die 1984 verabschiedete Erklärung zu unterzeichnen (8.10.); das europäische Parlament erklärt, die Politik der USA gegenüber Nicaragua sei ein bewusster Versuch, das Land in die Diktatur zu führen (24.10.).

1986

José Azcona Hoyo, zukünftiger Präsident von Honduras, gibt die Existenz von Contra-Lagern auf seinem Staatsgebiet zu (11.1.); Reagan bittet den US-Kongress um 100 Millionen Dollar für die Contra, von denen 60 Millionen für militärische Hilfe verwandt werden sollen (25.2.); die nicaraguanische Regierung gibt ein neues Paket wirtschaftlicher Maßnahmen bekannt, die die Treibstoffpreise, die öffentlichen Dienste und den Verkehr betreffen, zusätzlich zu einer neuen Anpassung der Löhne (9.3.); Nicaragua lässt die Contadora-Gruppe offiziell wissen, dass es am 6. Juni ein Friedensabkommen unterzeichnen wolle, sofern bis zu diesem Zeitpunkt die nordamerikanische Aggression eingestellt wird (11.4.); die Bundesrepublik Deutschland erklärt, sie wolle ihre Wirtschaftshilfe für Nicaragua, die seit 1984 ausgesetzt ist, nicht wieder aufnehmen (20.6.); das Repräsentantenhaus der USA genehmigt die 100-Mio-Dollar-Hilfe für die Contra und autorisiert die CIA,

Operationen gegen Nicaragua zu unternehmen (25.6.); der Internationale Gerichtshof in Den Haag verurteilt die USA wegen seiner Aggressionspolitik gegen Nicaragua zur Zahlung von Entschädigungen für das Land; die USA erkennen das Urteil nicht an (27.6.); der US-Senat bestätigt die 100-Mio-Dollar-Hilfe für die nicaraguanische Contra (14.8.); das Repräsentantenhaus der USA verbietet den Gebrauch geheimer Mittel der CIA bei den Aktionen gegen Nicaragua (19.9.); ein nordamerikanisches Flugzeug, das die Contra im Süden Nicaraguas versorgte, wird abgeschossen; der einzige Überlebende, Eugene Hasenfuss, wird gefangen genommen (7.10.); die Nationalversammlung verabschiedet die neue Verfassung, die am 10. Januar 1987 in Kraft treten soll (19.11.); der Iran-Contra-Skandal wird öffentlich (26.11.).

1987

Die US-Regierung erwägt eine Seeblockade gegen Nicaragua, um die Hilfslieferungen aus der Sowjetunion zu unterbinden (26.2.); es werden Steuern für den informellen Sektor verkündet und die Steuern auf Rum, Bier, Zigaretten und Erfrischungsgetränke erhöht (9.4.); Defizit in der Zuckerproduktion (10.4.); in Managua schließt die Versammlung der Internationalen Interparlamentarischen Union mit einer klaren Unterstützung für Nicaragua und die Contadora-Gruppe und einer Verurteilung der US-Aggression (3.5.); angesichts der steigenden Knappheit von Zucker, Speiseöl, Reis und Trockenmilch ergreift die Regierung Maßnahmen, um die minimale Versorgung der arbeitenden Bevölkerung zu sichern (5.5.); die Regierung verkündet neue wirtschaftliche Anpassungsmaßnahmen und die Verstärkung der militärischen Verteidigung (7.6.); Preiserhöhung für Milch, Fleisch, Eier und Reis (8.7.); es wird die Verringerung des Treibstoffverbrauchs verfügt und die Samstagsarbeit suspendiert (3.8.); die USA machen den Vorschlag eines direkten Dialogs zwischen der Regierung Nicaraguas und der Contra, im Gegenzug für eine Aufschiebung eines Antrags auf 105 Millionen Dollar Hilfe für die Contra (5.8.); Nicaragua schlägt dagegen den USA die Wiederaufnahme des Dialogs vor, was Außenminister George Schultz zurückweist (7.8.); die zentralamerikanischen Präsidenten unterzeichnen in Guatemala den „Plan für einen haltbaren und dauerhaften Frieden in Zentralamerika", der als Esquipulas II bekannt wird (7.8.); die nicaraguanische Regierung lädt die katholische Kirche und die politischen Parteien zur Bildung der Nationalen Versöhnungskommission ein (12.8.); harte Wirtschaftsmaßnahmen und stärkere Einschränkungen des Treibstoffkonsums werden verkündet (30.8.); die Nationalversammlung verabschiedet das Autonomiestatut für die Regionen der Atlantikküste (3.9.); die UDSSR gibt bekannt, dass sie Nicaragua 100 metrische Tonnen Erdöl liefern will, zusätzlich zu den 300 vorher vereinbarten (8.9.); die Regierung dekretiert eine Teilamnestie für diejenigen, die keine Kapitalverbrechen begangen haben (27.9.); Anstieg der Treibstoffpreise (8.11.); die Regierung und die Oppositionsparteien unterzeichnen die ersten Vereinbarungen des Nationalen Dialogs (25.11.); der Internationale Gerichtshof nimmt die Klage Nicaraguas gegen die USA an und autorisiert Nicaragua, von den USA eine Entschädigung zu fordern (26.11.); die Contra greift Ortschaften im Minengebiet an der Atlantikküste an und verursacht bedeutenden Schaden; der US-Kongress genehmigt 8,1 Millionen Dollar für die Contra (22.12.).

1988

Energierationierung im gesamten Land auf Grund von Sabotageakten an Hochspannungsleitungen (15.1.); die Währung wird über Nacht ausgetauscht und eine Währungsreform durchgeführt (14.2.); Ankündigung neuer Sparmaßnahmen, unter anderem die Reduktion des Staatsapparates (27.2.); die Regierung ernennt Humberto Ortega als Chefunterhändler zum Erreichen eines Waffenstillstandes mit der Contraführung (3.3.); Operation „Danto 88" der Sandinistischen Armee, um die Contralager in Honduras zu zerstören; die USA verlegen Truppen nach Honduras; Nicaragua beruft den Sicherheitsrat der UNO zu einer dringenden Sitzung ein (3./15.3.); die Übereinkunft von Sapoa zwischen nicaraguanischer Regierung und Contra wird unterzeichnet (23.3.); die Nationalversammlung verabschiedet das Gemeindegesetz (29.6.); die nicaraguanische Regierung weist den US-amerikanischen Botschafter, Richard Melton, und sieben weitere US-Diplomaten aus, die der Einmischung in die inneren Anglegenheiten des Landes

bezichtigt werden (12.7.); die US-Regierung weist den nicaraguanischen Botschafter und sieben nicaraguanische Diplomaten aus
(13.7.); der US-Senat billigt 27 Millionen Dollar für die Contra,
11 davon als humanitäre Hilfe und 16 als Militärhilfe (31.7.); die
Nationalversammlung verabschiedet das Wahlgesetz (25.8.); der
Hurrikan „Joan" zieht über Nicaragua hinweg und hinterlässt
180.000 Obdachlose, 500.000 Hektar Waldschäden und Schäden
in Höhe von 840 Millionen Dollar (21.10.).

1989
Erneute Währungsabwertung (25.1.); drastische Maßnahmen, um
das Haushaltsdefizit zu reduzieren (6.2.); Ankündigung der Vorverlegung der Wahlen ins erste Jahresdrittel 1990 (14.2.); der zentralamerikanische Präsidentengipfel in Costa del Sol, El Salvador,
vereinbart, in einem Zeitraum von 90 Tagen einen Plan zur De-
mobilisierung, Repatriierung und freiwilligen Ansiedlung der Contra (15.2.); erneute Abwertung des Córdoba (13.4.); das US-Re-
präsentantenhaus billigt 47 Millionen humanitärer Hilfe für die
nicaraguanische Contra und zusätzliche Zahlungen an politische
Gruppen in Nicaragua, mit einem Gesamtumfang von 60 Millionen Dollar (14.4.); die nicaraguanische Regierung weist zwei
Funktionäre der US-Botschaft in Managua aus, wegen Einmischung in die inneren Angelegenheiten des Landes (26.5.); die
USA geben dem Sekretär und den Funtionären der nicaraguanischen Botschaft in Washington eine Frist von 72 Stunden, um das
Land zu verlassen (1.6.); das Repräsentantenhaus verabschiedet
eine Maßnahme, die es der US-Regierung gestattet, den politischen Parteien in Nicaragua geheime Unterstützung zu gewähren,
die mit der nordamerikanischen Politik übereinstimmen (30.6.);
Ankunft in Managua der ersten Delegation der Vereinten Nationen für die Überwachung des Wahlprozesses (8.8.); in Managua
beginnt der „Nationale Dialog" unter Teilnahme von 21 politischen Parteien, aus dem eine Vereinbarung hervorgeht, die die
Entwaffnung der Contra unterstützt (3.8.); zentralamerikanischer
Präsidentengipfel in Tela, Honduras, auf dem eine Dreimonatsfrist
für die Entwaffnung der Contra und die Schließung ihrer Stützpunkte in Honduras vereinbart wird, nach der Bildung einer Un-

terstützungs- und Überprüfungskommission durch die Organisation Amerikanischer Staaten (OAS) (8.8.); erneute Abwertung: der Wechselkurs des Córdoba gegenüber dem Dollar fällt aus 21.300 zu 1 (24.8.); der ehemalige US-Präsident Carter kommt nach Managua, um als Koordinator der „Bewegung freigewählter Regierungschefs" den Wahlprozess zu beobachten (17.9.); Daniel Ortega und Sergio Ramírez werden als Kandidaten der FSLN für die Präsidentschaft und Vizepräsidentschaft Nicaraguas aufgestellt (21.9.); Präsident Bush bittet den US-Kongress um 9 Millionen Dollar direkter und indirekter Hilfe, um die Wahlkampagne des Oppositionsbündnisses UNO zu finanzieren (21.9.); die nicaraguanische Regierung kündigt eine Lohnerhöhung um 30 % an (23.9.); zentralamerikanischer Präsidentengipfel in San Isidro de Coronado, Costa Rica (13.12.); nordamerikanische Truppen marschieren in Panama ein (20.12.); die nicaraguanische Botschaft in Panama wird von nordamerikanischen Kräften umstellt: die sandinistische Armee umstellt die US-amerikanische Botschaft in Managua mit Panzern (22.12.).

1990

Erneute Abwertung des Córdoba gegenüber dem Dollar auf 46.480 zu 1 (22.1.); mehr als eine halbe Million Menschen nimmt an der Abschlusskundgebung des Wahlkampfs der FSLN in Managua teil (21.2.); das Southern Command der US-Streitkräfte befiehlt das Einfrieren der Bankkonten Nicaraguas in Panama (22.2.); hohe Funktionäre der Bush-Regierung gestehen ein, dass ein sauberer Sieg Daniel Ortegas über Violeta Chamorro die USA zu einer Normalisierung ihrer Beziehungen gegenüber der nicaraguanischen Regierung zwingen würde (24.2.); entgegen allen Vorhersagen besiegt die UNO die FSLN in den allgemeinen Wahlen (25.2.); Daniel Ortega erkennt den Wahlsieg von Violeta Chamorro an und verspricht, den Volkeswillen zu respektieren (26.2.); Präsident Bush bietet an, das Embargo gegen Nicaragua aufzuheben und den US-Kongress um eine Hilfe in Höhe von 500 Millionen Dollar zu bitten (13.3.); die Vertreter der neuen und der scheidenden Regierung unter Führung von Antonio Lacayo und Humberto Ortega unterzeichnen das „Protokoll über die Übergabe der Regierungsgewalt der Republik Nicaragua", auch bekannt als „Übergangsprotokoll" (27.3.); der offizielle Wechselkurs des Córdoba gegenüber dem Dollar fällt auf 51.200 zu 1 (10.4.); die neue Nationalversammlung konstituiert sich und die UNO fällt auseinander (21.4.); Violeta Chamorro übernimmt die Präsidentschaft der Republik (25.4.):

Zauber gegen die Kälte

Gioconda Belli
im Peter Hammer Verlag

Wenn du mich lieben willst
Gesammelte Gedichte
164 Seiten, gebunden, Halbleinen

Zauber gegen die Kälte
Erotische Gedichte
94 Seiten, broschiert

Feuerwerk in meinem Hafen
(Apogeo)
Gedichte deutsch/spanisch
180 Seiten, broschiert

Waslala
Roman
444 Seiten, gebunden

Bewohnte Frau
Roman
332 Seiten, gebunden

Tochter des Vulkans
Roman
280 Seiten, gebunden

PETER HAMMER VERLAG

Postfach 200963 · 42209 Wuppertal

Weltreise durch die Erziehung

Erich Renner
Andere Völker – andere Erziehung
Eine pädagogische Weltreise
256 Seiten, gebunden
Edition Trickster

Andere Völker – andere Erziehung nimmt uns mit auf eine
ebenso unterhaltsame wie lehrreiche Weltreise. Als eine wahre
Fundgrube mit fassbaren Beispielen zum Weitererzählen zeigt
es uns, wie relativ doch unsere eigenen Erziehungsideale sind
und wie viele Möglichkeiten und Lösungen es anderswo gibt.

PETER HAMMER VERLAG
Postfach 200963 · 42209 Wuppertal